le pain noir
1

J'AI LU

GEORGES-EMMANUEL CLANCIER | ŒUVRES

LE PAIN NOIR :

1. LE PAIN NOIR	*J'ai Lu* 651***
2. LA FABRIQUE DU ROI	*J'ai Lu* 652***
3. LES DRAPEAUX DE LA VILLE	*J'ai Lu* 653****
4. LA DERNIÈRE SAISON	*J'ai Lu* 654***
SECOURS AU SPECTATEUR	
LES ARÈNES DE VÉRONE	
QUADRILLE SUR LA TOUR	
LA COURONNE DE VIE	
DERNIÈRE HEURE	
LES INCERTAINS	
L'ÉTERNITÉ PLUS UN JOUR, T. 1	*J'ai Lu* 810****
L'ÉTERNITÉ PLUS UN JOUR, T. 2	*J'ai Lu* 811****
LA HALTE DANS L'ÉTÉ	*J'ai Lu* 1149**
L'ENFANT DOUBLE	

Poèmes :

LE PAYSAN CÉLESTE
VRAI VISAGE
UNE VOIX
ÉVIDENCES
TERRES DE MÉMOIRES
OSCILLANTE PAROLE
LA POÉSIE ET SES ENVIRONS
PEUT-ÊTRE UNE DEMEURE
LE POÈME HANTÉ

Essais :

ANDRÉ FRÉNAUD
PANORAMA CRITIQUE DE CHÉNIER À BAUDELAIRE
PANORAMA CRITIQUE DE RIMBAUD AU SURRÉALISME
PANORAMA DE LA POÉSIE FRANÇAISE
LA VIE QUOTIDIENNE EN LIMOUSIN AU XIXe SIÈCLE
ALLO! A L'EAU OU LE SECRET DU TÉLÉPHONE

GEORGES-EMMANUEL CLANCIER

le pain noir
1

Éditions J'ai Lu

A la mémoire de
Marie-Louise Reix
ma grand-mère,
sans qui ce livre
n'aurait pas été écrit.

I. LE TEMPS DES MÉTAIRIES

1

La petite regardait les cœurs de lumière percés dans les volets massifs. Était-ce beau! « Tu dors? » demanda- t-elle. Nulle réponse. L'auraient-ils laissée seule? Elle s'enfonça, craintive, sous les couvertures. Le drap de chanvre frottait durement sa joue. Une odeur étrangère mêlée à la sienne, plus chaude que sa propre odeur, demeurait dans le lit, étendue, lourde comme un corps. Elle se blottit dans le noir et dans cette senteur, puis elle crut étouffer, dut sortir la tête, risquer de nouveau un regard sur la chambre encore envahie par la moiteur de la nuit mais où le jour de juin, sa franchise et sa fraîcheur pénétraient de plus en plus par les cœurs rayonnants. Ses yeux s'habituant à la clarté naissante devinèrent un renflement là-bas sous les draps de l'autre lit.

— Aubin, tu dors?

Les garçons, quel sommeil de plomb! Comment un sommeil pourrait-il être de plomb? « *Je connais un marchand de plomb,* dit la mère; *il vient de Lyon, il ne faut lui dire ni oui ni non.* » Catherine a perdu hier soir à ce jeu. Son frère Aubin a gagné. Comme il dort... Que va-t-elle faire aujourd'hui? Il y aura les cochons à garder, comme tous les jours; ça ne serait rien sans cette grosse truie qui lui fait peur. Il y aura, comme tous les jours, la vaisselle à essuyer, mais parfois, pendant ce travail monotone, la mère chante ou raconte des légendes qui donnent des frayeurs merveilleuses, et Mariette, la sœur aînée, n'arrête pas de bavarder : des histoires de jeunes filles, de promis, de bals, de mariages, de noces, de querelles : « *Vous savez bien, Mère, et puis le fiancé qui les a surpris; la Marguerite rejoignait chaque soir un des postillons, le grand roux, dans la diligence, quand ils avaient dételé.* » Des histoires auxquelles on ne comprend pas grand-chose et qui ont l'air parfois d'énerver la mère, d'autres fois de la captiver au point de lui faire oublier la vaisselle; des histoires obscures et palpitantes.

C'était bon tout à l'heure d'être couchée dans l'odeur de Mariette, comme si elle avait été encore là, mais il devait y avoir belle lurette qu'elle était levée : en même temps sans doute que les parents dont le lit de merisier s'allongeait béant à la gauche des cœurs de lumière. A droite, c'était le lit d'Aubin et du Parrain. Aubin continuait à dormir dans l'odeur du Parrain comme elle, tout à l'heure, dans celle de Mariette. Elle aimait bien aussi l'odeur du Parrain : odeur de travail, de terre, d'herbe, un peu comme celle du père.

Tiens, la lumière à présent n'était plus seule à entrer toute dorée par les deux cœurs, venaient aussi des bruits du matin : une charrette — ses roues craquaient sur la route de La Noaille —, les aboiements proches de Félavéni, le chien broussailleux comme un buisson d'hiver. Maintenant, n'était-ce pas la voix lointaine du Parrain grondant une vache dans le champ de seigle? Non. Plutôt celle râpeuse de Robert, le domestique. « *Je te défends de dire du mal de Robert!* » criait Mariette : Robert par-ci, Robert par-là, *son* Robert. Le Parrain regardait tristement Mariette lorsque la jeune fille se lançait dans ces éloges interminables; le père haussait les épaules.

Que ferait-elle encore? Elle irait cueillir des fleurs au

bord du canal, elle s'arrangerait pour que sa mère ne la vît pas s'approcher de l'eau. Et puis, il y aurait les jeux des garçons, mais voudraient-ils d'elle? Toujours à déguerpir quand elle faisait mine d'aller vers eux. Ils disaient parfois : « *Tu en as de la chance d'être une fille! Comme ça, tu n'iras pas à l'école!* » Était-ce bien une chance? Elle aurait voulu comprendre ce que racontaient ces livres que les garçons laissaient avec mépris traîner sur les bancs, ou bien cet almanach nouveau que les garnements se disputaient, et sur la couverture duquel de petits personnages qui la faisaient rêver : un homme noir, une dame en crinoline, bras arrondis au-dessus de la tête, et deux officiers de profil, sabre au côté, composaient, lui disait-on, les quatre chiffres de l'année mil huit cent soixante-dix-sept.

Mariette, non plus, ne savait pas lire, ni la mère ni même le père. Pourquoi un homme n'allait-il pas en classe? Francet et Martial allaient chez les Frères, à La Noaille, et sans doute, à la Toussaint, Aubin ferait-il comme eux. Pour le moment, regardez-le qui enfonce le visage dans l'oreiller! Enfin, lui, du moins, acceptait de jouer avec elle; oh! elle sait bien pourquoi : simplement parce que Martial et Francet font sentir à Aubin qu'ils sont des grands. Le premier a quatorze ans, le second neuf ans et demi, et Aubin même pas huit ans, pauvre cadet qu'on affublait encore de robes alors qu'eux portaient culotte.

C'est drôle que Mariette ou la mère n'entre pas, bruyamment, jeter Aubin ainsi qu'elle-même Catherine à bas du lit. Seraient-ils tous les deux seuls dans la maison, abandonnés? La mère dit un conte comme cela où des parents trop miséreux abandonnent leurs enfants. Dieu merci, ce n'est pas la misère aux Jaladas. Qu'est-ce que c'est la misère? Il y avait une immense forêt dans ce conte et un géant, comment donc? Ah! un ogre, il mangeait les enfants. Ne plus penser à cela! Se cacher de nouveau sous les draps, mais il y fait noir : si l'ogre aussi allait s'y tapir? Elle frissonne, bondit hors du lit, traverse la chambre en courant, grimpe sur le lit d'Aubin, entrouvre les draps, se glisse près de son frère. Sauvée. Son cœur bat vite. « *Là, là tout doux.* » Il se calme peu à peu. Elle est bien, elle regarde son frère dormir. Sommeil de garçon, sommeil de plomb : en sautant sur le lit, elle ne l'a même pas réveillé. Il sent bon. Au-delà de lui, vers le mur, elle croit deviner la grande odeur puissante et protectrice du Parrain.

Normalement, le Parrain eût dû coucher dans la cuisine avec Martial, l'aîné, mais celui-ci ne cessait de protester que le Parrain était trop gros, qu'il prenait toute la place, qu'il l'empêchait de dormir; quant à Francet, il faisait mille malices à Aubin qui pleurait ou criait. A la fin, les parents ont cédé, envoyant Francet avec Martial et prenant le Parrain dans leur chambre. Pauvres parents, ils n'ont pas vu que c'était là un coup monté de longue date. Quant au Parrain, il a proposé d'aller coucher dans la grange où dort déjà Robert, le domestique, mais le petit Aubin a supplié qu'il vienne avec lui, et le père a déclaré : « Tu le sais bien, tu es le fils de la maison, comme les autres. Tu viendras dans la chambre avec Aubin. »

Il fallait entendre Mariette. « Un fils? criait-elle. Un étranger! » Jamais elle ne se déshabillerait ni ne s'habillerait, ne dormirait en présence d'un étranger. Mais le père lui imposa silence. « Qui t'empêche de te déshabiller avant les autres? Et pour dormir, où est le mal? »

— Robert va bien dans la grange, disait encore la jeune fille.

— Robert n'est pas mon fils!

— Et le Parrain?

— Le Parrain, c'est tout comme; ta belle-mère et moi

l'avons accueilli, orphelin, il est devenu un autre enfant pour nous.

La porte s'ouvre à grand fracas, une petite personne s'engouffre en coup de vent dans la chambre, elle court à la fenêtre, fait claquer les volets contre le mur; la lumière cette fois éclate dans la pièce. La petite personne brune se retourne et crie :

— Eh bien, les lascars, vous n'avez pas honte!

Elle se dirige vers le lit où l'ogre peut-être se cachait, tire d'un seul coup le drap, reste stupéfaite :

— Ça, marmonne-t-elle.

Elle hésite, vient maintenant vers l'autre lit. Elle se frotte les yeux, éblouie par le soleil; puis elle éclate de rire, repart en courant, revient de la cuisine, suivie d'une autre femme, guère plus grande qu'elle et brune comme elle, et comme elle les yeux vifs, et toutes deux rient, rient si bien qu'à la fin Aubin se réveille, tout étonné de trouver sa sœur près de lui.

— Les voyez-vous, dit la mère en riant, mes angelots sur le même oreiller.

A voir rire ainsi Mariette et la mère, le rire gagne les enfants, le même rire fileté, clair pour Catherine et pour Aubin. « Non, ce n'est pas la misère, songe Catherine, puisque Mère est là, que nous rions, qu'on ne nous a pas abandonnés; la misère, l'abandon, c'est dans les contes, seulement dans les contes. »

★

Le matin passe vite quand on flâne dans la châtaigneraie en face de la métairie : une châtaigneraie en pente douce avec de hauts, larges, vieux arbres croulants. De l'autre côté de la route, la métairie allonge ses bâtiments sans étage : là-bas la grange, puis la chambre, la cuisine enfin avec les deux marches de granit devant la porte, le banc de bois tordu auquel il manque une patte et que le père parle toujours de réparer et que jamais il ne répare, la fenêtre basse derrière laquelle on voit Mariette aller et venir. La voilà qui sort de la maison, un seau à la main ; les sabots — trop grands pour les pieds qu'elle a si menus et dont elle est fière — les sabots claquent sur la route. Catherine sort de l'ombre d'un châtaignier et court vers Mariette, la suit dans le pré qui flanque la châtaigneraie, longe avec elle les étables vides en ce moment. Voici le puits. « Ne te penche pas! » crie Mariette de sa voix aiguë. La chaîne se déroule, descend, descend... Ne va-t-elle pas au fond de la terre? Et qui vit au fond de la terre? Le diable? Plouf. Un instant, puis la chaîne remonte si lentement ; Mariette tire sur les rayons du treuil, la poulie grince, le cylindre de bois gémit en tournant.

Mariette est toute rose sous l'effort, sa poitrine se gonfle, s'abaisse, ses beaux bras vont et viennent. Elle est jolie, Mariette. « *Deviendrai-je aussi jolie quand je serai grande?* » Oh, grande, Mariette ne l'est pas, mais mince ; comme elle ressemble à la mère, et pourtant elle n'est pas sa fille. Brune comme elle, et comme elle les yeux noirs, mais moins allongés et moins graves. Elle décroche le seau, le pose sur la margelle, tout en s'écartant pour éviter d'être éclaboussée. Elle reste un instant immobile, silencieuse. A quoi songe-t-elle, Mariette? A quoi songe-t-on quand on est peignée avec un chignon, quand la poitrine se tend sous un corsage vert pomme? Depuis quelque temps, Mariette choisit pour ses corsages les couleurs les plus vives qu'elle puisse trouver. Le père se moque d'elle : il se fâche parfois en disant que la fille d'un paysan n'a pas à jouer à la dame. Mariette est repartie, le seau à la main. Une flaque d'eau est restée dans un creux de la margelle. Catherine y trempe les mains, puis elle lisse ses cheveux châtain clair, humectant ses nattes l'une après l'autre, ensuite elle suce son index et, comme elle l'a vu faire à Mariette, passe la salive sur le trait fin des sourcils. « *Moi aussi* », dit-elle à haute voix, et elle songe : je porterai des corsages rouges, bleus, verts. Parrain me les achètera.

Le père dit bien en parlant du Parrain : « C'est mon fils lui aussi », mais Catherine ne s'y trompe pas. Non, il n'est pas son frère ce grand, ce timide garçon de dix-neuf ans, un peu voûté, au doux regard de myope : Frédéric Leroy que tout le monde aux Jaladas a pris l'habitude de nommer le Parrain depuis que, voilà près de six ans, on a baptisé la petite Frédérique-Catherine Charron. Elle est heureuse d'avoir le même prénom que son parrain, et de ne pas le porter ne la chagrine pas. Il lui semble que c'est là un secret partagé avec celui qui la prend sur ses larges épaules lorsqu'elle est fatiguée, lui ramène des sucres d'orge de La Noaille, lui a fait cadeau de rubans roses que la mère attache à ses nattes le dimanche matin. « T'as pas de mère? » lui demandait-elle un jour. « Ta mère, c'est comme si c'était la mienne », a-t-il répondu. Il était orphelin quand les parents l'ont recueilli. Que signifie ce mot : « orphelin »? « Ses parents étaient morts, quoi », bougonne Martial en haussant les épaules. Mais comment les parents pourraient-ils mourir? Frédéric dit : « Ta mère, c'est ma mère maintenant. » Et Mariette au contraire : « La Mère n'est pas ma mère. Toi, Catherine, tu es ma demi-sœur, nous avons le même père, pas la même mère. » Ciel, que le monde des grandes personnes est compliqué! Demi-sœur? Elle se tâte, elle se regarde dans les flaques d'eau, elle n'est pas une moitié de fille, elle est bien tout entière. Alors! Et puis qu'importe. Elle, sa mère est sa mère, son père, son père et Frédéric Leroy son parrain qui la prend contre lui quand on la gronde. Depuis toujours il est là et ils sont là auprès d'elle, presque confondus avec elle-même, comme la nuit lorsqu'ils dorment tous dans la même chambre, dans la même pièce. Depuis toujours il y a cette métairie des Jaladas avec la lourde porte que les enfants s'amusent à faire grincer, sa grange, sa cuisine, sa chambre avec les trois lits et les cœurs de lumière dans les volets, le puits, les étables, derrière la maison la porcherie d'où viennent ces cris stupides, la châtaigneraie, le pré.

Depuis toujours. Depuis ce mois de décembre — le mois des loups-garous — où elle est née, et les loups-garous ne l'ont pas mangée parce que la mère, le père, le parrain veillaient sur elle. Martial, Francet, Aubin lui ont dit que pour eux aussi depuis toujours il y avait eu ce domaine des Jaladas, et ils ajoutaient : « Depuis toujours et pour toujours, du moins jusqu'à nos vingt ans car alors nous partirons soldats », « et moi, remarque Francet, je voudrai voir du pays ».

C'était ainsi, les garçons allaient à l'école, puis au régiment, les filles non ; elles restaient à la ferme, faisaient la cuisine, la vaisselle, la *bugeado* pour les porcs, gardaient vaches et brebis, allaient chercher l'eau. Pourquoi n'iraient-elles pas à l'école? pourquoi ne seraient-elles pas soldats? Mais les soldats font péter le canon comme le fusil du père parfois à la poursuite d'un lièvre dans les topinambours, et ça fait peur. Du moins les filles portent-elles un jour corsages de toutes couleurs, et, en attendant, des rubans aux cheveux. Depuis toujours et pour toujours.

Catherine tourna le dos au puits et gagna la piste qui séparait la châtaigneraie de la haute prairie de juin ; sa tête dépassait à peine la cime des herbes. Elle entendit une voix crier : « Cathie ! Cathie ! » Ce devait être Aubin qui la cherchait pour jouer ; elle ne répondit pas. Nul ne pouvait la voir glissant ainsi derrière les tiges. Elle atteignit bientôt le fond du pré et de la châtaigneraie, là s'ouvrait le canal large de deux mètres, profond d'autant, qui menait l'eau brune à un ancien moulin bâti en contrebas et abandonné depuis longtemps aux orties et aux ronces. Les nénuphars, les iris, les joncs envahissaient peu à peu le canal, mais çà et là, parmi les plantes aquatiques, s'ouvraient de calmes clairières. Elle se plaisait à s'asseoir au bord de ces étendues partagées d'ombre épaisse et de lumière, elle y jetait des brindilles que le faible courant entraînait lentement. Les garçons ne venaient guère ici troubler ses jeux silencieux, ils préféraient au canal la rivière où ils plaçaient des bouteilles pour attraper les gardèches, où encore, aux saisons de basses eaux, ils se baignaient et cherchaient à la main sous les roches les truites. La mère défendait à Catherine d'aller au bord du canal. Quand l'herbe était fauchée, il était difficile de passer outre car du seuil de la cuisine on découvrait le pré dans toute sa longueur jusqu'aux rives fleuries d'iris bleus, mais, avant les fenaisons, ni vue ni connue, Catherine se faufilait, comme ce matin, à la lisière de la prairie. Malin ensuite qui eût pu la dénicher, allongée sur la berge et cherchant à apercevoir son reflet dans l'eau où trempait le bout de ses nattes.

Depuis un long moment déjà elle demeurait fascinée par les ombres et les clartés de l'univers qu'elle cherchait à percevoir sous la surface de l'eau; soudain, une boule éblouissante, apparue, juste derrière son visage reflété, à la manière d'une auréole, la fit sursauter. Elle avait cru voir à sa place la vierge qu'on l'amenait prier à l'église, avec son disque doré derrière le crâne. Elle se mit à pousser de petits rires étouffés lorsqu'elle comprit que c'était là une farce du soleil. Mais tout aussitôt, elle s'inquiéta : si le soleil surgissait ainsi droit au-dessus du canal, le père n'allait pas tarder à rentrer déjeuner. Qui sait même s'il ne s'impatientait pas déjà sur les marches de la cuisine? Elle remonta vers la ferme en courant.

Elle s'était trop vite alarmée. Les hommes n'étaient pas encore de retour. Félavéni, allongé sur les dalles, l'accueillit en jappant. Au lieu d'entrer, après avoir arraché une rose au rosier malingre qui ornait le coin de la métairie, elle contourna la cuisine avec l'intention d'aller jeter un coup d'œil aux clapiers. Là elle trouva Aubin.

— Où étais-tu passée? Si un jour le loup te mange, tant pis pour toi.

Elle eut envie de pleurer :

— Tu es méchant, je dirai à la Mère que tu es méchant.

— Regarde, fit le garçon.

Il s'était planté devant une cage en tréfilage suspendue au mur et dans laquelle un écureuil rouge rongeait une noisette. Le petit animal se dressait sur ses pattes de derrière ; de ses pattes de devant, il faisait tourner la noisette sous ses dents, sa jolie queue relevée en panache. Son minuscule œil brillant observait les enfants.

— Pour ça, dit Aubin, il faut reconnaître qu'ils sont forts. Ils connaissent les terriers, les nids.

— Pourquoi qu'ils te veulent pas avec eux? demanda Catherine.

— Ils me trouvent trop jeune, répondit Aubin en baissant les yeux.

Quand il les leva, une lueur violente traversa leur grisaille.

— Regarde, fit-il encore.

L'écureuil entrait maintenant dans une roue creuse, œuvre de Francet, et, galopant à l'intérieur, il se mit à faire tourner la roue de plus en plus vite.

— Si j'ouvrais la porte?

— Non, non, non, supplia Catherine.

— Eh bien, quoi, on dirait que la cage devait être mal fermée et qu'alors, forcément, l'écureuil...

— Non, répéta Catherine, l'écureuil serait capable d'aller tout raconter à Francet.

Aubin observa sa sœur du coin de l'œil, fit une moue dédaigneuse.

— On a beau dire, les filles, c'est des filles.

Puis il ajouta comme pour lui-même : « A la Toussaint, Martial quittera l'école et travaillera la terre, moi au contraire, j'irai à l'école, alors Francet sera seul, il sera bien content de m'emmener avec lui. »

Il se pencha vers Catherine :

— Tu t'imagines que les écureuils ça cafarde comme des quilles !

Lui tournant le dos, il fila vers la cuisine. Elle se mit à trottiner sur ses talons.

Deux bras noueux et tannés la saisirent comme elle gravissait la première marche, et la soulevèrent, jusqu'au ciel, lui sembla-t-il, puis la laissèrent descendre à toute vitesse — délicieuse, effrayante chute — et la reposèrent avec douceur sur le sol de la cuisine. Elle sourit au Parrain qui l'avait ainsi accueillie. Mariette glapissait près de l'âtre où fumaient quelques tisons. « Ces enfants la feraient devenir folle, ils étaient toujours en retard. » La mère posait sur la longue table sombre des écuelles de soupe. « Allons, proclama le père, à table les gars, on n'a pas de temps à perdre. »

Il s'assit le premier à la place du milieu, face à la cheminée. Le Parrain se lavait les mains à l'évier. C'était Catherine qui, fière, tenait la *couade* soulevée pour faire écouler l'eau sur les bras maigres et les mains aux ongles noirs. Quand il se fut essuyé, il alla s'asseoir sur le banc à la droite du père. Aubin occupait la place de gauche. Sur une chaise, dos à l'évier, Catherine se tenait sagement. De l'autre côté de la table, au bout du banc, Robert, le domestique, mangeait goulûment, la mine renfrognée, les coudes écartés sur la table ; chaque fois qu'il soulevait sa cuillère, on voyait sous sa chemise bouger les muscles de son bras et de son épaule. Affairées, la mère et Mariette continuaient à aller et venir dans la cuisine, ouvraient la maie derrière le père pour y prendre une assiette garnie de lard, plaçaient une marmite sur le feu. De temps à autre, elles se plantaient devant la table, avalaient une cuillerée de soupe, repartaient. On entendait le bruit mouillé des bouches happant la soupe épaisse, le tic tac de la pendule dont le balancier doré se mouvait majestueux à la droite de Cathie, parfois une mouche qui bourdonnait contre la vitre, enfin le pétillement des brandons sous la marmite. Cette paix fut soudain rompue par un gémissement du chien. Il était entré sans qu'on le vît et, imprudemment, s'était risqué sous la table; Robert lui avait allongé un grand coup de pied dans les côtes; la bête s'enfuit, la queue basse; au passage, le Parrain lui caressa l'échine.

— *Passo defauro!* cria Mariette. La sale bête, ajouta-t-elle avec un sourire à l'adresse du domestique qui, maintenant, lissait ses moustaches du revers de la main.

Elle leva les bras pour arranger son chignon et ce geste gonfla son corsage vert.

— C'est-il aujourd'hui dimanche, demanda le père, que tu as pris des couleurs de demoiselle?

Mariette rougit et fila vers la cheminée, se baissa, feignant de tisonner le feu. Robert se retourna et jeta un regard sur la jeune fille accroupie.

Le père se redressa, sortit un couteau de sa poche, fit claquer la lame pour l'ouvrir, le posa près de son assiette. Il avait un grand torse maigre; dans sa longue tête hâlée, sous les sourcils comme des épis de blé mûr, ses yeux bleus paraissaient extraordinairement clairs; son nez était allongé et busqué, son front étroit, qu'encadraient, mal peignés, les cheveux châtains mêlés de touffes grises. Il se leva, attrapa une des tourtes alignées sur le *rateau* suspendu aux poutres du plafond, puis, la pressant de biais contre sa poitrine, il commença à tailler de longues tranches de pain bis qu'il distribuait à la ronde. « Tiens, Parrain; tiens, Aubin; tiens, Robert; tiens, Cathie. » Quand il parlait, ses épaisses moustaches tombantes tressaillaient au-dessus de la bouche qu'elles dissimulaient.

Il se mit en devoir de tartiner du fromage frais et sembla s'absorber dans cette tâche. Robert se versa coup sur coup deux verres de cidre sans que nul n'y prît garde, sinon le Parrain qui, ostensiblement, alla se verser un verre d'eau à l'évier.

— L'eau est fraîche, dit-il tout en buvant.

On voyait sa pomme d'Adam qui montait et descendait, montait, descendait sous son cou maigre.

— Je dis : l'eau est fraîche, répéta-t-il.

Le père le regarda sans comprendre l'allusion, mais le domestique, qui avait gardé près de lui la bouteille, replaça celle-ci au milieu de la table, et, empourpré jusqu'aux oreilles, se leva en déclarant qu'il lui fallait aller soigner les bêtes. Quand il fut sur le pas de la porte, Mariette lui fit un petit signe de la main.

Ce fut encore le Parrain qui s'en aperçut, et avec lui Catherine. Il lui sembla que les mains du Parrain tremblaient cependant qu'il refermait son couteau puis le plaçait dans la poche du pantalon de droguet bleu. Le Parrain se leva à son tour, bredouilla de vagues paroles et sortit.

— Ils sont bien pressés, aujourd'hui, remarqua la mère.

Le père mangeait sa tartine en silence.

Père est métayer, songeait Catherine, le bourgeois lui a dit : « Tu me dois la moitié des récoltes, tu me dois un demi-sac de blé noir. » Était-ce parce qu'elle était fille de métayer qu'elle n'était que la demi-sœur de Mariette?

Quand je serai vieille comme elle, moi aussi j'aurai un corsage de couleur.

Soudain Mariette posa son torchon, se planta, les yeux tournés vers la porte ouverte. « Écoutez ! » gémit-elle, très pâle. La mère s'arrêta de laver les assiettes, le père s'immobilisa, le manche de son couteau perpendiculaire à la table.

— Qu'y a-t-il? Bon Dieu, qu'y a-t-il!

Il repoussa le banc, enfila ses sabots, sortit à grands pas sur la route. Les femmes suivirent. Les bruits venaient de derrière la grange.

— Vous êtes fous! Ils sont fous, criait Jean Charron.

Lorsqu'elles arrivèrent, elles trouvèrent le Parrain et Robert aux prises. Le domestique avait le dessus, il avait flanqué le jeune homme par terre, et, tout rouge et suant, cognait à coups de poing dans la poitrine du vaincu. Le père, armé d'un pieu, marcha sur Robert.

— Arrête-toi, cria-t-il, ou je te chasse immédiatement.

L'autre sembla hésiter, enfin il se releva, se baissa pour ramasser sa veste dans la poussière, la secoua, la jeta sur son épaule et s'éloigna. Comme il passait près de Mariette et de Catherine qui se tenaient à l'écart, Mariette lui demanda à voix basse sur un ton de prière : « Il ne t'a pas fait de mal, au moins? » Le domestique éclata de rire. « Me faire mal, dit-il entre les dents, me faire mal, à moi ! »

Le Parrain revenait vers la maison, du sang sous le nez ; il marchait entre le père et la mère.

— Je lui ai reproché, disait-il, de boire votre cidre sans que vous le serviez, d'abuser de votre bonté.

— Nous voilà bien, disait le métayer.

Quand il arriva devant Mariette, le Parrain baissa les yeux ; une lassitude profonde se lisait sur son visage meurtri. Catherine courut à lui, tendit ses bras ; il se baissa, elle fit claquer un baiser sur chaque joue et murmura :

— Moi, Parrain, je t'aime.

★

A la fin de l'après-midi, Aubin était allé à la rencontre des grands pour leur annoncer la bataille, mais Francet et Martial firent mine de prêter une attention toute relative au récit de cet exploit. Il ne fallait pas que leur cadet s'imaginât les étonner ni vivre en leur absence quelque chose d'exceptionnel.

— Tout cela, c'est bien joli, déclara Francet — un petit brun, frisé, trapu, au nez busqué — mais ça ne vaut pas ce que Martial apporte dans sa caisse.

Aubin remarqua alors qu'en effet l'aîné ne portait pas sa caisse de livres en bandoulière comme à l'ordinaire mais dans ses deux bras comme un précieux tabernacle.

— Qu'est-ce que c'est? Dites qu'est-ce que c'est? implora Aubin.

— *Bêtio, bêtio,* fit Martial.

Il était grand pour ses quatorze ans, le poil dru, l'œil à la fois malicieux et naïf.

— *Bêtio, bêtio,* le lui fait-on voir à ce gamin?

— Oh! oui, supplia Aubin.

Martial entrouvrit le couvercle de la caisse; son frère put apercevoir au fond du cartable une boule de plumes beige.

— Un joli geai, fit Francet, hein! Il y avait longtemps qu'on avait repéré le nid dans le taillis de chez Pradel. On attendait que le petit soit assez fort pour vivre sans qu'on ait à lui donner la becquée. Et voilà, aujourd'hui, nous nous sommes décidés.

Lorsque Catherine vit le geai, elle battit des mains. Elle le trouvait encore plus beau que l'écureuil avec son plumage tendre et sur les ailes, ses fines plumes mouchetées de bleu et de noir.

— Je lui apprendrai à parler, affirmait Francet.

Les garçons trouvèrent une cage pour l'oiseau. Martial dut nettoyer le fond de son cartable que le prisonnier avait couvert de fiente.

Mariette protestait. Les Jaladas devenaient une véritable ménagerie.

— Une ménagerie? demandait le père, qu'est-ce donc?

— Oui, disait Francet, on voit ça sur le livre des Frères, une sorte de roulotte, dans le genre de celles des Romani qui passent parfois sur la route de La Noaille, mais des roulottes pleines d'animaux, de lions, de boas, de tigres.

— Il en sait des choses, ce Francet, disait la mère.

Les garçons passaient déjà leur temps à s'occuper de l'écureuil, continuait Mariette, maintenant, avec le geai on ne pourrait plus obtenir d'eux le moindre travail. Mais Jean Charron souriait; avec les enfants, le Parrain et Robert il s'amusait à regarder le petit geai lisser ses plumes d'un bec sûr. Il était content que l'arrivée de l'oiseau dissipât le malaise qui avait pesé sur lui et sur les deux jeunes gens durant tout l'après-midi, pendant qu'ils travaillaient ensemble dans les champs. Tout en mangeant la soupe, Martial et Francet répétaient cinq ou six fois le récit de la capture; chaque version s'ornait de variantes, l'aventure devenait de plus en plus fabuleuse, l'arbre où perchait le nid de plus en plus haut et dangereux. Aubin écoutait, bouche bée. Les hommes gardaient le silence, ils avaient retrouvé dans la cuisine leur mauvaise humeur. Robert, ostensiblement, ne buvait que de l'eau, le Parrain mangeait à peine. Quant à Mariette, elle avait repris un corsage noir.

Le soir tombait, de fraîches odeurs venaient de la châtaigneraie, de la prairie. Une rainette se mit à chanter, là-bas, dans les roseaux du canal. Les garçons étaient sortis afin de jeter un dernier coup d'œil sur leur geai. Catherine aurait pu les suivre, mais elle préférait demeurer engourdie sur sa chaise. Le père et le Parrain s'étaient assis sur la marche devant la cuisine. Ils prenaient le frais en silence. Le métayer tirait de grosses bouffées de fumée de sa cigarette. Mariette et la mère rangeaient la vaisselle dans la commode, les restants de cuisine dans la maie dont le couvercle craquait chaque fois qu'on le soulevait. Quand le Parrain avait-il commencé à parler? La petite ne s'en était pas aperçue, mais à présent elle guettait ses paroles.

— Non, non — et sa voix avait quelque chose de rauque, de blessé — je vous dis que je serai très bien là-bas, il y a un coin de l'étable qui est très propre. Votre petit Aubin dormira mieux.

— Puisque ta décision est prise, finit par dire le père.

Les deux hommes se levèrent. Le Parrain vint embrasser Catherine. Tiens, la joue du Parrain était mouillée. Elle faillit le lui dire, mais se contenta de demander :

— Dis-moi, tu voudras m'acheter un corsage vert quand je serai vieille?

— Bien sûr, dit le Parrain — et sa voix était redevenue vive et claire —, et même, je l'espère, avant que tu sois vieille.

— Marie, ordonna le père, donne une couverture au Parrain, il veut dormir dans l'étable.

— Par exemple, dit la mère, abasourdie.

Elle resta un moment immobile, puis elle passa dans la chambre, en revint bientôt avec une couverture à raies brunes qu'elle tendit au jeune homme.

— Ne prends pas froid, mon petit.

Du bout des doigts, elle lui tapota la joue.

— Merci, Mère, dit le Parrain à mi-voix.

Il partit en courant presque.

Le père alla se planter sur la porte. La nuit était maintenant descendue. On entendit une galopade sur la route et les trois garçons ne tardèrent pas à surgir de l'ombre, essoufflés.

— Ça a-t-il du sens de se mettre dans des états pareils, gronda la mère.

— Ben, c'est que, commença Aubin...

— Tais-toi, lui enjoignit Francet d'une voix dure.

— M'an, dit Catherine, y a Aubin qui veut dire quelque chose et Francet l'empêche.

— Allez-vous laisser parler ce petit! dit la mère.

Mais Aubin ne voulait plus parler, il gardait la tête basse.

— Vous avez encore fait quelque bêtise, demanda le père.

— Pour les punir, vous n'avez qu'à ouvrir la cage du geai, proposa Mariette.

Alors Martial se mit vite à parler.

— *Bêtio, bêtio*, ils n'avaient pas fait de bêtise.

Ils étaient en train de pisser contre la haie dans le tournant, après la châtaigneraie. Ils n'y voyaient pas à deux pas et ils avaient entendu, loin, très loin, mais bien entendu, un coup sourd.

— Écoutez, avait dit Francet, le canon des Prussiens.

Pris de panique, ils s'étaient enfuis à toutes jambes. En arrière, le petit Aubin les suppliait de l'attendre, criant que les Pruscos allaient le prendre; et c'était tout, les voici.

— Innocents, fit le père en riant, et la mère aussi riait, et Mariette devait pouffer dans l'ombre.

— Innocents, mais il y a six ans que les Prussiens sont revenus chez eux; votre canon, c'est l'un d'entre vous qui a dû péter.

Vexés, Francet et Martial se dirigèrent vers leur lit et se mirent à se déshabiller sans un mot. Quand Aubin et

Catherine passèrent devant eux pour entrer dans la chambre, Martial réaffirma à voix basse :

— *Bêtio,* moi je dis que c'était le canon.

Quand elle fut couchée, Catherine, en attendant que Mariette vînt la rejoindre, se mit à regarder les gros cœurs dans les volets, ils étaient blancs à présent, blafards, c'était la clarté de la lune qui les emplissait. Les cœurs de lune ressemblaient aux cœurs de soleil comme des frères, de pâles frères, mais ce n'était plus la même chose, leur lumière était sans allégresse et comme morte. « *Depuis toujours, et pour toujours?* » Le Parrain n'avait pas toujours partagé le lit d'Aubin, et ce soir il ne viendrait pas y dormir, ni demain sans doute, jamais plus peut-être. Et Mariette quitterait-elle la chambre elle aussi un jour pour n'y plus revenir? Et Aubin? Et le père et la mère? Faudrait-il donc dormir seule, un jour, toute seule dans le noir? A cette pensée, Catherine crut que son cœur allait cesser de battre, elle mordit le drap pour ne pas appeler, puis comme on plonge, fermant les yeux, elle se glissa sous les couvertures. Là elle retrouva, à peine perceptible, l'odeur de Mariette et, toute fugace qu'elle fût, cette odeur suffit à l'apaiser.

Alors, repliant sur elle-même ses bras, elle se laissa descendre dans le sommeil à la poursuite de l'image toujours plus lointaine, toujours plus effacée du geai qu'elle voyait somnoler tendrement entre les pattes de l'écureuil.

2

Le père, ses yeux bleus de fontaine au printemps, son long nez busqué, ses moustaches blondes à la gauloise, sa chevelure jamais peignée, ses mains osseuses, son rire, ses colères. Catherine l'admirait, le craignait, l'aimait ; il était pour elle l'image de la toute-puissance, de la justice et de la bonté. Il devait rester pour elle, toute sa vie, l'image de la bonté. Mais celle de la puissance ? A peine avait-elle douze ans qu'elle avait envie parfois de le protéger comme un enfant. Pour le moment, aux Jaladas, le père régnait encore, et il criait, et il chantait, et il tempêtait. Signe de son pouvoir : la mèche d'amadou qui ne le quittait pas et avec laquelle, en l'enflammant aux étincelles de deux silex, il allumait ses cigarettes mal faites et qu'il gardait longtemps, calcinées, noircies, collées à ses lèvres. Le père et la mère, Jean et Marie, lui plus âgé qu'elle d'une dizaine d'années. Elle était sa seconde femme après avoir été sa belle-sœur. Elle était venue tenir le ménage de son aînée lorsque celle-ci, à la naissance de Mariette, était tombée malade ; l'aînée n'avait pas tardé à mourir. Marie avait continué à tenir la maison, à s'occuper de Mariette, sa nièce, toute menue et brune et qui lui ressemblait tellement. Jean Charron, le veuf, s'était mis quelque peu à boire. Elle lui avait fait honte de se laisser aller ainsi : un bel homme comme lui, encore jeune et vaillant. Il avait cessé de boire et l'avait épousée; quelques années plus tard les enfants étaient venus animer de leurs jeux et de leurs cris les Jaladas. Martial, lorsque Mariette avait un peu plus de deux ans, puis Francet, puis Aubin, Catherine enfin.

— Qu'en ferons-nous de tous ces enfants? s'inquiétait parfois la mère.

Alors le père riait :

— T'en fais pas, le bon Dieu y pourvoira.

Et ils avaient adopté le petit Frédéric quand il marchait sur ses dix ans et que son père, un ami de Jean Charron, s'était tué en tombant d'une charrette.

Il y avait deux choses au monde dont le père était fier jusqu'à la déraison : les cheveux de sa femme; les boucles d'oreilles, la chaîne, la croix, le bracelet d'or massif qui lui venaient d'une aïeule lointaine et dont il se plaisait à orner lui-même la mère. Il arrivait, par une belle matinée de dimanche, que le métayer entrât dans la chambre pendant que sa femme était en train de se peigner. La semaine, elle portait ses cheveux bruns massés en un lourd chignon, mais le dimanche, aux premières heures de la matinée, elle apparaissait avec l'immense traîne de sa chevelure qui lui tombait aux talons. Mariette et Catherine, après qu'elle avait longuement passé le peigne dans la cascade crépitante de ses cheveux, l'aidaient à tresser la longue, lourde natte qu'elle enroulait ensuite au sommet de sa tête, comme une haute couronne. Il arrivait donc qu'à ce moment le père entrât.

— Laissez, laissez, criait-il aux filles.

Il se dirigeait vers l'armoire aux portes travaillées en pointes de diamant, fouillait sous les piles de draps, revenait avec les mains brillantes d'or. Il attachait lui-même le collier et la croix au cou de sa femme, lui tendait les boucles d'oreilles et pendant qu'elle les ajustait passait le bracelet pesant à son poignet.

— Là, disait-il, solennellement, lève-toi.

Elle se levait, petite dans sa longue chemise de nuit blanche, avançait, sa riche chevelure déployée sur les épaules et les reins.

Le père appelait :

— Aubin! Martial! Francet! Parrain! Eh, Parrain!

Quand les garçons faisaient le cercle dans la chambre :

— Vous êtes fou, mon pauvre homme, disait la mère.

De rougir la faisait paraître plus jeune encore. On eût dit la sœur aînée de Mariette. Comment croire qu'elle avait dépassé la trentaine!

Le père prenait chacun des enfants à témoin :

— Est-elle belle? demandait-il, ne croirait-on pas une reine!

Catherine s'étonnait : depuis quelque temps, elle n'avait plus le droit, le dimanche, d'aider la mère à se peigner. La dernière fois qu'elle fut admise à la toilette, elle dit, pointant le doigt vers le ventre maternel :

— Comme vous devenez grosse, Mère, vous mangez trop de soupe sans doute (car on se fâchait pour qu'elle, assez chétive, mangeât de meilleur appétit les écuelles de pain trempé).

— Tire-toi de là, avait crié Mariette. Tu dis des bêtises.

Et depuis ce jour, elle n'assistait plus à la cérémonie dominicale.

★

Plusieurs fois l'an, passaient aux Jaladas des colporteurs en voyage sur la route de La Noaille. Ils s'arrêtaient à la maison, avalaient un verre de cidre, déballaient leur marchandise : foulards, cachemires noirs et rouges, bijoux de pacotille, fleurs artificielles, tissus multicolores où l'on pouvait tailler ensuite de si beaux corsages comme ceux qu'arborait Mariette, rouleaux de dentelles, franfreluches de linon. De quoi, certes, faire tourner bien des têtes.

— Remballez, monsieur, je vous en prie, je vous ai acheté du fil, des aiguilles, un coupon de drap pour rapiécer les vêtements de mes fils, c'est assez, je n'ai besoin de rien d'autre.

— Bah! faisait l'homme au teint basané et aux favoris crépus, je ne passe pas tous les jours, ma petite dame. Voyez ce taffetas rose, touchez, est-ce assez beau? Oh! Permettez, là, sur votre épaule... Mademoiselle, vous la grande jeune fille, et vous aussi la petite demoiselle, regardez votre mère, ce taffetas va-t-il assez bien à ses yeux, à son teint?

— Non, l'homme, je vous en prie, vous nous prenez pour des milords.

— Mais c'est pour rien, ma bonne dame, un petit écu et la pièce est à vous.

— Je n'ai pas l'argent, n'insistez pas.

Alors le marchand à figure de cuivre jetait un coup d'œil sur la couronne de cheveux et faisait entendre un sifflement admiratif.

— Pas d'argent! Mais vous avez une fortune sur la tête.

Il sortait une paire de ciseaux de sa poche et faisait claquer leurs lames. Mariette frissonnait, Catherine portait instinctivement les mains à ses nattes. La mère semblait fascinée.

— On fait un marché, poursuivait l'étranger. Vos cheveux et je vous laisse la pièce de taffetas, ou si vous préférez, je vous paye en bon argent sonnant et trébuchant.

D'une main le colporteur tenait les ciseaux, de l'autre le taffetas dont il faisait jouer les reflets sous la lumière.

A ce moment, le père arriva; les femmes étaient si absorbées qu'elles ne l'avaient pas entendu approcher.

— Salut, dit Jean Charron, puis : Qu'y a-t-il?

Catherine déclara sans hésiter :

— La mère voudrait bien ce beau linge rose, mais elle n'a pas de sous et le monsieur dit qu'il le lui donne si elle se laisse couper les cheveux.

— Cou... couper les cheveux! *ses* cheveux, gémit le père comme si le souffle lui manquait, puis il marcha vers l'étranger en hurlant.

— Tondre ma femme comme une pouilleuse! la plus belle chevelure du canton! Filez ou je lance le chien sur vous.

Comme s'il avait compris les paroles de son maître, Félavéni, qui s'était tenu coi jusqu'alors, se dressa et se mit à grogner, babines retroussées.

— Ça va, dit l'étranger, pas la peine de vous énerver.

Il rangea en un tournemain ses lots d'étoffe dans son baluchon noir, jeta celui-ci sur son épaule, toucha d'un doigt sa casquette de marin et s'éloigna. Comme il arrivait à la route, le père le rappela.

— Eh! le voyageur, cria-t-il, combien votre drap rose?

— Du drap! dit l'étranger, méprisant, le meilleur taffetas qu'on puisse trouver.

Avec un sourire cruel qui découvrait ses dents très blanches, il revint sur ses pas, fit son prix.

— Bien, dit le père, attendez.

Il entra dans la cuisine, gagna la chambre, revint bientôt avec l'argent.

— Voilà, dit-il.

L'autre s'empressa d'empocher la monnaie, plia le taffetas qu'il remit à l'acheteur, toucha de nouveau sa casquette et partit à grands pas.

Le père déroula l'étoffe rose, la mit en écharpe sur les épaules de sa femme.

— C'est vrai qu'elle te va bien. Tu es contente?

La mère était si émue qu'elle ne pouvait répondre.

— Je t'en prie, ajouta-t-il, ne me fais plus de telle peur; quand j'ai vu ce moricaud avec ses ciseaux, j'ai eu envie de le tuer.

Il posa la main sur les tresses de sa femme.

— Garde tes cheveux, reprit-il doucement. Les vendre ou vendre la croix, le collier, les bijoux de l'aïeule, pour moi, ce serait pareil.

— Ce noiraud, avec ses dents et ses oreilles pointues, le poil crépu, la peau brûlée, pour moi, affirma Mariette, pour moi, ce colporteur c'était le diable.

— Il avait de beaux anneaux d'or à ses oreilles, dit Catherine.

★

La journée de juin n'en finissait plus, la nuit tardait à venir.

— Qu'est-ce que je vois! gronda le père. Francet, tu as fini de gaspiller la tourte! Quand tu auras semé, labouré, moissonné, et battu comme nous, tu n'auras plus envie de faire perdre ainsi le pain.

Francet leva la tête; depuis un moment il s'amusait à rouler entre ses doigts deux grosses boules de mie.

— Je fais la terre et le soleil, répondit-il.

— La terre et le...

Le père faillit s'étrangler de surprise.

— Non, mais voyez quel petit âne!

Francet reprit avec assurance.

— Parfaitement, les Frères nous l'ont appris, pas, Martial?

— *Bêtio, bêtio*, dit l'aîné, il dit vrai.

— Qu'est-ce qu'ils vous ont appris? demanda le métayer en reposant sa cuillère dans l'écuelle.

— Que la terre et le soleil sont ronds comme des boules, et que la terre tourne sur elle-même et tourne autour du soleil comme ça...

Et Francet, tenant une boule de mie dans chaque main, simulait tant bien que mal la rotation du globe autour de l'astre.

Le père resta quelques secondes silencieux, puis brusquement il se leva.

— Me prendriez-vous pour un couillon! s'écria-t-il.

Francet posa calmement les boules de mie sur la table. Inquiet, Martial répétait très vite :

— Vrai, les Frères nous l'ont appris, c'est dans les livres.

— Dans ce cas, trancha le père, les Frères et vous, voilà de fameux dadais.

— Jean, dit la mère avec un accent de réprobation.

— Alors toi aussi, tu te mets de la partie, tu leur donnes raison, tu admets leurs *gnorles* : la terre, une boule qui tourne sens dessus dessous et qui tourne encore autour du soleil. Suis-je donc venu à mon âge pour m'entendre déclarer des sornettes pareilles!

— Mais les savants... voulut remarquer Martial.

— Les savants! Des savants dans ton genre, des savants de l'Académie d'Ambazac pour sûr, de l'Académie des ânes.

— Il y a longtemps, longtemps qu'on sait cela, depuis des cent ans et des cent ans.

— Qui, « on »?

— Bien, des savants, comme dit Martial.

— Ah! ces gosses me rendront fou, soupira le père. Tu vois, ajouta-t-il, s'adressant à sa femme, tu vois où ça les mène l'école, à dire des folies, et à me faire demander si moi-même je ne deviens pas fou.

Puis, obéissant à une idée soudaine, il quitta sa place.

— Venez, ordonna-t-il.

Et comme personne ne bougeait.

— Venez tous.

Il sortit, les garçons le suivirent, puis la mère, le Parrain donnant la main à Catherine, Mariette et le domestique en arrière.

Il traversa la châtaigneraie. Parvenu à la lisière, il s'arrêta. Au-delà du canal commençait une vaste lande de bruyère qui s'étendait très loin jusqu'aux collines bordant l'horizon. Le soleil, gros œuf rouge, descendait dans une échancrure des collines bleuâtres.

— Alors, fit Jean Charron, en se retournant, elle est ronde? Regardez cette lande.

Personne ne répondit.

— Hein, vous ne voulez pas reconnaître qu'elle est plate, plate comme cette lande, plate comme ma main.

— Y a des creux et des bosses, remarqua Mariette.

— Innocente, est-ce que ça compte quelques montagnes et quelques vallées sur la terre qui est grande, grande... grande... comme la terre! Pas plus que ces messieurs des villes, ils n'ont jamais vu une lande comme celle-ci, plate jusqu'à l'horizon.

Laissant son ton colèreux, il se mit à rire :

— D'ailleurs, si elle était ronde, on ne tiendrait pas debout, et si elle tournait, vous nous voyez la tête en bas, la tête en haut, la tête en bas, la tête en haut, quelle affaire!

Il ajouta, montrant du doigt le soleil qui disparaissait derrière le col.

— Et celui-là, c'est-il pas visible qu'il fait un grand tour dans le ciel. Il disparaît là maintenant, et demain matin, il montera de l'autre côté.

Rassuré par ce qu'il venait de voir, de montrer et d'expliquer, le père respira profondément et reprit le chemin de la maison. Personne ne parlait, tous impressionnés par ces mystères qui mettaient aux prises, d'une part le père et l'évidence familière, d'autre part, le prestige de l'école. On rentra, les femmes desservirent la table. Catherine regardait soigneusement autour des écuelles.

— Que cherches-tu? demanda la mère.

La petite ne répondit pas. Enfin un sourire détendit son visage, elle avait trouvé. Elle prit les deux boules de mie, œuvre du savant Francet, puis l'une après l'autre les avala.

— Que fais-tu... pour t'étrangler! cria la mère.

Ravie et grave, Catherine répondit :

— J'ai mangé la terre, j'ai mangé le soleil.

Ce soir-là, maussades, Francet et Martial furent les premiers couchés. On les entendit chuchoter dans le lit à rideaux au fond de la cuisine.

Catherine s'approcha en tapinois, elle put surprendre quelques mots.

— N'empêche qu'elle est ronde, maugréait Francet.

La petite alla se planter devant le lit, en montrant le poing.

— Vilains, méchants drôles! Elle est plate.

★

La mère et Mariette préparaient les repas; pourtant, aux yeux de Catherine, le père était le nourricier. C'était lui qui faisait et cuisait le pain. Il pétrissait la pâte dans la maie. Torse nu, il se penchait sur le coffre où plongeaient ses bras blancs et poussait des ahans sonores pour s'encourager à l'ouvrage. Les tourtes molles s'alignaient sur des planches puis on les portait au four. Celui-ci occupait le fond d'une vaste pièce annexe construite derrière la métairie : le claier où, à l'automne, sur des claies, on mettait sécher des châtaignes, cependant qu'au centre de la salle, sur la terre battue, un feu brûlait nuit et jour. Deux fois par mois, le père cuisait le pain. Catherine aimait le voir enfourner les tourtes sur une longue pelle qu'il enfonçait dans la gueule du four puis retirait après avoir, d'un coup sec du poignet, fait glisser le fardeau. Parfois, aux jours de cuisson, Catherine avait droit à une minuscule tourte qu'elle aidait à pétrir puis à enfourner. Quand les épais et larges disques de seigle étaient cuits, on les transportait en procession jusqu'à la cuisine; là, on les alignait, verticaux sur le *rateau* suspendu au plafond. Les premiers jours : quelle tendresse, mais, quand approchait le temps de la nouvelle cuisson, on se serait cassé les dents sur les tranches de pain bis.

★

Le père ne faisait pas le sucre, du moins il l'achetait. Une fois ou deux par saison, Catherine voyait le père revenir de La Noaille chargé de besaces. Elle se précipitait pour aider à les ouvrir et à sortir les emplettes : voici le sel, un paquet de bouchons, une botte de chandelles de suif, un paquet de tabac, enfin un magnifique pain de sucre. On le plaçait sur la commode, pour que tous pussent l'admirer avant qu'on ne le cassât.

— Un fameux obus, remarquait le père, il faudrait en faire pleuvoir sur le dos des Prussiens.

Dans le voyage, il arrivait que le cône se brisât à la base : Catherine cherchait longtemps au fond de la besace; elle finissait toujours par trouver le morceau de sucre et allait le grignoter dans un coin.

★

Le père était le maître des bijoux d'or qu'il sortait de temps à autre de leur cachette, dans l'armoire, pour en parer la mère : il était aussi le maître de l'argent. Oh! il en rentrait peu aux Jaladas, le plus clair des récoltes passant à la nourriture de la famille et des bestiaux; cependant, de loin en loin, Jean Charron effectuait quelques ventes. Il revint un jour de la foire ne se contenant plus de fierté et d'enthousiasme. Ses yeux bleus luisaient plus qu'à l'ordinaire.

— M'est avis que le père est un peu bu, fit simplement la mère.

Il s'assit à sa place habituelle, ce n'était pourtant pas l'heure de manger. Il prit Catherine sur ses genoux, la regarda dans les yeux cependant qu'il fouillait d'une main impatiente la poche de son gilet.

— Vois, dit-il en faisant briller au bout de ses doigts quelque chose de jaune et de rayonnant.

— Écoute.

Et il laissa tomber la pièce d'or sur la table où elle tinta.

— Un louis, dit-il, un beau louis que j'ai gagné... Marie, il faut fêter ce jour.

— Et comment?

— Tu feras des dorées à midi.

— Des dorées? Mais vous n'y pensez pas. Nous ne sommes pas à Pâques. Et puis les poules pondent peu. Sans compter que je suis en retard pour le repas.

— Pour une fois, ordonna le père, n'attendons pas Pâques pour faire bombance. J'ai rapporté de l'or, on mangera des dorées.

Au dessert, on mangea en effet des tartines toutes dorées de jaune d'œuf et sucrées.

— Père, dit Catherine, pourquoi vous portez pas tous les jours des pièces d'or?

— Mais l'or est rare, petite.

Et se tournant vers le Parrain et Robert le domestique :

— Je ne parle pas seulement pour nous, à la campagne on ne l'a jamais ramassé à la pelle, mais en France, notre bourgeois me disait ce matin même, à La Noaille, qu'il n'y en a plus. Pensez, il a fallu en donner des milliards et des milliards aux Pruscos. Je me suis laissé dire que trois longs trains chargés de louis d'or étaient partis en Allemagne.

— Ont-ils emporté aussi des trains de dorées? s'inquiéta Catherine.

★

Le père était le maître de la joie. C'était lui qui organisait les veillées de fileuses et les chants et la danse.

Une fois les batteuses faites, en septembre, à la faucille on fauchait le chanvre. Pendant plusieurs semaines, on pouvait voir les longues gerbes tremper dans les ruisseaux ou les pêcheries. Ensuite, on faisait sécher le chanvre au soleil et, quand le temps était venu, on le *barguait* à la veillée dans le claier des Jaladas où les châtaignes avaient été mises à sécher. Chaque famille apportait sa *bargue,* machine primitive en bois, munie d'une sorte de levier qu'on élevait puis abaissait en cadence afin de broyer la paille du chanvre. La paille brisée tombait sur le sol. On retirait des dents de la bargue le fil qu'on attachait par poignées. Là, on ne parlait ni ne chantait car une épaisse poussière blanche emplissait le claier et se déposait sur les gens qui ressemblaient bientôt tous à des meuniers. Les femmes avaient serré leur coiffe au ras des sourcils pour protéger leurs cheveux, les hommes enfoncé leurs chapeaux jusqu'aux yeux. On sortait de là altéré et étourdi tant les bargues menaient un beau vacarme.

Mais bavards et chanteurs se rattrapaient aux « assemblées » suivantes. On n'y barguait plus le chanvre, on le filait. Le claier était vaguement éclairé à la lueur d'une chandelle de suif, le *pétrou,* coincée dans un bâton fendu qu'on enfonçait entre deux pierres du four. Le *pétrou* n'éclairait guère, il fumait et ne cessait de crachoter et de pétiller — d'où son nom; mais qu'importait, le père chantait de sa belle voix grave des chansons tantôt en patois limousin, tantôt en français : il y était question de bergère et de seigneur, de fiancés et de guerre, d'amour et de morts. *Turlututu!* disait la bergère au trop galant chevalier, *gardez votre turlututu, gardez votre château, moi je garde mon turlututu, moi je garde mon cœur.*

Baisse-toi montagne, lève-toi vallon, implorait à son tour dans la nuit, l'amoureux transi, *pour me laisser voir ma Jeanneton. C'est la lune qui brille, c'est la lune d'amour.* Il finissait par la trouver dans les bois sa Jeannette avec les garçons. *C'est la lune qui brille, c'est la lune d'amour.* Le père chantait et la mère le regardait, et les femmes écoutaient, filant le chanvre; elles tenaient d'une main leur quenouille et de l'autre lançaient le fuseau; sans cesse, il leur fallait cracher dans leurs doigts pour lisser le fil et éviter qu'il ne se rompît.

Plus tard, on dévidait les fuseaux au rouet; c'était le père qui tournait la manivelle et formait des écheveaux. Et toujours on bavardait, on chantait, on riait.

Les châtaignes, sèches là-haut sur leurs claies suspendues au plafond, le chanvre filé, lavé et remis au tisserand afin qu'il en fît des toiles pour les chemises ou les draps (ah! ces draps, quelles majestueuses piles dans les armoires les plus pauvres, mais qu'ils étaient rudes. On les faisait, à cause de cela, étrenner par les enfants afin qu'ils pussent les user et les rendre ainsi plus doux!), une fois ces travaux terminés, on faisait encore des « assemblées » aux Jaladas pour la danse. Un chabretaire monté sur la table tapait du pied et faisait *darder* sa chabrette dans les notes aiguës. Les couples reprenaient en chœur au refrain :

Ma tcharmelle mé dit qu'elle é pucello
Moun bourdon que noun, noun,
(Ma charmelle me dit qu'elle est pucelle
mon bourdon dit non, non.)

Dans le chapeau du chabretaire — un vieux petit bonhomme bossu auquel Catherine était chargée de porter un verre de cidre, et elle posait vite le verre et s'enfuyait de crainte que le bossu ne l'attrapât de sa main crochue — dans ce chapeau, les danseurs versaient leur obole, cependant que les joueurs de cartes, consciencieusement, plaçaient un sou sur la fourche du *pétrou* à chaque partie.

Et le père dansait, et le père chantait, le père était le maître de la joie.

3

le geai - le départ de Parrain

La moisson faite le Parrain partit. Il avait patienté jusque-là, dormant dans l'étable.

— Maintenant, dit-il au père, pour vous le plus dur est fait ; vous me remplacerez à la Toussaint.

— Tu n'y penses pas, disait le père, nous laisser en plein été... Et les batteuses, malheureux, et les pommes de terre, et le chanvre à faucher, les châtaignes à ramasser...

— Bah ! votre domestique est fort comme un Turc, il mettra un coup de plus et tout sera dit.

— C'est à cause de lui que tu pars...

— Laissons cela.

— A cause de lui... et à cause de Mariette.

— Mariette est comme ma sœur, répliqua vivement le Parrain, vous le savez bien puisque la mère et vous, vous avez bien voulu être de nouveaux parents pour moi.

— On te regrettera Parrain, et que vas-tu faire ?

— J'ai un oncle charpentier, Martial, du Breuil, je vais lui demander l'apprentissage.

— C'est un métier, dit le père.

— Oui, c'est un métier.

— Allons, puisque tu le veux.

Ils entrèrent dans la cuisine, le métayer compta les gages du Parrain.

— C'est-il Dieu possible, dit la mère, et elle jeta un regard sévère à Mariette.

Celle-ci pinça les lèvres.

— Voilà, au revoir Mère, dit le Parrain.

— Au revoir mon fils, et elle l'embrassa, et l'embrassa encore.

Le père lui tapa sur l'épaule puis serra fortement sa main. Catherine se jeta dans ses bras et se mit à pleurer.

— Je veux pas qu'il s'en aille, gémissait-elle, je veux pas.

— Je reviendrai, dit le Parrain, je te le promets, ma petite Cathie.

Il tira de sa poche des bonbons, en emplit les mains de l'enfant ; puis encore un long ruban bleu pâle qu'il tendit à la mère.

— Pour les jours de fête, dit-il, pour attacher ses nattes.

— Parrain, Parrain, il ne fallait pas, tu vas avoir besoin de tes sous avant d'avoir trouvé du travail.

Catherine suça les bonbons et leur sucre se mêlait au sel de ses larmes.

— Il est temps, dit le Parrain.

Il tendit gauchement la main à Mariette ; elle lui donna le bout des doigts.

— Au revoir Mariette.

— Adieu, répondit-elle.

— Bonheur, et santé, prospérité à vous tous, dit le Parrain d'une voix étouffée.

— Merci, à toi de même, répondirent les parents en même temps.

— Merci, merci, cria Catherine cependant que le Parrain quittait la ferme et que le chien Félavéni le suivait en gambadant.

— Il est parti, dit le père.

— Il est parti, dit la mère.

Le père haussa les épaules.

— Allons, dit-il sèchement, Mariette, ne reste pas là plantée à ne rien faire. A quoi rêvasses-tu ? Aide un peu à Marie, que diable. Tu crois que dans son état, elle n'a pas besoin qu'on l'aide !

Mariette ne répondit pas, munie d'un chiffon, elle se mit à frotter la commode puis la table, puis le coffre de la pendule avec rage.

★

Depuis le départ du Parrain, les journées paraissaient vides à Catherine. Aussi cherchait-elle à se rapprocher des garçons, mais en vain : quand ils la voyaient venir, ils prenaient leurs jambes à leur cou. Les vacances, en privant Martial et Francet de leurs camarades d'école, les avaient rendus plus conciliants envers Aubin ; tous trois déguerpissaient dès qu'ils avaient terminé l'ouvrage que les parents leur avaient commandé. Tout ce que pouvait faire Catherine, c'était les guetter en feignant de s'amuser avec quelque poupée de maïs ou un bout d'étoffe qu'elle pliait et dépliait et repliait sans cesse, les guetter puis les suivre de loin. Elle avait fini par trouver un profond plaisir à surprendre ainsi les divertissements ou les méfaits de ses frères ; puisqu'elle les voyait et qu'ils ne la voyaient pas, il lui semblait qu'elle devenait elle-même l'un d'eux : soit Francet, soit Aubin, soit parfois les trois à la fois.

Quant à eux, ils ne songeaient qu'à expédier au plus vite leurs travaux, afin d'être tout à leur geai. Mais celui-ci, malgré leurs attentions et même à cause d'elles, connut une triste fin.

Il était devenu dodu, luisant, vif dans sa cage, tant ils le nourrissaient avec soin. Ils l'appelaient Tiénou, Aubin ayant trouvé qu'avec sa façon cocasse de vous regarder de côté, de son petit œil rond, il ressemblait à un vieil original nommé Tiénou qui vivait seul dans une cabane sur la hauteur. Tiénou, malgré tous les efforts de Francet, se refusait à parler. « Ça viendra », affirmait Francet qui, connaisseur en langage d'oiseau, ne pouvait admettre qu'il ne pût parvenir à enseigner, ne fût-ce que le mot « bonjour » à son geai. C'était en effet Francet qui traduisait en patois chaque chant d'oiseau. Selon lui, le merle printanier en sifflant déclarait : *« Ai cin pitits din moun nid, Seran tôt drus, tôt drus, tôt drus! »*

L'hiver, le pinson, affamé, venait jusque sur le seuil de la métairie implorer le secours familial : *« Cousi! cousi »;* mais au temps des cerises, il se moquait pas mal de ceux qu'en décembre ou janvier il avait appelé « cousins » : persifleur il chantait, le bec encore sucré de cerises :

« Crésé-tu pobré paisan
Que vai na à to porto
Per un brisou! »

Et cette impertinente alouette, Francet la désignait du doigt, cependant qu'elle s'efforçait par saccades vers l'azur. « Entendez-la, disait-il, elle voudrait bien que le bon Dieu l'aide à monter au ciel, entendez ses promesses :

« Juraraï pu! Juraraï pu! »

Et voilà comme elle les tient, elle se laisse retomber en pierre, ah! pour la descente pas besoin d'aide, entendez la parjure :

« Fé dé di! Fé dé di! Fé dé di! »

C'était vexant de connaître ainsi la langue des oiseaux et de ne pouvoir en échange apprendre un mot humain à Tiénou. « S'il n'était pas en cage, émit un jour Martial, peut-être parlerait-il. » Les garçons tinrent conseil, puis ils entrèrent à la cuisine, en ressortirent avec une paire de ciseaux. Le malheureux geai perdit ce jour-là le bout éclatant de ses ailes ; mais on n'a rien sans peine. Tiénou, ainsi réduit, fut transporté de la cage à la cuisine où malgré les protestations de la mère et de Mariette, les garçons lui installèrent, à la gauche de la cheminée, un perchoir au-dessus d'une planchette destinée à supporter sa nourriture, sa boisson et à recevoir ses excréments. Tiénou parut ravi de l'aventure, il ne parlait toujours pas, mais balbutiait, gazouillait comme un bébé bavard. Il mangeait encore de meilleur appétit car il prenait de l'exercice à travers la grande cuisine. De son perchoir, il sautait ou voletait sur la cheminée, de la cheminée au *rateau* qui contenait les tourtes ; de là, se laissait choir sur la table, ou sur la maie ; en ses jours d'audace, il se lançait sur le sommet de la pendule. Aux repas, il se familiarisait assez pour venir se percher sur l'épaule de Francet. Il s'approchait bien parfois de l'écuelle de Catherine, mais elle avait peur de son gros bec et le chassait. Toute la journée les garçons ne songeaient qu'à chercher fruits, baies ou grains ou mouches pour Tiénou qui engraissait à vue d'œil. Plus moyen de leur faire faire quoi que ce fût, Tiénou était leur roi et eux ses chevaliers-servants. Bien entendu, les voyages de Tiénou à travers la cuisine n'allaient pas sans désagréments pour les ménagères qui n'avaient plus assez de temps, de mains ni de torchons pour essuyer ses fientes sur la table, les bancs, la commode ou dans la vaisselle.

Un après-midi, Mariette décréta que ça ne pouvait plus durer comme ça, ce geai les rendrait folles. Les garçons, au lieu d'aller au puits emplir un seau comme on le leur avait demandé, s'étaient éclipsés à la recherche une fois encore de la pitance de Tiénou. Celui-ci, qui venait de manger copieusement, digérait silencieux sur son perchoir.

— C'est vrai, dit la mère à Mariette, tu n'as qu'à le perdre dans le bois.

— Oui, mais Francet me battra.

Mariette jeta au geai un regard de haine.

— Il faudrait le faire mourir sans qu'ils se doutent que j'y suis pour quelque chose.

Tout à coup, elle s'esclaffa.

— Ça y est, fit-elle.

Elle passa dans la chambre, en revint avec du fil, une aiguille, un dé à coudre.

— Mère, attrapez le geai, demanda-t-elle.

— Que vas-tu faire?

— Vous allez voir, il a mangé comme un porc, ça ne tardera pas.

La mère prit sans peine le geai assoupi par la digestion.

— Tenez-le sur les ailes, et fermez-lui le bec, demanda Mariette.

Elle enfila le fil dans l'aiguille, prit son dé et, d'une main sûre, cependant que l'oiseau se secouait en vain, prisonnier dans les mains de la mère, elle souleva ses plumes au-dessus du croupion et lui cousit le cul. Ensuite elle voulut reposer l'oiseau sur son perchoir, mais il tomba sur la planchette et y resta, accroupi, la tête rentrée dans les épaules, l'œil à demi clos. C'est ainsi que le soir le trouvèrent les garçons.

— Tiénou, mon Tiénou, implorait Francet, qu'as-tu? réponds-moi?

Mais le geai ouvrait péniblement un œil, ses plumes se hérissaient, et de son bec entrouvert nul son ne sortait.

Ils essayèrent de le faire boire, de lui donner à manger, rien n'y fit.

Francet avait les larmes aux yeux, il se refusa à avaler quoi que ce fût puisque Tiénou ne pouvait se nourrir.

Le lendemain matin, ils trouvèrent le cadavre froid et

raidi tombé de la planchette sur le sol. Cette fois Francet ne soupira pas, ne pleura pas. Il prit l'oiseau mort, le frotta longuement contre sa joue tout en fixant son regard sur Mariette.

— Nous allons enterrer la victime, dit-il.

Mariette sous le regard du garçon ne put s'empêcher de baisser les yeux.

— Non, reprit Francet s'adressant cette fois à Aubin et à Martial, non.

Les garçons graves, anxieux, attendaient les paroles de leur frère comme un oracle.

— Avant de l'enterrer, il faudrait voir s'il n'a pas été blessé, si quelqu'un ne l'avait pas blessé.

Et Francet se mit à palper le cadavre sous la gorge, sur les flancs, sous le ventre, sur le dos. Je ne sens rien, dit-il.

— Fais voir, demanda Martial, et il imita Francet, en vain.

— Et moi? demanda Aubin.

Il allait reposer l'oiseau, lorsqu'il hésita, passa plusieurs fois ses doigts sur le ventre.

— Comme il a le ventre dur! dit-il.

— Donne, fit Francet avec une sourde violence. Lui-même palpa à nouveau le ventre de l'oiseau. Il poussa un cri étouffé.

— Qu'y a-t-il? demandèrent ses frères à l'unisson.

Francet ne répondit pas. Fiévreusement, il s'était mis à plumer le derrière du geai. Ses doigts tremblaient en arrachant les plumes. Enfin il s'arrêta.

— Voyez, dit-il aux garçons. Cousu.

— Ça, fit Martial.

Il cracha avec mépris sur le sol.

— Je t'ai déjà dit de ne pas cracher par terre, gronda la mère. Vous prenez la maison pour une écurie!

Les garçons ne répondirent pas. Martial enfonça jusqu'aux oreilles son chapeau cabossé, Francet prit l'oiseau contre son cœur, Aubin renifla bruyamment. Ils sortirent à la queue-leu-leu.

— Cathie, va voir ce qu'ils font, dit Mariette.

Catherine revint au bout d'un moment. « Ils ont enterré Tiénou au fond du pré, dit-elle. Francet a fait une croix avec deux branches, ils l'ont plantée en terre. »

— Ils vont me battre, soupira Mariette.

Ils ne la battirent point, mais ses lapins pour lesquels elle nourrissait une si vive affection, l'un après l'autre, elle les trouva crevés, chaque matin, lorsqu'elle allait leur porter le fourrage.

4

Robert a outragé la propriétaire -> renvoi de la famille

Aubin allait maintenant à l'école, c'était à Catherine de le remplacer pour garder les cochons. Ils sortaient de leur porcherie derrière les Jaladas dans un concert de grognements, se bousculaient pour contourner la cuisine, hésitaient un instant devant la route, repartaient collés derrière la grosse truie, folâtraient enfin dans la châtaigneraie. On avait, les jours précédents, ramassé les châtaignes, et Catherine devait mener les cochons au bois afin qu'ils pussent se nourrir des fruits oubliés sous les fougères ou dans la mousse. Parfois d'autres bergères de sa taille et de son âge la rejoignaient dans le bois : c'était la Marion des Lagrange ou l'Anne des Mauriéras. Les chiens se couchaient tranquillement dans une clairière exposée au soleil, les cochons poussaient leur groin à travers ronces et lichens à la recherche des châtaignes ; les petites bergères ramassaient les girolles, les derniers cèpes de la saison ou se partageaient en riant une tranche de pain bis. La Marion, qui allait sur ses huit ans, était la plus bavarde. Catherine et Anne l'écoutaient bouche bée leur parler de la Vierge et des saints, du loup-garou, ou de la chasse-gallerie qui passait le soir en hurlant au-dessus des toits.

De saisissement parfois, les petites s'en laissaient tomber assises sur la mousse, voire sur une bogue de châtaigne : elles se relevaient alors d'un bond, arrachant vivement le pelon piqué de toutes ses pointes à leurs fesses nues.

— *Fé dé di, quella pina!* jurait Anne au grand scandale de Catherine.

A la fin de l'après-midi, on appelait les chiens pour faire rentrer les cochons. Quelques aboiements, des courses folles qui faisaient voler les feuilles mortes, des couinements et bientôt, au petit trot, les porcs prenaient d'eux-mêmes le chemin du retour. Ceux de Catherine n'avaient que quelques mètres à parcourir, elle laissait le soin à Félavéni de les guider jusqu'à la porcherie.

Ainsi, un jour, s'était-elle libérée de sa tâche de bergère sans avoir même à remonter clore la porcherie, son père, qu'elle apercevait dans la cour, s'en étant chargé. Elle avait pu accompagner ses camarades un bout de chemin et maintenant elle revenait en longeant le canal. Les voix de Marion et d'Anne retentissaient encore sur la route en contrebas, et Catherine allait à reculons cherchant à apercevoir les bergères. Le crépuscule chargeait le ciel de somptueux nuages blancs, mordorés ou bleuâtres; elle se plaisait à deviner dans leur amoncellement les visages des anges, des apparitions de villes d'or, des montagnes inaccessibles, tout un univers plus merveilleux encore que celui auquel Marion faisait allusion dans ses contes. Elle oscillait du monde céleste à celui familier où ses compagnes rentraient leur troupeau et où s'étendait, jauni par l'automne, le grand pré qui remontait jusqu'au puits là-bas, et jusqu'à l'étable où le père, à présent, apportait quelque litière. Comme on voit mieux les choses, comme on les voit différemment, qu'elles soient nuées ou terre, quand au lieu d'avancer tout bêtement, on va à reculons, le corps incertain, le regard enivré. Et soudain, qu'y a-t-il? Où est-elle? Elle s'enfonce... L'eau, le froid, l'eau sur ses jambes, sur son ventre, sa poitrine. Le canal, elle l'avait oublié... elle est tombée dans le canal, elle va mourir. Son père, là-bas, au bout du pré, à la porte de l'étable; il ne la voit pas; l'appeler! Non, que ferait-il! Sa colère... Elle va mourir. Respirer. Mais... comment? elle flotte? Sa cape s'est ouverte, éployée autour d'elle, comme la feuille d'un immense nénuphar, et Catherine flotte supportée par cette cape-feuille. Elle agite ses petits bras, frappe l'eau, le courant l'entraîne loin de la rive. Elle brasse l'eau de nouveau, résiste, se rapproche, happe une touffe de joncs sur la berge, tire, les joncs craquent, la voici repartie, et la cape s'imbibe, bientôt ne la soutiendra plus. Des pieds, des mains, elle rame, elle nage comme elle l'a vu faire au chien quand, l'été, les garçons le jettent à l'eau. Une autre touffe de joncs, cette fois ils tiennent. Elle s'arc-boute, s'efforce, se couche sur la berge, se hisse. Enfin la voici allongée sur l'herbe, frissonnante, ruisselante, sauvée.

Lorsqu'elle eut repris souffle, elle gagna la châtaigneraie, passa à quelques mètres de son père sans qu'il la vît. Que dirait-il s'il l'apercevait dans cet état, les vêtements collés au corps? Honteuse, elle traversa la route, entra dans la cuisine. La mère d'abord ne sut que dire. Catherine baissait la tête, l'eau s'égouttait autour d'elle sur le sol. La mère pâlit, et brusquement se jeta sur elle, la prit dans ses bras, l'embrassant, pleurant, bégayant.

— Petite, ma petite, ma petite Cathie, mon pauvre trésor.

— Mon Dieu, mon Dieu, répétait Mariette.

On déshabilla l'enfant devant le feu, la frotta entre des serviettes rugueuses. Avec une bouillotte, la voici dans le lit, on lui fait avaler une tisane. Et sa mère encore qui de nouveau lui parle, l'embrasse. Et le père qui est venu, il ne se met pas en colère, se tient tout gauche au pied du lit.

— Cette petite malheureuse qui n'osait pas vous appeler de peur que vous la fâchiez.

Quel long sourire timide a le père.

Cette chaleur du lit, cette tendresse, ce bonheur.

★

— Du moins, là-bas, les enfants ne risqueront plus de tomber dans le canal.

C'est ainsi que la mère accueillit la décision du père lorsqu'il apparut que, décidément, il ne fallait plus compter pouvoir demeurer aux Jaladas. Le père paraissait beaucoup plus affecté par cet événement, mais que faire?

C'était après les batteuses. La bourgeoise, Mme de la Mothe était là, avec son fils Gaston. Tous deux avaient l'œil; ils comptaient les gerbes, se promenaient dans la cour. Évidemment, malgré leurs terres, ils n'étaient guère riches les bourgeois et contraints à vivre chichement; ils ne rêvaient que de gagner un sac ou une volaille de plus sur les redevances des métayers.

Robert le domestique avait profité des batteuses pour boire tout son soûl et, quoique petit, il lui fallait force litres pour apaiser sa soif. Il était donc énervé par le vin, enfiévré par le travail, la poussière, la chaleur, au demeurant homme de méchante humeur. Depuis un moment le va-et-vient de la bourgeoise, de l'aire où l'on avait battu au fléau, à la grange, de la grange à la cuisine, de la cuisine aux sacs, ce va-et-vient commençait à l'irriter. Il avait bien fait virevolter son fléau de telle sorte que la poussière allât incommoder la « dame », clamé ses jurons les plus orduriers pour qu'elle s'enfuît offusquée, rien n'y faisait, elle continuait d'aller et venir, son œil de pie braqué sur les gerbes, sur le tas de grains élevé au milieu de l'aire, sur les premiers sacs de blé. A la fin, il n'y tint plus : sous prétexte de débarrasser un coin de la grange, il s'empara d'une gerbe, qu'un autre que lui aurait eu de la peine à déplacer, et l'envoya à la volée rouler en direction de la dame. Sous le choc, telle une quille, Aglaé de la Mothe s'affala de côté, cependant que son fils se précipitait vers elle en criant :

— Maman, Maman, avez-vous du mal?
et que toute la famille Charron s'avançait la mine basse.

Quant à Robert, il feignit de se désintéresser de l'affaire. Assis sur une autre gerbe, il s'était mis à avaler goulûment un bout de pain et du fromage. M. Gaston releva sa mère dont la robe noire était à présent tachée de poussière et de purin. Ils regagnèrent muets et furieux leur tilbury qui attendait à l'ombre des châtaigniers. Là, au père qui les avait suivis bredouillant des excuses, la bourgeoise dit sèchement :

— Charron ou vous me renvoyez immédiatement ce butor ou vous cherchez une autre métairie.

Ce fut à cette dernière décision qu'on s'en tint car renvoyer Robert il n'y fallait plus songer; il était depuis quelques jours fiancé avec Mariette, et cela avait eu lieu à l'occasion d'une autre sorte d'exploit.

Les voisins des Charron, les Lagrange, possédaient un taureau, ils en tiraient profit, faisant payer les saillies. C'était une longue bête brune, aux cornes courtes et pointues, au mufle baveux. Un anneau perçait ses naseaux et Marcel Lagrange menait ainsi par une corde passée dans l'anneau l'animal quasi sauvage. On l'écoutait la nuit mugir et sauter dans son étable. La petite Marion Lagrange en était très fière, et toute la famille d'ailleurs en acquérait un grand prestige. Un matin, on entendit des cris, des appels, des aboiements monter de la ferme des Lagrange. Jean Charron se planta sur les marches de la cuisine.

— Y a quelque chose qui ne va pas chez les Lagrange, remarqua-t-il.

— Penses-tu, dit la mère. Ils crient après leurs bêtes, c'est tout.

Mais il fallut reconnaître qu'il se passait quelque chose d'anormal.

— J'y vais voir, dit le père.

— Je vous suis, proposa Robert.

Les femmes se pressèrent sur le seuil pour les voir partir. Ils n'allèrent pas loin. Le taureau s'était échappé du pré. Lagrange et ses fils avaient essayé de le cerner, mais il avait couru sur le plus jeune qui n'avait eu d'autre ressource que de grimper dans un pommier.

Maintenant, noir, il avançait sur la route, il montait vers les Jaladas.

Quand le père l'aperçut il chercha en vain quelque bâton, et ne trouva à portée de main, dans une haie, qu'une dérisoire baguette de noisetier.

— Mon Dieu, s'écria la mère qui était venue sur la route, mon homme va se faire tuer.

Le taureau s'était planté au milieu de la chaussée : il baissait la tête, on le sentait en train de rassembler ses forces, se préparant à se jeter sur cet homme maigre et sa badine de noisetier. C'est alors qu'on vit cette chose incroyable qui frappa de stupeur le père, la mère, Mariette, Catherine, Aubin, et, assemblée en contrebas, toute la famille Lagrange : Robert le domestique alla droit au taureau; arrivé à un mètre, il s'arrêta, se baissa un peu, écartant légèrement les bras du corps. Le taureau frappa le sol de son sabot. Tous cessèrent de respirer : la bête allait bondir et lancer sur ses cornes la dépouille ensanglantée du domestique. Ce ne fut pas l'animal mais l'homme qui le premier s'élança. Il agrippa les cornes du fauve. Celui-ci essaya de se dégager et dans son effort souleva son adversaire du sol, mais vite Robert reprit terre, il s'arc-bouta, et l'on devinait la lente, terrible pression que ses bras exerçaient sur les cornes. Le taureau soufflait, ses yeux étaient injectés de sang; la bave coulait de son mufle. Enfin on vit le col de la bête se tordre, le taureau tomba sur les genoux, Robert se penchait sur le vaincu, la sueur sillonnait sa face. Il fit signe à Lagrange d'approcher. Le paysan passa la corde dans l'anneau de la bête, tordit la corde : le taureau poussa un long gémissement.

— Voilà, dit Robert.

Il s'essuya les mains à son pantalon de velours, puis les passa sur son visage pour ôter la sueur.

Lagrange fit relever sa bête.

— Un homme comme ça, c'est un phénomène, fit-il.

Le père brisa sa branche de noisetier, jeta les débris dans le fossé.

— Merci, Robert, dit-il. Merci.

— De rien, fit l'autre en remontant son pantalon sur les hanches.

Ce soir-là, quand les garçons et Catherine furent couchés, Mariette demanda aux parents de l'accompagner sur la route.

— En voilà une idée, s'étonna le père.

Mariette insista. Quand ils furent dehors, dans la nuit, elle leur demanda de la marier avec Robert.

— D'ailleurs, ajouta-t-elle dans un souffle, il fallait faire vite... pour l'honneur.

5

Installation au Mézy. Départ de Mariette et Robert

A la Toussaint, la famille s'installa à la métairie du Mézy, dans un fond, à quelque six kilomètres de La Noaille. La maison était plus grande, plus neuve qu'aux Jaladas. La terre bonne si l'on en croyait le métayer qui s'en allait. Les débuts furent donc heureux, joyeux même puisqu'on commença par la noce de Mariette et de Robert. Catherine croyait rêver.

Les murs de la grange furent tendus de draps blancs et de branches vertes et fraîches de sapins. D'un coin à l'autre on lança des guirlandes de papier multicolore. Le long des murs, trois tables en fer à cheval ; pour les orner, comme il n'y avait plus de fleurs, on fit des bouquets de feuillages roux.

Par malchance il pleuvait : une petite pluie fine, incessante. Le matin, au son d'une chabrette et d'une vielle, la noce s'en alla à la mairie puis à l'église de La Noaille. Quelle boue ! le long cortège endimanché pataugeait. Les femmes relevaient sur leurs chevilles leurs longues jupes noires à bandes rouges, vertes, orange, elles serraient sur leurs épaules leurs fichus de cachemire et se blottissaient contre leurs cavaliers ; leur belle, vaste, légère coiffe de dentelle : le *barbichet*, se couvrait de mille perles d'eau et semblait un grand oiseau blanc aux ailes ouvertes dans la brume. Des vieux portaient au-dessus d'eux d'immenses parapluies bleu passé. Les jeunes préféraient se mouiller et montrer leurs atours. En tête du cortège, à deux pas derrière les musiciens, la mariée minuscule dans sa longue robe gris perle, au bras du père très droit et grave, pour aller; au bras de son mari trapu et renfrogné, pour revenir. Le chemin était long jusqu'à La Noaille. La mère était tout essoufflée. Catherine la trouvait de plus en plus grosse; Catherine, elle, avait pour cavalier le Parrain revenu à l'occasion du mariage. Elle arborait une robe bleu pâle qu'il lui avait portée la veille. La robe était bien un peu large et trop longue, mais qu'importait, quelle jolie toilette! les demoiselles de la ville en avaient-elles d'aussi gracieuses? Au bout de quelques minutes le bout de la robe fut trempé et maculé de boue. Catherine s'en aperçut et eut envie de pleurer, mais quand le Parrain vit cela, il la prit sur ses épaules comme jadis; ainsi ils allèrent à La Noaille, ainsi ils en revinrent. De loin en loin, dans le crachin, les garçons d'honneur poussaient de sonores : « *I foufou!* » et dans les fermes au passage, les paysans leur répondaient.

Le repas fut énorme. Le père avait bien fait les choses. Le coût de la noce et la dot mangèrent toutes les économies réalisées aux Jaladas. Il fallait bien « pour l'honneur » inviter : cousins et arrière-cousins, et encore les Lagrange et les Mauriéras des Jaladas, et Duchein, le collègue du Mézy, et sa famille — car ce domaine comptait deux métairies — et M. Maneuf le propriétaire, et ses domestiques « deux jeunes qui n'avaient pas leurs yeux dans les poches » remarqua le Parrain, Mlle Léonie et M. Paul.

A la place d'honneur, devant un haut bouquet de feuilles de chêne dorées, les mariés : elle, rose et brune, petite, vive, la repartie preste; lui, engoncé dans ses habits du dimanche, maussade, semblait-il, le front barré d'une ride molle. Alentour, peut-être cinquante personnes qui bâfraient, buvaient, parlaient, riaient, plaisantaient lourdement.

Un jour, songeait Catherine, elle aussi se marierait. Elle ne voudrait pas un mari comme Robert, comme Aubin peut-être ou comme le Parrain... Oh! elle se marierait avec le père! mais, ne disait-on pas qu'un homme ne pouvait avoir qu'une femme? Pourtant, Mariette lui avait confié un jour : « Ta mère, c'est la deuxième femme du Père. » Alors, pourquoi ne serait-elle pas la troisième? il est vrai que la première femme était morte... Mon Dieu, si ces pensées allaient faire mourir la Mère! Elle se forçait vite à écouter une chanson, à avaler un nouveau gâteau pour chasser cette rêverie où le bonheur et l'angoisse se mêlaient si redoutablement.

A la longue, tant de monde, tant de plats et de friandises, tant de chansons et tant de bruit la plongèrent dans une somnolence bienheureuse. Pour elle, la journée passa si vite qu'elle ne devait en garder qu'un souvenir confus et ravi, où s'éclairait l'image de la robe offerte par le Parrain.

★

A peine avait-on remis en ordre la maison et la grange, après le bouleversement de la noce, qu'une querelle éclata entre le métayer et son gendre pour une histoire d'argent et de draps.

— Je n'ai pas toute la dot, espèce d'avare! criait Robert; il avait bu.

— Si tu n'étais pas saoul, tu verrais que le compte y est.

— Saoul! moi! hurla le jeune homme. Il marcha vers son beau-père, mains levées.

Mariette se précipita entre eux, noua ses bras autour du cou de son mari :

— Ne fais pas ça, ne fais pas ça, suppliait-elle.

Il se fit lâcher et la repoussa rudement.

— Ça va, on l'abîmera pas ton vieux.

Le soir même, sur une carriole que prêta Duchein, le jeune ménage s'en alla. Robert avait déclaré qu'il logerait chez un camarade de régiment qui avait une grosse ferme au delà de La Noaille, et qui, *lui*, se ferait une joie d'ouvrir sa demeure à un ami.

— Ma pauvre enfant, dit la mère, ma pauvre Mariette qu'adviendra-t-il de toi?

Mais la jeune femme s'empressait de faire paquets et baluchons, de temps à autre elle levait la tête et jetait sur sur mari un regard rêveur.

★

Une fois Mariette et Robert partis, le Mézy parut bien vaste. La famille Charron occupait la partie gauche du rez-de-chaussée; une cuisine et deux chambres d'égales dimensions, l'une était occupée par les parents et Catherine, l'autre par les trois garçons. Le propriétaire, M. Maneuf, conservait le reste de la maison. Le Mézy : une demeure carrée, au crépi clair, sur la gauche les longs bâtiments des étables, de la grange, de la porcherie; derrière, un *coudert* pour les cochons avec quelques pruniers malingres; devant : une cour pavée de grosses dalles de granit, un jardin de maître orné d'un haut sapin, d'une pelouse et de massifs de rosiers; au-delà du jardin, les prairies. Une route étroite et défoncée séparait le Mézy des champs et du potager. Quand on faisait quelques pas sur cette route, en laissant la ferme en arrière, on pouvait apercevoir, assez loin de là, sur la hauteur, la seconde métairie où vivaient les Duchein.

M. Maneuf était veuf, sans enfants. C'était un petit vieux large d'épaules, toujours vêtu de noir. Il avait un visage plat, marqué au nez et aux joues de couperose, un crâne chauve et pointu, une barbiche qu'il persévérait à teindre malgré ses soixante-dix ans. Une paralysie des jambes le maintenait assis dans un fauteuil flanqué de grandes roues. Si le temps le permettait, M. Paul, le domestique, poussait le fauteuil du maître jusqu'au jardin à l'ombre du sapin ; de là M. Maneuf avait vue sur la route, sur ses champs, la cour et la maison. Il faisait lui-même pivoter sa chaise et tourner les roues afin de suivre la marche de l'ombre sous l'arbre ou bien de voir les prés où Jean Charron aidé de Martial nettoyait les rigoles. Si le temps était froid ou qu'il plût, on pouvait apercevoir le buste de M. Maneuf derrière la fenêtre de la salle à manger. A travers la vitre, ses petits yeux vifs brillaient, Catherine ressentait un obscur malaise à se trouver placée sous leur regard. Au rez-de-chaussée, M. Maneuf avait sa cuisine, sa chambre qui donnait sur le coudert, et sa salle à manger où il observait la cour et le jardin. Il laissait le premier étage à ses serviteurs : M. Paul, préposé à pousser le fauteuil, entretenir le potager, conduire le tilbury, Mlle Léonie, gouvernante, cuisinière, femme de chambre, et le reste, disaient les mauvaises langues.

Mlle Léonie, une longue personne âgée d'une trentaine d'années, brune de peau, d'yeux et de cheveux, sèche, aux lèvres minces mais au regard ardent, à la voix criarde et dure mais aux façons minaudières. Elle avait les cheveux ternes et cassants. « Ma pauvre femme, disait-elle à la métayère, avec un air de profonde commisération, ma pauvre femme, je vous plains de garder une telle toison. Si encore vous étiez une dame, vous auriez des servantes pour vous aider à vous peigner, mais avec tous vos travaux, ah ! oui, vraiment je vous plains. »

— Jean, disait-elle au père, ne croyez-vous pas que

dans cette terre le froment conviendrait mieux que le seigle ! » ou bien : « Jean, vous devriez donner un coup de main à M. Paul pour bêcher le jardin. »

— En effet, c'est à voir, mademoiselle, répondait le père, ou encore : « Dès que j'aurai changé la litière, j'irai relayer M. Paul. »

— Vous ne pouvez pas la renvoyer à ses fourneaux, protestait la mère. Sait-elle seulement la différence entre le seigle et le froment ? Et son M. Paul, vous savez bien que c'est son travail, et non le vôtre, de jardiner... Vous êtres trop bon, mon ami, ou trop naïf !

M. Paul, en effet, devait tenir le jardin en état, mais M. Paul n'aimait guère ce travail qui donnait des ampoules à ses mains blanches. Il pouvait avoir vingt-cinq ans, la taille bien prise, une moustache fine dessinait son ombre au-dessus de lèvres gourmandes ; il avait l'œil brun, allongé et luisant, les cheveux toujours bien peignés. Sa tâche préférée était d'atteler, au tilbury jaune et noir, Sultane la pouliche alezane qu'il tenait aussi nette, aussi coquettement lissée que lui-même, et de filer grand train jusqu'à La Noaille où il allait faire des emplettes de boutique en boutique, laissant complaisamment admirer la voiture, le cheval et le cocher. Parfois, Mlle Léonie se mettait sur son trente et un : fronces, garnitures, rubans surchargeaient sa robe mauve afin d'étoffer un peu ses maigres appas. Un coup de fouet, et la voiture s'envolait emportant M. Paul et Mlle Léonie, raides et droits sur le banc capitonné, tels deux mannequins de cire. Parfois, aussi, M. Maneuf était de la promenade. Il avait fait construire un plan incliné qui permettait de le rouler en fauteuil du seuil de la maison jusque sur le plancher du tilbury où il pénétrait par l'arrière. Ces jours-là, après que les roues du fauteuil avaient été soigneusement calées, Sultane s'en allait d'une longue foulée élégante et sage. Sur le siège avant, M. Paul et Mlle Léonie se tenaient tout aussi raides que lorsqu'ils étaient seuls, mais la servante n'avait droit alors qu'au tablier et au fichu sur la tête et M. Paul portait le chapeau de cocher; tous deux paraissaient maussades et comme absents.

A vrai dire, M. Maneuf expédiait souvent son domestique aux emplettes; M. Paul ne se faisait pas prier, mais Mlle Léonie ne laissait pas de confier à la mère que le maître exagérait en éloignant si souvent du Mézy M. Paul.

— Il est jeune, vous comprenez. Ne se laisserait-il pas tourner la tête par quelque effrontée de La Noaille, et alors comment fera son maître pour le remplacer?

Les jours où M. Paul était de sortie, on ne voyait M. Maneuf ni dans le jardin ni à la fenêtre de la salle à manger, on ne voyait pas non plus Mlle Léonie.

— On dirait qu'ils sont morts, remarquait la mère avec une secrète réprobation.

Catherine, qui rôdait dans les couloirs, surprenait parfois des rires étouffés, de petits cris; comme elle craignait les yeux perçants du paralytique, et les lèvres minces de la demoiselle, elle n'osait rapporter à sa mère les bruits fugaces qu'elle entendait et qui démentaient l'apparent sommeil du logis.

6

Naissance du veau.

Catherine avait fort à faire pour reconnaître son nouveau domaine. La campagne du Mézy était moins vallonnée qu'aux Jaladas mais, dans sa nouveauté, elle n'offrait pas moins de mystères. Le départ de Mariette donnait à Catherine davantage de travail; c'était elle à présent qui essuyait seule la vaisselle, aidait à servir et à desservir la table; et, comme Martial allait aux champs avec le père afin de remplacer tant bien que mal Robert, il lui fallait non seulement conduire les cochons au « coudert », où, Dieu merci, ils pouvaient rester seuls, mais encore garder les vaches, dont l'une, « La Rougeô », toujours chargée d'une entrave qui traînait entre ses pattes de devant, l'effrayait par ses bonds et ses meuglements. Du moins le chien Félavéni demeurait-il fidèle et facilitait la tâche de l'enfant. Pour mener les bêtes au pré, il fallait traverser une garenne plantée de chênes que l'automne dépouillait; au centre se dressait un imposant et massif monument de granit bleu : là reposaient les restes de Mme Maneuf et de son fils Octave. Deux plaques ovales de porcelaine garnies de nuages roses étaient incrustées dans la pierre tombale; sur l'une d'elles une jeune femme au regard mélancolique souriait; l'autre plaque était fendue par le milieu, elle portait l'image d'un officier bleu et rouge, mais la fêlure partageait le visage qui, ainsi tordu, arborait une grimace douloureuse.

Catherine se signait en passant devant la tombe et pressait le pas; les chênes au-dessus d'elle lui semblaient menaçants et tourmentés, la lumière prenait une étrange couleur, l'air se laissait mal respirer. Une fois sortie de la garenne, elle retrouvait le calme, oubliait bien vite le sépulcre et ses deux prisonniers. Un jour pourtant, arrivée au pré, elle ne put chasser un obscur remords. En longeant la tombe, elle avait jeté un regard apeuré à la jeune femme et au soldat, et elle avait cru lire une tendre supplique dans les yeux de la dame et un appel amer dans la bouche mutilée de l'officier. Elle avait beau chanter, planter devant elle ses poupées de maïs, leur faire jouer le rôle de Mlle Léonie et de M. Paul, elle ne parvenait pas à se délivrer d'une inquiétude qui la faisait tressaillir au moindre bruit dans la haie, au moindre mouvement de l'herbe. A la fin, elle n'y tint plus. Elle prit l'une de ses poupées, la plus belle, celle qui portait ruban rouge à la taille, chapeau en papier doré, et, après avoir enjoint à Félavéni de garder les vaches en son absence, la voici repartie vers la garenne. Un nuage assombrit à ce moment le ciel; le bois de chêne s'enténébra. Catherine s'arrêta, frissonnante; pourtant elle reprit sa marche, parvint au tombeau. Elle s'agenouilla devant les plaques de porcelaine, envoya un baiser à la belle dame, un autre au soldat; puis elle déposa la poupée de maïs devant la tombe et murmura :

— Voilà, moi je ne peux pas rester avec vous, mais elle vous tiendra compagnie.

Elle se releva, se signa, courut à perdre haleine jusqu'au pré où elle se jeta sur Félavéni, le pressant dans ses bras pour sentir enfin une chaude, une vivante présence.

★

Elle n'avait plus Marion ni Anne pour l'accompagner dans les prés, échanger avec elles des confidences, s'étonner ensemble des extravagances des grandes personnes; sa seule amie était la fille des Duchein, les autres métayers, la Marie Brivat : une grande blondasse de douze ans, les yeux tournés; fruit d'un premier mariage d'Octavie Duchein. Elle était un peu « demeurée »; les métayers la faisaient travailler comme un homme, il lui fallait aller chercher l'eau au puits mais aussi labourer si Duchein avait affaire ailleurs, garder les vaches mais encore coucher à l'étable quand une bête était sur le point de vêler. Et justement une Normande traînait plus péniblement de jour en jour ses flancs énormes. Les Duchein avaient installé un lit à l'étable et ordonné à Marie Brivat d'y passer dorénavant les nuits dans l'attente de l'événement. La journée, Marie faisait ses doléances à Catherine.

— J'ai peur, il y fait chaud, il y fait bon, mais j'ai peur, tous ces culs de bêtes que j'aperçois dans l'ombre, ces bruits de chaîne, ces coups sourds, j'ai peur.

Et elle concluait :

— Ah! Cathie, toi qui es brave tu devrais venir coucher avec moi.

— Mon père ne voudrait pas.

— Et si ton père voulait?

— Si mon père voulait, alors...

Marie prend Catherine par la main et la voilà qui court, court.

— Marie, Marie, où m'emmènes-tu? Ne cours pas si vite?

Rien n'arrête Marie, elle ne répond pas, entraîne l'enfant; les cailloux volent sous leurs pieds, les chiens les suivent en gambadant.

Enfin Catherine à bout de souffle se fait lâcher, reste un moment penchée en avant pour reprendre haleine. Quand elle relève la tête, elle aperçoit tout là-haut, au bout d'un champ, le père et Martial qui labourent et Marie qui s'avance à grands pas vers eux.

Elle les rejoint à son tour.

— C'est vrai, dit le père, que tu veux coucher avec Marie à l'étable?

Catherine de la tête fait signe que oui.

Marie bat des mains, saute sur place, le père la regarde, apitoyé; Martial lui jette un coup d'œil méprisant.

Dès la vaisselle faite, Marie vint chercher sa compagne. La mère donna un petit baluchon à Catherine, l'embrassa.

— Ne prends pas froid.

— Ne t'approche pas des vaches, dit le père, elles ne te connaissent pas, la nuit tu pourrais les surprendre et un coup de pied est vite attrapé.

Les deux fillettes partirent. Il pouvait être neuf heures; il faisait froid et clair, leurs sabots résonnaient sur la route. Le chemin parut long à Catherine du Mézy à la métairie des Duchein. Marie, au contraire, riait toute seule, disait des mots sans suite. Elles passèrent souhaiter le bonsoir aux Duchein. Affalé sur la table, l'homme grogna un mot incompréhensible; enfin il se leva en maugréant, Marie prit la lampe-tempête; le métayer les conduisit à l'étable. Un petit lit de fer était dressé dans un coin. Duchein à la lueur de la lampe examina la vache énorme.

— Alors, c'est compris, dit-il à Marie, si elle commence à bramer tu viens me chercher.

Il partit. Les enfants se couchèrent, Marie souffla la lampe. C'était vrai qu'il faisait chaud; l'odeur des bêtes était bonne à respirer. On les entendait souffler parfois dans le noir. L'une d'elles ruminait lentement, lentement.

Un veau s'ébroua, geignit, enfin dut se coucher; on entendit craquer la paille sous son poids.

— Il est tout fou, dit Marie, (puis, après un silence :) Tu ne dis rien. Tu n'as pas peur au moins?

— Non.

Une vache laisse tomber une bouse qui claque mollement. Catherine se met à rire. Le veau s'agite encore.

— Ne ris pas, souffle Marie, tu les inquiètes.

Elle ajoute :

— C'est drôle hein, seule ici je suis malheureuse comme les pierres, je m'imagine je ne sais quoi, que les vaches deviennent géantes, qu'elles vont me percer à coups de corne, me piétiner. Et toi aussi tu te sentirais perdue si tu étais seule ici. Et, toutes deux, ici, eh bien, toutes deux c'est, je ne sais pas comment te dire, c'est mieux qu'un beau lit dans une belle chambre.

— On est bien, dit Catherine.

Puis :

— C'est cette nuit qu'elle va faire son veau?

— J' sais pas. Je voudrais pas, j'aime pas ça.

— Moi, je voudrais bien, pour voir, tu comprends; mais aussi je voudrais pas, parce que, peut-être, je pourrais revenir ici les autres nuits.

— Oh! oui, oui, Cathie, tu viendras. Ah! si cette bête pouvait ne pas vêler encore.

— B'soir, murmure Catherine.

— Bonsoir.

La nuit se passa sans incident; et comme elle l'avait espéré, Catherine revint dormir dans l'étable. Chaque soir les deux fillettes se demandaient « si ça serait pour cette fois ». Il arrivait à la vache de geindre; les enfants se dressaient dans leur lit, puis le calme revenait. Après l'une de ces alertes, Marie s'interrogea :

— Je me demande tout de même quand elle va se décider à faire le veau?

Elle eut une drôle de voix pour murmurer :

— Dis Cathie?

— Quoi...

— Rien.

— Comment rien?

— Non, je ne voulais rien dire, ça me regarde pas.

— Qu'est-ce qui te regarde pas?

— Ta mère?

— Quoi ma mère?

— Est-ce que... enfin... enfin quand est-ce qu'elle va faire son petit?

— Comment? dit Catherine éberluée.

Marie sentit l'enfant se raidir et s'éloigner vers le bord du lit; elle aurait bien voulu n'avoir point parlé. Elles restèrent ainsi un moment silencieuses, hostiles. Puis Catherine s'approcha de nouveau de sa compagne :

— Qu'est-ce que tu disais?

— Je disais rien, répondit Marie dans un grognement.

— Oh si Marie, parle-moi, pourquoi tu disais ça?

Alors Marie se décida.

— Ben quoi, t'as bien vu ta mère?

— J'ai vu, j'ai vu, qu'est-ce que j'ai vu?

— T'as pas vu son ventre?

— Oh si, gros, très gros depuis, depuis les Jaladas.

— Eh bien? fit Marie.

— Alors, c'est donc ça, soupira Catherine, comme la vache?

— Comme la vache, répéta Marie.

Cette nuit-là, Catherine fit des rêves : aux Jaladas, près du canal, sa mère tenait par la patte un petit veau : « Maman », disait-il; elle le regardait tendrement; elle avait sa belle chevelure déployée sur les reins, de son front sortaient deux petites cornes d'argent.

★

Par une aube grise de décembre, la vache vêla. Marie avait réveillé Catherine qui se refusait à sortir du sommeil.

— Hein, Cathie, Cathie, réveille-toi ! Tu entends ! cette fois la Rousse est sur le point. Entends-la.

Il faisait tiède au creux du lit mais dans la pénombre de l'étable on voyait deux jets de buée sortir par les naseaux des bêtes allongées. Dans son coin la Rousse mugissait et tirait sur sa chaîne.

— Il faut que j'y aille, soupira Marie.

Elle se leva, enfila une vieille capote de soldat qui traînait jusqu'à terre. Catherine restée seule se bouchait les oreilles pour ne plus entendre les beuglements de la Rousse. Toutes les autres vaches s'étaient dressées et essayaient de se détacher.

« Pourvu qu'ils viennent vite, » se disait Cathie.

Le temps lui paraissait interminable. Enfin on poussa la porte basse de l'étable, les Duchein arrivaient suivis de Marie. De son lit, Catherine assista, à la fois horrifiée et émerveillée, à la venue du veau. Le métayer plongea ses bras nus dans la vache. Catherine voyait mal, les Duchein se tenant devant elle. La Rousse poussa un long, profond mugissement — elle crie avec son ventre, pensa Catherine — le métayer jura, il y eut un « flac » sur la litière et Catherine vit une espèce de grosse masse blonde pelotonnée sur la paille. Le métayer lavait la vache, lui parlait doucement. « Là, ma jolie, là ma Rousse, ça y est maintenant, tu nous l'as fait espérer ton veau, mais ça y est ma belle, là, tout doux, là... »

Bientôt la Rousse se mit à lécher à grands coups de langue le veau tremblant auprès d'elle ; sur le pelage clair du nouveau-né la langue maternelle laissait de larges traces sombres et frisées.

Plus tard, lorsque Catherine se leva, elle vit le veau se dresser en vacillant sur ses maigres, longues pattes flageolantes, puis du museau frapper de brefs coups têtus contre le pis de la Rousse.

— Tu vois, fit Duchein, les bêtes c'est plus fin que les chrétiens, ça vient de naître et déjà ça tient debout sur ses jambes.

Catherine voua dès lors une vive admiration au petit de la Rousse. Chaque jour ensuite, elle demandait de ses nouvelles à Marie Brivat.

7

Naissance de Clotilde
→ cathie part chez les Duchein.

La neige se mit à tomber, d'abord légèrement, et à peine touchait-elle le sol qu'elle fondait, puis peu à peu elle devint plus épaisse, et pressée, semblait-il, de changer sous l'armée incessante de ses flocons l'aspect de la cour, du jardin, de la route, des près, des champs, et le sens des jours. Un matin, Catherine découvrit une saveur inaccoutumée à l'air, un éclat nouveau à la lumière, elle courut à la fenêtre de la chambre et ne reconnut pas le coudert ni, au-delà, les champs et les bois sous la somptueuse fourrure blanche. Même étonnement devant la cour marquée de profondes empreintes de sabots, et devant le jardin qui paraissait en fleur avec son sapin bleu-blanc scintillant au pâle soleil de l'hiver. Les bêtes ne sortaient plus, et bien peu les gens. On ne voyait plus Mlle Léonie, M. Paul ni M. Maneuf. Blotti frileusement près de l'âtre, on pouvait se croire perdu, à cent lieues de tous voisins, n'ayant plus rien d'autre à faire qu'à vivre, dans le silence et l'immobilité, l'obscure tendresse familiale. La neige ne faisait pas que feutrer les bruits, adoucir les gestes, elle semblait rendre plus calmes et rêveurs les garçons. Ils se livraient bien des batailles acharnées de boules de neige, glissaient sur les pentes gelées, mais, lorsqu'ils rentraient dans la cuisine, c'était pour se glisser eux aussi près de la cheminée, ou pour s'appuyer gauchement au père, passer leur bras autour du cou de la mère; et même il leur arrivait de prendre Catherine sur leurs genoux. Pourtant il fallut s'arracher à cette bienveillante torpeur : la marraine, Félicie, gesticulante, autoritaire, essoufflée, vive et ronde, vint s'installer au Mézy.

— Cathie, dit la mère, pour faire place à ta marraine qui vient m'aider, tu vas nous laisser pour quelque temps. Les Duchein veulent bien te prendre chez eux. Puisque tu as déjà couché avec la Marie, tu ne te trouveras pas trop changée, et puis tu reviendras bientôt, et tu verras une surprise.

— Je veux la voir tout de suite, protesta Catherine.

— Non, ça ne se peut pas, trancha la marraine en secouant le torchon dont elle venait d'essuyer la table.

— J'étais si bien, dit encore Catherine, je voudrais rester là, avec vous, et qu'il neige toujours.

— Mais, puisque je te dis que tu reviendras bientôt, assura la mère en l'embrassant.

Il fallut donc partir. C'est le père qui l'accompagna à la métairie des Duchein. Catherine n'avait pas l'habitude de mettre ainsi sa main dans celle du père; pour qu'il ne la lâchât point, mais au contraire resserrât son étreinte, elle feignait de déraper sur la route; quelle forte, chaude main il avait!

— Dites, Père, cette surprise dont parlait la Mère.

— Une surprise? quelle surprise? Ah oui, fit-il.

Mais il n'ajouta rien, il paraissait préoccupé, sans s'en rendre compte, pressait le pas.

« Bon, se dit Catherine, il lui tarde de m'avoir menée là-bas pour repartir. »

Cette idée l'attrista, elle n'ouvrit plus la bouche jusqu'à la métairie. « Sale Félicie, sale marraine », répétait-elle intérieurement.

La métayère s'empressa pour les accueillir :

— Viens vite près du feu, petite, enlève tes sabots, veux-tu du lait chaud?

Et le métayer :

— Un verre de gnole, Charron? avec ce froid ça ne se refuse pas.

Les hommes trinquèrent, le père ne put s'empêcher de faire la grimace en vidant d'un trait son verre.

— Fameux, dit-il, seulement j'ai pas l'habitude.

Il se leva.

— Alors merci, dit-il, je vous laisse la petite.

— Pour combien de jours? demanda la Duchein.

— Allez savoir, dit le père, quatre, cinq, six... huit? je vous réglerai le compte exact.

— Mais oui, mais oui, fit la femme, ne vous tracassez pas pour ça...

Duchein ajouta :

— Ça fera cinq sous par jour.

Catherine ne comprit pas le sens de ce marché. Elle se demanda si le père n'était pas en train de la vendre. Déjà, il repartait, il ne lui avait même pas dit au revoir. Par la porte entrebâillée, elle le regarda s'enfuir, on eût dit qu'il courait tant il se dépêchait de regagner le Mézy.

La Marie Brivat était occupée au-dehors et les Duchein ne faisaient plus attention à Catherine depuis que le père avait disparu à un tournant du chemin. Elle les entendait qui parlaient argent, elle avec une voix aiguë, lui avec des accents rauques qui semblaient mal se déprendre du fond de son maigre gosier.

— T'as pas demandé assez cher, reprochait la femme.

Vexé sans doute, le mari chaussa ses sabots et sortit.

— Tiens, petite, dit la métayère, comme si elle découvrait soudain Catherine, tu vas m'aider à éplucher les patates, ça va t'amuser.

Ainsi, jusqu'à l'heure du lit, il y eut une série continue de ces « amusements »: mettre le couvert, laver la vaisselle, la ranger, balayer. Une fois Marie rentrée à la maison, c'étaient les deux fillettes qui devaient accomplir toutes ces tâches, cependant que la Duchein et son homme discutaient âprement au coin du feu.

— Mais ça ne m'amuse pas du tout, protestait Catherine à voix basse.

— Tais-toi, suppliait Marie, si elle t'entendait...

Quand elles furent couchées, Catherine éclata en sanglots, Marie essaya de la consoler.

— Pourquoi mon père m'a-t-il menée chez vous? demandait la petite. Quand c'était pour coucher à l'étable, ça me plaisait, mais rester là, la nuit, le jour, et ne plus voir ni ma mère, ni mon père, ni mes frères, je ne veux pas.

— Es-tu bête, répondit Marie. C'est à cause du petit, quand ça sera né, ils te reprendront sans doute.

— Sans doute? s'inquiétait Catherine.

Alors, sa mère allait faire un petit, et il prendrait sa place dans la maison et dans l'amour des parents, quant à elle on la renvoyait chez des étrangers! Elle pleura de plus belle.

— Tais-toi, tais-toi, implorait Marie, si la Duchein entend, elle nous fouettera.

Devant cette menace, Catherine étouffait ses pleurs. Marie ajoutait :

— Tu comprends, quand ça naîtra, ils auront trop à faire pour s'occuper de toi, et puis ils n'ont pas voulu que tu voies.

— J'ai bien vu le veau, rétorquait Catherine.

Des jours passèrent, elle n'aurait su en dire le nombre. Il ne neigeait plus, mais çà et là, dans les creux des prairies, il restait de grandes nappes blanches. Dans la cour, sur les chemins et la route, on piétinait une boue gluante et glissante.

« Ils m'ont oubliée, pensait Catherine, ils ne s'occupent plus que de l'autre. »

Un matin devant la ferme, avec Marie, elle préparait la soupe pour les cochons : elle entendit un léger bruit, leva la tête, Aubin était devant elle.

— Ça y est, dit-il, on a une sœur, les parents m'ont dit de venir te chercher.

Catherine fit un signe d'amitié à Marie, et sans prendre le temps d'entrer dans la cuisine, d'avertir la métayère ni d'emporter son baluchon, avec son frère elle partit.

— Pressons-nous, pressons-nous, disait-elle à Aubin.

— Eh, on a bien le temps, répliquait-il.

— Comment elle est notre sœur?

— Ben, c'est une sœur.

— Mais comment?

— Oh! moi, tu sais, les filles!

Arrivée au Mézy, elle se planta sur le seuil, elle n'osait plus entrer. Le père vint la chercher, la souleva de terre, frotta ses moustaches aux joues de la petite.

— Ma Cathie, disait-il en riant, il y a une surprise pour toi.

Ainsi il ne l'avait pas oubliée? Il l'aimait toujours? Il l'emporta dans la chambre. La mère était couchée, pâle, souriante dans sa chevelure défaite. Elle aussi embrassa Catherine, elle la fit asseoir sur le lit, à sa gauche, et elle lui dit :

— Regarde.

Mais Catherine ne voyait rien.

— Là, fit la mère.

En se penchant, de l'autre côté de sa mère, Catherine aperçut une minuscule tête brune, deux menus poings fermés.

— Elle dort, dit la mère à mi-voix. Ne la réveille pas; plus tard, tu verras les beaux yeux qu'elle a.

— Je crois revoir Mariette à sa naissance, dit Jean Charron en rougissant.

— Quand va-t-elle marcher? demanda Catherine.

Les parents se mirent à rire.

— Dans longtemps, très longtemps, répondit la mère.

— Vois-moi ces cheveux, dit le père, elle aura une aussi belle chevelure que toi, Marie! Ce sera ton portrait.

Sur le crâne étroit, Catherine voyait de longs poils noirs et rares, ils paraissaient mouillés. Elle demanda :

— Mère, vous l'avez léchée?

La mère la regarda étonnée, et ne répondit pas.

— Allons, dit le père, tu fatigues ta mère et tu vas réveiller Clotilde, va dans la cuisine.

Elle y retrouva la marraine qui tourbillonnait de la cheminée à la commode, de l'évier à la pendule comme une grosse toupie.

— Tu es contente? s'enquit la bonne dame.

Catherine prit une mine grave.

— Oui, dit-elle, on l'appellera Otilde, c'est moi qui ai choisi son nom.

8

« Otilde, c'est moi qui ai choisi son nom! » répétait Catherine chaque fois qu'on lui demandait ce qu'elle pensait de sa sœur. Il lui semblait ainsi que la petite lui appartenait, qu'elle l'avait voulue. On ne comprenait pas son obstination, mais un jour, le père déclara : « Puisqu'elle veut à toute force avoir choisi le prénom de Clotilde, pourquoi ne serait-elle pas sa marraine. »

Ce fut ainsi que Catherine revint à l'église de La Noaille où elle avait marié Mariette et Robert. Elle y retrouva le Parrain; il avait l'air content, disait que le métier de charpentier rentrait bien et qu'il pensait bientôt pouvoir s'installer pour son compte dans un village des environs. Elle y rencontra aussi le parrain de Clotilde : c'était un vague cousin de Félicie, un grand garçon hébété qui ne cessait de se moucher pendant que le curé marmonnait ses prières.

On revint au Mézy. Catherine avait espéré qu'après l'aspersion d'eau bénite, sa sœur marcherait. Elle fut peinée de voir qu'il n'en était rien. L'hiver tirait maintenant sur sa fin, et Clotilde s'obstinait à demeurer une petite chose vagissante dans son berceau.

Les arbres restaient sans feuilles, les prés inondés scintillaient quand le soleil apparaissait à travers les nuages; au tombeau des Maneuf, la fente qui partageait l'image de l'officier s'était encore aggravée. Un jour, après de longues averses, Catherine traversant la garenne trouva un morceau de la plaque de porcelaine brisé sur le sol, le soldat n'avait plus ainsi qu'un demi-visage, un demi-torse; l'enfant se demanda si ce n'était pas là ce qui lui était arrivé à la guerre. Cette supposition l'attrista mais ne l'effraya point : elle s'était habituée aux secrets du Mézy, ils étaient maintenant pour elle inoffensifs.

Avec l'hiver, le propriétaire semblait s'être affaibli, il n'avait plus l'œil aussi vif; Catherine passait devant lui sans se troubler. Pour compenser, semblait-il, la lassitude de leur maître, les deux domestiques se tenaient plus raides et plus glorieux que jamais. A peine s'ils daignaient répondre d'un imperceptible mouvement de tête au salut qu'on leur adressait. Quand le temps était sec, ils promenaient le vieux sur la route, M. Paul poussait le fauteuil, cependant qu'à ses côtés Mlle Léonie tricotait.

— Oui, déclara un jour Martial, seulement moi j'étais caché dans les bois à épier les écureuils. *Bêtio,* j'ai vu arriver Maneuf et ses larbins sur la route; ils se croyaient seuls, vous ne pouviez plus les apercevoir du Mézy; alors Mademoiselle a fourré le tricot dans sa poche, elle a pris le cocher par la taille et elle s'est mise à l'embrasser sur la bouche. Pendant ce temps, lui il poussait toujours le fauteuil; et le vieux devant, je ne sais pas s'il se doutait de quelque chose.

— Allons, dit sévèrement le père, ce que font les autres ne nous regarde pas. D'ailleurs tu vois pas toujours très clair, Martial, tu te seras trompé.

Souvent, M. Paul attelait Sultane et il partait à fond de train avec le tilbury. On eût dit qu'ayant rongé son frein tout l'hiver, la jument ne se connaissait plus dès qu'on la sortait de l'écurie. Elle prenait le galop et ne le lâchait plus jusqu'à La Noaille. C'était du moins Francet et

Aubin qui l'affirmaient car ils avaient souvent été croisés par la voiture alors qu'ils revenaient de l'école. Eux, certes, n'allaient pas aussi vite. Les six kilomètres leur prenaient plus de deux heures, il est vrai qu'ils s'arrêtaient maintes fois en chemin : ici il y avait une mare et l'on guettait le manège des grenouilles, là un nid de la saison dernière, on essayait de l'abattre à coups de cailloux; ailleurs, dans un pré, des poulains qu'on regardait longtemps danser, sauter, voltiger à travers la prairie. Quand les garçons rentraient, il faisait nuit noire; les jours allongeaient bien mais on eût dit qu'avec eux les garçons allongeaient également leur trajet.

Un soir, on les attendit en vain pour se mettre à table. A la fin, impatienté, le père commença à manger.

— Ça va les faire dépêcher, dit-il. D'ailleurs, cette comédie a assez duré, à partir de demain j'exige qu'ils soient là à sept heures, et s'ils n'obéissent pas, c'est simple ils ne reviendront plus à l'école.

— Pourvu qu'il ne leur soit rien arrivé, dit la mère.

— Penses-tu, affirma le métayer, des garnements, voilà la vérité.

Et se tournant vers Catherine.

— Du moins toi et ta sœur, vous ne tourmenterez pas comme ça votre père puisque vous n'irez pas à l'école.

— Moi, j'irais bien, déclara Catherine.

— Tu entends, s'écria le père, tu entends, Marie, ta fille, ma fille qui veut aller à l'école. Ah! nous vivons de drôles de temps. Ce n'est pas toi, hein, quand tu étais fille, qui aurais demandé à aller à l'école.

Mais au lieu de répondre que non, certes non, comme il en était sûr, la mère resta un moment songeuse, puis :

— Qui sait? dit-elle, ça aurait peut-être mieux valu.

D'étonnement, le père en avala de travers; il toussa. Martial lui tapa dans le dos.

Tous continuèrent à manger en silence, jusqu'au moment où Félavéni aboya.

— Ah! ce sont eux, dit la mère vivement.

— Ils vont m'entendre, proclama le père.

Mais Félavéni se tut, revint se coucher sous la table, le silence retomba. Plus tard on entendit le déclic de la pendule, elle laissa tomber une note grave, la demie de huit heures.

— Jean, implora la mère, vous devriez aller voir.

Le métayer prit une lanterne et partit, suivi de Martial. Déjà, on apercevait la petite flamme de la lampe se balançant sur la route, lorsque Jean Charron s'arrêta et siffla le chien; Félavéni bondit et disparut à son tour. La mère restait figée sur le seuil de la cuisine, elle ne prenait pas garde aux pleurs de Clotilde dans son berceau bas. Catherine s'approcha de la petite et se mit à la bercer. C'était une chance, pensait-elle, qu'on oubliât de l'envoyer se coucher. Elle parlait à la petite :

— Otilde, Otilde, pleure pas, je te garde, je suis grande moi.

La petite se calma. La pendule sonna neuf coups solennellement. Catherine entendit la mère qui parlait toute seule, elle égrenait des noms de saints :

— Monsieur Saint-Martial, Monsieur Saint-Aurélien, Monsieur Saint-Loup.

— N'aie pas peur du loup, dit Catherine à sa sœur endormie, n'aie pas peur du loup Otilde, s'il vient je lui donnerai un coup de bâton.

— Monsieur Saint-Just, continuait la mère, Monsieur Saint-Arédius.

Le loup aurait-il mangé Aubin et Francet? se demanda Catherine. Elle chercha la main de Clotilde sous les draps, la serra et se sentit rassurée.

— On était trop heureux, soupira la mère.

Toujours rien. Je n'irai pas au lit, se répétait Catherine,

je n'irai pas au lit. Malgré elle, ses yeux se fermaient. On entendit des pas sur la route.

— Alors? demanda la mère, et son appel fit sursauter Catherine. Il lui sembla que c'était un appel animal, monté des entrailles. Nul ne répondit, la mère courut vers la route. Ils revinrent tous bientôt : la mère tenait la lampe à hauteur de son visage — des rides soudain le creusaient. Derrière venait Jean Charron, il portait Francet dans ses bras. Aubin chargé de son cartable et dc celui de son frère, Martial enfin, et le chien fermait la marche. On distinguait mal les figures dans la cuisine éclairée au *pétrou,* cependant celle de Francet paraissait méconnaissable avec des trous d'ombre.

— Francet, mon Francet, qu'as-tu? implorait la mère.

Le père porta Francet sur le lit. Tous suivirent.

— Je les ai trouvés au tournant des Prades, Francet allongé au bord du fossé. Il s'était traîné jusque-là en s'appuyant à Aubin, puis il est tombé épuisé.

— Qu'as-tu? répétait la mère.

— Ce matin, dit Aubin, en arrivant chez les Frères, le gros Lavergnas lui a flanqué un coup de pied en plein sur la jambe. Francet a failli tourner de l'œil, les Frères lui ont fait avaler du sucre trempé dans de l'eau de mélisse; à midi il n'a pas touché au casse-croûte; ce soir, il est parti avec moi en boitant, mais plus on avançait, plus il boitait; à la fin, il fallait que je le traîne, on s'arrêtait, on repartait. Au tournant des Prades, il est tombé. Je ne savais plus que faire.

— Demain ça ira, dit le père.

On coucha Francet, la mère le borda. Tous allèrent enfin dormir.

Le lendemain matin, Aubin — maintenant, depuis qu'il allait à l'école, il partageait le lit de Francet — prétendit qu'il n'avait pas fermé l'œil de la nuit, que Francet ne cessait de se tourner d'un côté puis d'autre, de marmonner, de crier même. Quant à Francet il ne soufflait mot, les joues en feu, les yeux battus, un large bleu tuméfié sur sa jambe. Il ouvrit seulement la bouche pour dire qu'il irait en classe, alors que la mère lui proposait de rester.

— Lavergnas rigolerait bien si je n'y allais pas.

Il se leva péniblement, dut se forcer pour boire un peu de lait. A peine avait-il fait cent mètres sur la route en compagnie d'Aubin qu'il tomba et pria son frère de le ramener à la maison. On le recoucha. Fièvre, délire. La jambe enflait, enflait, Francet ne mangeait plus ; quand il ne gémissait pas, il se tournait vers le mur, les yeux clos. Catherine s'approchait, lorsqu'on faisait la toilette du malade : comme il était devenu maigre et, au contraire, énorme sa jambe. Catherine se demandait si ce n'était pas là le mal de son frère : que sa jambe engraissât et que lui maigrît. Elle pensa aussi au ventre de sa mère qui avait tant gonflé pour abriter Clotilde, puis s'était dégonflé. De ces pensées, elle ne livrait rien, intéressée par les allées et venues qui animaient la maison depuis la maladie de Francet. Le guérisseur de Glandon était venu, celui qui soignait les enragés. Il avait tiré la jambe de Francet sans paraître entendre les hurlements du garçon ; ensuite, il avait placé des herbes sur le mal, craché dessus et, après avoir de son pouce esquissé un signe de croix à hauteur du genou, tout en marmonnant des imprécations, il avait fait rabattre les couvertures sur le patient.

— Voilà, avait-il déclaré, quand les herbes auront séché sur la plaie, votre fils sera guéri.

Jean Charron était allé à l'armoire ; il revint avec des pièces qu'il glissa dans la main du guérisseur. Les herbes séchèrent mais le mal resta.

★

De vieilles femmes venaient s'asseoir près du lit. N'étaient-ce pas des sorcières? A la mère éplorée, l'une déclarait qu'on avait dû jeter un sort à Francet, une autre alors se fâchait : comment pouvait-on croire à des sornettes pareilles? Selon elle, c'était un saint qui en voulait à la famille, il fallait donc l'apaiser. Sans doute saint Exupère! Sa statue grossière dressée sur une colline au-dessus du hameau de Couvre était chargée de béquilles miniatures, de vêtements apportés par des parents dont les enfants boitaient.

Le métayer attela Flanflan, le cheval de trait; la mère, Clotilde et Catherine prirent place dans la carriole. Marie Brivat s'occuperait de Francet. Il faisait au départ un froid vif; il ne tarda pas à disparaître au fur et à mesure qu'on avançait sur la route pierreuse entre les haies où surgissaient les premiers bourgeons du printemps. Catherine était ravie de ce voyage; elle chantait, essayait de siffler pour imiter les garçons. Comme on gravissait une côte, le père, qui était descendu pour alléger la voiture, remarqua sévèrement :

— Tu as donc le cœur à chanter quand ton frère est malade.

Catherine s'arrêta net au milieu d'un refrain, elle sentit un feu envahir ses joues; elle se mordait les lèvres pour ne pas pleurer. La mère s'en aperçut, posa une main sur la tête de l'enfant.

— Laissez donc, dit-elle, qu'elle chante si elle en a envie, c'est une enfant, elle ne sait pas, et puis ça me fait du bien de l'entendre. Chante, va ma Cathie, les oiseaux chantent bien.

Catherine essaya de reprendre son refrain, mais sa voix se brisa et cette fois elle éclata en sanglots. Pour essayer de la distraire, la mère lui désignait les arbustes le long de la route.

— Vois donc les pousses vertes, dans dix jours, tout sera en feuilles, ce sera le printemps.

Et dans un soupir : « Si le printemps pouvait guérir Francet. »

Cahotée par les secousses de la voiture, Clotilde somnolait dans les bras maternels; il fallut la chatouiller, lui tapoter les mains pour la réveiller et lui donner le sein. On s'était arrêté à l'ombre claire d'un bosquet de chênes car le soleil devenait chaud. Catherine admirait la mamelle ronde, gonflée, blanche, veinée de fins vaisseaux bleus, que la petite enfin tétait d'une bouche avide. Quand Clotilde lâcha le bout du sein, il en gicla un jet de lait. Catherine regardait, silencieuse; elle n'osait pas avouer le désir profond qui la bouleversait; elle rêvait de prendre le sein à deux mains, d'y coller à son tour sa bouche altérée et de fermer les yeux et de sentir le suc couler doucement dans sa gorge. La mère agrafa son corsage, Catherine esquissa un geste vers la poitrine de nouveau cachée.

— Qu'y a-t-il? demanda la mère.

— Rien, je... Rien, je croyais que tu étais mal boutonnée.

La voiture repartait. On traversait maintenant une plaine et le cheval allait au trot. Parfois, sans ralentir l'allure, il soulevait sa queue, et Catherine riait en voyant devant elle poindre le crottin jaune, tassé, qui tombait sur la route. On passait des hameaux : les gens sortaient sur le seuil de leur masure pour regarder l'attelage; le père soulevait son chapeau, Catherine faisait un geste de la main. Quand arriverait-on? Elle avait l'impression d'être partie pour le bout du monde. Elle dit :

— Père, il y a bien un bout du monde puisque la terre est plate?

Elle pensait que le père lui répondrait avec plaisir; elle se souvenait de cette querelle qu'il avait eue avec les garçons aux Jaladas. Mais il haussa les épaules, et se contenta de grogner :

— Est-ce que je sais?

Vers midi, on s'arrêta de nouveau pour casser la croûte. Ils s'assirent sur un talus; Jean Charron tira d'une panière d'osier noir des œufs durs, du pain, une bouteille d'eau.

— Pourvu que la Marie sache bien s'occuper de Francet, dit la mère.

L'après-midi parut longue à Catherine. Il faisait chaud, la route était mauvaise, la carriole sautait dans les creux et sur les bosses. Il fallut à la fillette plusieurs minutes pour sortir de sa somnolence en prenant conscience peu à peu que la voiture s'était immobilisée. La voix paternelle éclatant dans cette torpeur la fit sursauter :

— Tu dors?

Elle se frotta les yeux. On était sur un terre-plein d'où l'on dominait quelques toits de tuiles ou de chaume. Le père détela le cheval, l'attacha à un anneau de fer fixé au rocher. Ils prirent un chemin en lacet qui se hissait au flanc d'une colline. Les cailloux roulaient sous leurs pieds. De temps à autre, la mère s'arrêtait pour reprendre souffle. Elle finit par laisser le père se charger du bébé.

« Le bout du monde, pensait Catherine, et y arrivera-t-on jamais? »

Enfin le sol s'aplanit, le vent se leva, la bruyère fanée s'agitait follement; il y eut encore une butte à gravir.

— Oh! s'écria Catherine.

Elle n'avait jamais rien vu d'aussi beau : le monde ne finissait pas; au contraire, il recommençait dans l'immense plaine qu'elle apercevait au pied du mont, dans les vallées qui rayonnaient avec leurs villages, leurs clochers et leurs bois. Et au-delà des chaînes de collines bleues à l'horizon ; il devait y avoir encore tant de terres, de chemins, de maisons à découvrir.

Le vent la secouait toute, comme il la secouait ! N'allait-il pas, soulevant ses jupes, la faire s'envoler au-dessus de cette plaine, jusqu'à ces montagnes qui lui semblaient être autant d'appels que le monde lui réservait ? Là-bas les nuages semblaient traîner leur grand cortège déployé au ras des sommets.

— Cathie, dit une voix.

Elle dut s'arracher à cette fascination. Elle avait oublié les parents ; ils étaient agenouillés un peu plus loin devant le socle de pierres grises qui supportait la statue du saint. Un simple auvent de fer le surmontait pour l'abriter de la bise et des pluies.

— Agenouille-toi, souffla la mère.

La bruyère meurtrissait les genoux. Qu'il était laid ce saint, pensait Catherine, à la fois terrifiant et ridicule. On l'eût dit taillé à coups de hache dans le bois. Ses couleurs s'étaient fondues en une teinte jaunâtre uniforme ; le bleu de ses yeux cependant demeurait. Il semblait loucher et peut-être était-ce là ce qui lui donnait un aspect à la fois risible et féroce.

« Sale saint, dit-elle intérieurement. Sale saint qui as rendu malade la jambe de Francet et les jambes de bien d'autres garçons et filles. » Autant de victimes, sans doute, qu'il y avait, fichées dans les interstices séparant les pierres du socle, accrochées aux bras du saint, entassées derrière lui, de béquilles et de chemises, de ceintures, de chaussettes d'enfants.

Elle éprouva soudain du remords d'avoir ainsi mal pensé à propos du saint : s'il allait se venger et maintenir la plaie sur la jambe de Francet...

— Signe-toi, dit la mère.

Elle fit le signe de la croix en même temps que ses parents.

— Maintenant va accrocher ça au bras du saint.

La mère lui tendait une chaussette de laine marron qu'elle reconnut pour être celle de son frère. Elle se releva, s'approcha de la statue. Mais Catherine était trop petite et le père dut la hiser vers le saint. Il lui fallut vaincre une vive répugnance pour toucher ce bras de bois qui paraissait la désigner, elle, personnellement, violemment, Catherine Charron, aux puissances mauvaises. Elle parvint cependant à attacher la chaussette de Francet. De nouveau, les parents se signèrent, la mère glissa quelque argent au pied du saint; ils revinrent à la voiture.

Au retour, on trouva la pluie; Jean Charron déploya la bâche verte. Catherine se laissait engourdir par le bruit de la pluie sur la toile; elle s'appuyait à sa mère, fermait les yeux, tout illuminée par les images de la plaine, des vallées et des monts lointains qu'elle gardait en elle.

★

Ni le saint ni le printemps revenu ne guérirent Francet. Un après-midi, Catherine vit entrer dans la cour du Mézy une voiture bleue aussi légère et élégante que le tilbury de M. Maneuf : un vieux, grand monsieur en descendit. Il avait un drôle de chapeau. Elle n'en avait jamais vu de ce genre, un chapeau noir qui paraissait dur et ressemblait aux cloches de verre sous lesquelles on plaçait les restes de fromage ou de lard. Le vieillard avait aussi une barbe blanche carrée, une chaîne de montre en or qui sautait sur son ventre lorsqu'il toussait ou parlait. Il paraissait inspirer aux parents un profond respect, de la crainte même.

— Monsieur le Médecin, disait la mère, Monsieur le Médecin, que faut-il faire?

Le monsieur sévère ne répondait pas. Il passa dans la chambre, se fit montrer la jambe de Francet, la souleva, la palpa. Francet hurlait comme lorsque le guérisseur était venu. Catherine s'était plantée dans un coin, près de la pendule, elle tremblait à chaque cri que poussait son frère. Enfin, le monsieur revint à la cuisine, suivi des parents. Quand ils eurent refermé la porte de la chambre, il entra dans une terrible colère (de frayeur, Catherine s'accroupit derrière la pendule), une colère sans bruit, c'était cela qui était plus épouvantable encore, comme s'il ne voulait pas qu'on l'entendît au loin. Il parlait à voix basse mais on le sentait plein de cris à l'intérieur; sa bouche s'ouvrait, se fermait, sa barbe tressautait, sa chaîne de montre bondissait sur son ventre et il levait les bras au ciel et les laissait retomber d'un coup et tout cela silencieusement. Les parents baissaient la tête.

Qu'allait-il leur faire? se demandait Catherine avec angoisse. Les battre, les chasser, les conduire en prison? il employait des mots bizarres.

— Responsable... s'il meurt ce sera votre faute... Vous m'appelez quand il est trop tard.

La mère se mit à pleurer, elle aussi sans bruit. Quel méchant homme! Instinctivement, Catherine chercha autour d'elle un bâton pour aller le frapper. Elle n'en trouva pas, et quand elle regarda l'homme, de nouveau, elle le trouva changé. Il s'était assis devant la table, il tirait de sa poche une fiole noire, y trempa une plume et se mit à écrire.

— J'ai bien peur qu'il faille lui couper la jambe, dit-il doucement.

La mère poussa un long gémissement guttural; le père se précipita derrière elle de crainte qu'elle ne tombât; elle se pencha sur la table comme si elle eût été blessée.

— Jamais, dit-elle, jamais; j'aime mieux le voir mort.

L'homme à la barbe blanche se releva, tapa sur l'épaule de la mère.

— Je ne voulais pas vous effrayer, mais que voulez-vous, l'enflure est très laide, le mal a gagné fort loin... Vous savez on vit avec une jambe en moins.

— Jamais, redit-elle.

— Tsst... Tsst... fit l'homme en hochant la tête. Je vais faire l'impossible, ajouta-t-il, mais je ne garantis rien.

Il alla à l'évier. Jean Charron courut chercher une serviette propre, une barre de savon noir qu'il tendit au vieillard, puis il passa de nouveau dans la chambre. Catherine entendit tinter des pièces que le père compta une à une dans la main fine du monsieur. Celui-ci remit son drôle de chapeau sur ses cheveux blancs.

— Faites-le bien manger, dit-il, qu'il ne bouge pas sa jambe malade sous aucun prétexte. Les remèdes le plus tôt possible.

Il sortit accompagné du père. La mère s'affala sur la table, elle releva la tête lorsqu'elle sentit une petite main sur son cou. C'était Catherine.

— Il est vilain, l'homme, dit-elle.

A sa stupéfaction, la mère fit signe de la tête que non, puis, essuyant ses larmes avec un coin de son tablier, elle dit :

— Non, Catherine, c'est moi et ton père qui sommes des sots.

Elle prit la tête de Catherine entre ses mains; plongea un regard affolé dans les yeux de la fillette.

— T'as entendu ce qu'a dit le docteur?

— Quoi?

— A propos de Francinet.

— Qu'il faudrait lui couper la...?

— Catherine, écoute-moi bien, jamais, tu entends, ne répète jamais ça à ton frère, ni à Martial ni à Aubin. A personne, tu entends, à personne.

Les mains serraient la tête de l'enfant, et les yeux rougis, les yeux hagards, à la fois ordonnaient et suppliaient.

— Jamais, dit la petite.

Puis, quand la mère l'eut lâchée, elle ajouta, songeant au mal de Francet, à cet homme étrange et coléreux qui menaçait les parents et parlait de couper les jambes, songeant encore au mauvais saint, à sa colline d'où l'on découvrait le monde, elle ajouta, si bas qu'elle fut seule à s'entendre :

— Mais enfin, qu'est-ce qui nous arrive là ?

9

complicité entre Francet et Catherine

L'homme à la barbe blanche revint souvent. Peu à peu, Catherine s'enhardit assez pour accepter de lui tendre la main. Francet hurlait toujours à chacune des visites ; du moins il reprenait quelque appétit et il n'avait plus ces moiteurs ni ces frissons qui au début de la maladie ne le lâchaient pas. Le père, lorsque le temps le permettait, portait dans la cour une chaise confectionnée tout exprès pour Francet qu'il allongeait sur ce siège. De là, le garçon pouvait apercevoir sous le sapin, dans le jardin, M. Maneuf, pétrifié semblait-il dans son fauteuil à roulettes. Parfois, pendant plus d'une heure, le vieux paralytique et le jeune malade se regardaient sournoisement. Ils en étaient venus sans trop le savoir eux-mêmes à se haïr : chacun découvrait dans l'autre, à la fois un reflet et un défi. Francet s'imaginait que le vieux se réjouissait de le voir, comme lui-même, enchaîné, et pour cela il le détestait ; quant au propriétaire, il supposait que l'enfant trouvait naturel que lui, le vieux, fût paralysé, mais révoltant que sa jeunesse fût ainsi perdue. Pour s'arracher à cette mutuelle et sordide fascination Francet devait faire un profond effort ; quand, enfin, il y parvenait, autant pour faire rager le vieux que pour chasser sa peine, il se mettait à rire, à chanter à tue-tête, à siffler comme un merle. Là-bas, le paralytique feignait de s'endormir.

Une nouvelle amitié naissait entre Catherine et Francet. Les premiers temps, Aubin continuait à faire à celui-ci le compte rendu des journées qu'il passait seul à présent à l'école des Frères, mais, peu à peu, Francet s'était désintéressé de cette vie qui lui était désormais interdite, et bientôt, Aubin, gagné par une gêne indéfinissable, n'avait su que dire à son frère, le devinant de plus en plus étranger à ce qui avait été leur domaine commun. Quant à Martial, son travail aux champs faisait de lui rapidement un jeune homme : il ne s'amusait plus à chercher les nids, à capturer lézards ou écureuils. Ce fut Catherine qui, au contraire, devint l'inséparable du malade.

Elle avait toujours rêvé de participer aux jeux des garçons, mais ceux-ci la méprisaient ou l'ignoraient; à présent, Francet était le premier à l'appeler. Écouter Clotilde gazouiller, la bercer ou la chatouiller cela allait un moment, mais ensuite? elle accourait donc près de l'allongé, lui demandait si quelque chose lui manquait, avait-il faim ou soif? le soleil le gênait-il? Elle allait chercher le grand parapluie rapiécé qu'on emportait aux prés pour garder les vaches par temps de bruine, l'installait au-dessus du malade, passant le manche dans un cylindre de fer que le père avait fixé à la chaise. En vérité, Francet n'était pas exigeant pour la soif, la faim ou le soleil; ce qu'il demandait à sa sœur, c'était d'être sa messagère auprès de ce monde qu'il ne pouvait plus parcourir. Il l'envoyait à la châtaigneraie, à la garenne ou à la mare.

— Tu verras, lui disait-il, à la corne du bois : un gros châtaignier crevassé, à la troisième branche sur la droite, ça m'étonnerait qu'il n'y ait pas un nid de merle. Regarde bien et prends soin que la merlette ne t'aperçoive pas, sinon elle abandonnerait ses œufs.

Ou bien :

— A la mare, fais le tour par la gauche, tu arrives à une touffe de joncs, jette quelque fleur rouge à trois pieds en avant, tu verras les grenouilles faire le rond autour de la fleur. Tu les compteras et tu reviendras me le dire.

Et la petite partait en courant, grimpait aux arbres, jetait des fleurs dans la mare et revenait conter à Francet ce qu'elle avait pu découvrir. Elle lui rapportait aussi ce que jusqu'alors elle n'avait pu confier à personne : sa joie lorsqu'elle couchait dans l'étable des Duchein et comment était né le veau, son pèlerinage à la statue de saint Exupère, comment elle avait noué au bras du saint une chaussette de Francet, et ce vaste cercle de pays et de monts que de là-haut elle avait contemplé.

— C'est beau le monde, disait Francet, et ça ne finit plus. Si tu veux, quand on sera grand, on voyagera tous les deux.

— Oh oui ! disait Catherine en joignant les mains.

— Tu sais, ajoutait Francet, le père avait tort de se mettre en colère, elle est ronde.

— Tu crois ?

— J'en suis sûr... Tiens, va me chercher les almanachs, c'est marqué dessus.

Catherine allait dans la chambre, en revenait avec une pile de brochures cornées, déchirées, dépareillées. A La Noaille, des amis de Jean Charron, apprenant la maladie de Francet, avaient fait cadeau de ces almanachs qui traînaient dans leur grenier.

Francet mouillait un doigt pour feuilleter plus vite les livres, il ne tardait pas à trouver l'article qu'il cherchait.

— Tu vois, disait-il, c'est là.

Catherine voyait des signes noirs, des dessins aussi qui représentaient une boule, avec des taches, des zigzags.

— Ça c'est l'Amérique, disait Francet, ça c'est l'Europe, ici la France.

Son doigt désignait un minuscule dessin.

— La France? demandait Catherine. Où nous vivons?

— Oui.

— N'est-ce pas plus grand que nos champs, et que La Noaille, et que tout ce pays que je voyais depuis la statue du saint?

— Bien sûr.

— Mais alors, mais alors comment? La France ça pourrait être ce petit bout de je ne sais quoi sur ton dessin?

— C'est ainsi, affirmait Francet.

— Explique, demandait Catherine.

— C'est ainsi, c'est ainsi, répétait-il avec un air grave.

La petite demeurait songeuse un instant :

— Tu es savant, concluait-elle, pleine d'admiration.

— Oh! je voudrais tout savoir.

Il disait cela avec une soudaine avidité.

Puis :

— J'en apprends des choses dans les almanachs.

— Lis, demandait-elle.

Et il lui lisait l'histoire de Christophe Colomb; de là on passait à une recette de cuisine, puis à la relation d'un crime horrible perpétré dans les Causses par des aubergistes qui faisaient disparaître tous leurs clients. Catherine en avait les larmes aux yeux jusqu'à ce qu'il lui fallût rire, car à la page suivante, c'était le récit des bons ou plutôt des mauvais tours que le renard jouait au loup. Il y avait aussi les horoscopes.

— Va chercher une épingle, disait Francet.

Elle en prenait une dans la boîte vernie sur la commode, une longue épingle avec une tête en verre violet.

— Que veux-tu savoir? interrogeait Francet.

Catherine demeurait perplexe.

— Veux-tu savoir si tu voyageras plus tard? La question est marquée là.

— Oui.

— Bon, regarde bien ces carrés avec des chiffres, maintenant ferme les yeux et pique au hasard.

Ce qu'elle faisait.

— Soixante-cinq, proclamait Francet.

Il mouillait une fois encore son doigt pour chercher la page 65, là il trouvait la réponse à la question de Catherine.

— « Bien des choses vous intéresseront dans l'existence. »

— Ça veut dire quoi? demandait Cathie.

Francet se grattait la tête, il réfléchissait, relisait la réponse.

— Ça doit vouloir dire que tu voyageras.

— Ils sont forts ceux qui font ces almanachs, disait Catherine.

Elle ajoutait :

— Si tu demandais quand tu seras guéri?

Elle regrettait d'avoir prononcé de telles paroles, car elle voyait bien qu'elles attristaient son frère; il prenait pourtant un air indifférent pour affirmer :

— Impossible, la question n'est pas prévue sur l'almanach. Et même si elle y était, ça ne m'intéresserait pas.

Avant sa maladie, Francet était déjà le plus adroit des garçons : il n'y avait pas meilleur que lui pour rafistoler une cage, tailler un sifflet de sureau, bâtir un moulin qu'on plaçait ensuite sur les ruisseaux; ses longues heures de repos le rendirent encore plus habile : il se plaisait à sculpter des marrons — les garçons en faisaient de grandes provisions, chaque automne, dans la cour de l'école.

— Tiens Cathie, disait le sculpteur, voici M. Maneuf.

C'était vrai, on reconnaissait le maître avec son crâne pointu, ses yeux comme des aiguilles.

— Maintenant, Mlle Léonie.

Catherine applaudissait, puis tirait la langue à cette effigie; il n'y manquait point la sécheresse de la maîtresse-servante, ni sa morgue.

— Apporte-moi un tison que je noircisse les moustaches de M. Paul.

Les deux enfants alignaient ensuite les caricatures sur la fenêtre de la cuisine et leur faisaient jouer des comédies. Mlle Léonie avait dans cette affaire les rôles les plus grotesques.

— Dis-moi, Francet, demanda un jour Catherine, dis-moi, tu pourrais pas m'apprendre à lire?

Francet posa son almanach, regarda sa sœur, réfléchit.

— Je ne vois pas comment je pourrais faire.

Il appela la mère qui revenait du puits un seau à la main.

— Qu'y a-t-il Francinet?

— Cathie voudrait apprendre à lire, pourquoi ne l'envoyez-vous pas à l'école? A La Noaille, il y a des filles qui y vont, Cathie pourrait y entrer elle aussi.

— Ça te fait si envie, petite?

Catherine intimidée hocha la tête.

— Pourquoi pas, après tout, reprit la mère. On verra.

Elle souleva de nouveau le seau et partit.

Catherine se hissa sur la pointe des pieds, passa les bras autour du cou de Francet et lui appliqua sur les joues deux baisers.

II. LES RUES

10

Départ du Mézy Installation dans un faubourg de la Noaille. La misère. Le père vend les bijoux et devient feuillardier

Souvent, Catherine avait pu entendre les parents évoquer les calamités dont, à les en croire, la vie du paysan était sans cesse menacée. Ces fléaux, c'étaient l'incendie qui, soudain, en une nuit, mystérieusement allumé par on ne sait quel mauvais génie, détruisait une ferme et les récoltes assemblées dans les granges, ou bien la maladie qui décimait en quelques semaines le plus beau troupeau, ou encore la grêle, capable de ne laisser que paille hachée où l'on attendait une riche moisson. Le feu, l'épidémie, ni la grêle ne s'étaient abattus sur le Mézy, et pourtant, en quelques jours, les métayers s'étaient trouvés emportés dans une misère plus terrible que s'ils avaient dû subir la triple malédiction des flammes, du choléra et des nuées. Un matin de mai, il leur avait fallu fuir la métairie et se réfugier dans un faubourg de La Noaille.

Du moins les enfants s'étaient-ils vite habitués à leur nouvelle existence, d'autant plus qu'il ne leur semblait pas qu'elle pût se prolonger beaucoup. Ils s'attendaient à repartir bientôt à la campagne, dans un autre domaine.

Ce soir-là ils regardaient la mère aller et venir dans la cuisine : elle décrochait une casserole, l'essuyait, la replaçait, ouvrait un tiroir de la commode, le refermait.

Parfois elle s'asseyait un instant, vite se relevait, reprenait son va-et-vient inutile. Francet allongé sur deux chaises bâilla, et tous, malgré eux, durent l'imiter; même la mère qui évitait de les regarder dut bâiller à son tour. Un bâillement qui n'en finissait pas, et Catherine avait l'impression que non seulement sa bouche s'ouvrait mais une autre bouche au fond de son estomac. On n'avait pas l'heure — il avait fallu vendre la haute pendule — mais la nuit tombait peu à peu; par la fenêtre étroite et basse, on pouvait encore apercevoir au-dessus d'un toit de tuile une longue et mince bande de lumière jaune sous le ciel lentement assombri.

De l'auberge qui occupait le rez-de-chaussée, des rumeurs montaient à travers le plancher : des voix sourdes, des rires, des bruits de verres entrechoqués. Dans son berceau, Clotilde poussa une sorte de gémissement, la mère se pencha sur elle puis recommença à essuyer sur la table, sur la chaise, sur la commode, une poussière imaginaire. Enfin les marches de l'escalier craquèrent sous des pas.

— A table, cria Aubin, en riant.

Martial sortit de sa poche son couteau, l'ouvrit, le posa à côté de son assiette.

La mère alla vers la porte, on l'entendit parler d'une voix qui se voulait légère :

— Ah! Jean, je commençais à porter peine.

Jean Charron posa ses sabots sur le palier; il entra, la mère referma la porte derrière lui. Il prit place sur le banc. Les enfants se taisaient. Le père posa ses mains sur la table. Tous le regardaient. Machinalement il lissa ses moustaches sur son poignet puis, pour répondre à l'interrogation muette des yeux, il fouilla dans la poche de son pantalon, en sortit cinq pièces de bronze qu'il laissa tomber une à une sur la table. L'une des pièces se mit à rouler, Catherine l'arrêta et la remit au père avec respect.

— Voilà, fit-il.

Personne ne dit mot. Au rez-de-chaussée les rumeurs avaient cessé. Dans ce silence le claquement que fit en se refermant le couteau de Martial résonna avec une sorte de cruauté.

— Voilà, reprit le père (il ajouta :) Avec ça, que vouliez-vous que j'achète?

— Bien sûr, dit la mère.

Catherine trouva si étrangement douce cette voix que, soudain, elle se sentit, sans savoir pourquoi, envahie par les larmes. Elle se moucha vite afin de dissimuler ses pleurs.

La voix trop douce murmura :

— Le mieux, les enfants, c'est d'aller vous coucher.

Francet fit signe à Martial, celui-ci l'aida à quitter ses deux chaises. En sautant sur un pied et appuyé sur son frère, Francet se dirigea vers le lit où il s'assit pour se déshabiller.

— Allez, Cathie, va ma Cathie, ordonna la mère.

L'enfant quitta le banc à son tour, se dirigea vers le père pour l'embrasser comme chaque soir. Mais elle le vit s'affaler sur la table, la tête cachée entre ses bras, et son large dos était secoué par des soubresauts.

— Vite, dit la mère, va dans la chambre, laisse-nous, le père est fatigué.

Elle prit son mari par les épaules, se pencha vers lui, lui parla à l'oreille.

Catherine, effrayée, avait gagné la chambre; par la porte entrebâillée, elle regardait le couple dans l'ombre. Il lui semblait entendre la mère chuchoter :

— Mon petit, allons mon petit Jean.

Pourtant le père était vieux avec ses moustaches, les cheveux déjà blancs aux tempes; il était grand, il était fort, comment la mère pouvait-elle lui parler comme on parle à un enfant? Et quel était ce mal qui l'avait fait s'écrouler sur la table? On eût dit qu'il pleurait. Non, sans doute : le père ne pouvait pas pleurer, lui qu'elle avait toujours connu aux Jaladas, au Mézy, rieur et chantant. Et pourquoi la mère les envoyait-elle au lit sans manger? Ils avaient été sages. Elle se coucha et se mit à bâiller sans que le sommeil pût venir.

Les sous de bronze que le père avait portés ce soir : pourquoi disait-il « avec ça que vouliez-vous que j'achète »? Ils étaient pourtant beaux ces sous et luisants, il y en avait autant que de doigts dans la main; elle l'avait remarqué. Avec le sou du pouce, le père aurait pu acheter une tourte de pain blanc comme celles qu'il cuisait lui-même aux Jaladas, et non pas comme celles toutes noires, aussi dures que pierres, et puantes qu'il ramenait à présent, de temps à autre, le soir, du moulin du Breuil. Avec le sou de l'index, elle aurait acheté du lard qui parfumait la soupe là-bas dans les métairies; avec le sou du majeur — quels drôles de noms l'index, le majeur, c'était Francet qui les lui avait appris, il savait tout ce Francet depuis qu'il était malade; il disait qu'il pouvait vous réciter ses almanachs sans les regarder... Où en était-elle? le pouce, l'index, ah oui le majeur, avec le sou du majeur, elle aurait acheté un fromage, très gras, tendre, blanc comme le pis et comme le lait de la Blanchette, qu'elle allait voir traire, chaque après-midi, aux Jaladas. C'était la mère qui la trayait ou parfois Mariette, et quand c'était Mariette elle s'amusait à barbouiller le visage de Catherine avec l'écume du lait. Le goût chaud et sucré sur les lèvres. Clotilde têtait goulûment le sein de la mère. Être petite, toute petite, être Clotilde et boire à ce sein clair; aujourd'hui et hier, et avant-hier, Clotilde a bu le lait si caressant. Pourquoi les a-t-on envoyés au lit sans manger?... Le lait si doux, comme la voix de la mère était douce, douce à en pleurer. Peut-être, était-ce à cause de cette douceur profonde, inconnue, que le père lui aussi s'était mis à pleurer. Pleurait-il? Avait-il ramassé les sous? le sou du pouce, celui de l'index, celui du majeur. Et le sou de l'annulaire, avec lui elle eût acheté un pain de sucre; le sou de bronze, le doigt avec son anneau d'or. L'anneau était toujours au doigt du père et à celui de la mère; ils pourraient vendre ces bagues, l'or ça vaut tellement plus que le bronze; on pourrait acheter une belle maison avec, et la campagne autour. L'or du louis que le père faisait tinter aux Jaladas, elle croit l'entendre au fond de ses oreilles. Oh! va-t-il cesser à la fin ce tintement. « *Des dorées,* avait dit le père, *tu feras des dorées aux enfants* »; et pourtant les dorées c'était seulement pour Pâques d'habitude, mais il fallait bien fêter cet or, le père avait voulu; le pain frit dans le jaune d'œuf, la belle couleur d'or. Ils devraient vendre leurs anneaux. N'avaient-ils pas vendu les bijoux dont le métayer, jadis, se plaisait à orner son épouse le dimanche : la croix d'or entre les seins et le collier et le bracelet. « *Une reine* », disait le père en riant, puis il replaçait les bijoux et s'en allait, fredonnant une chanson.

Il ne chantait plus, jamais, et ce soir n'était-ce pas des sanglots qui le secouaient? On ne voyait plus les bijoux. Un soir le Parrain était venu à la maison portant des œufs, des fraises et du pain, un plein panier : les enfants étaient joyeux à table mais ni le Parrain ni les parents ne partageaient cette gaieté; après le repas, Jean Charron était allé chercher les bijoux : lui, la mère et le Parrain s'étaient penchés sur le trésor, l'avaient longtemps contemplé; chacun d'eux à son tour le soupesait, enfin le Parrain sortit son mouchoir à carreaux, y plaça les bijoux, au moment où il allait replier l'étoffe, le père s'était écrié : « Pas la croix!... Gardons au moins la croix. » La mère avait parlé à voix basse, le nom de Francet revenait souvent dans la conversation, et les mots de maladie, de guérison, de médecin. A la fin le père jeta la croix dans le mouchoir du Parrain. Mais peut-être avaient-ils oublié qu'ils avaient ces anneaux d'or. Ne devrait-elle pas les appeler, leur faire part de sa découverte! Le père sortirait en ville et reviendrait bientôt les mains chargées de boudins, de gâteaux et de pain blanc. Non, il était trop tard maintenant, trop tard pour acheter et trop tard pour manger, le père aurait dû y songer plus tôt, ou du moins dépenser ses sous de bronze! Qu'aurait-elle pu faire du sou de l'auriculaire? Tu comprends, disait Francet, le doigt gratte-oreille. Oh! ce tintement de l'or dans les oreilles. Elle aurait acheté un craquelin, un beau craquelin marron, léger, craquant, en forme d'immense oreille justement. Le petit homme qui les vendait se promenait le jeudi dans les rues, vêtu de blanc, un grand panier au bras. N'était-ce pas demain jeudi? Mais si. Qui sait, peut-être le Parrain se trouverait-il à passer par là; il rencontrerait le petit homme en blanc, lui achèterait tout son panier de craquelins secs et croustillants. Alors, vite, il fallait dormir pour que jeudi fût déjà là. Elle bâillait. Et ce sommeil qui ne venait toujours pas.

★

— C'est jeudi, Mère?

— Dors, Cathie.

— Mais il est tard.

— Reste au lit. Aubin et Francet ne sont pas levés. Vous vous lèverez à midi quand le père rentrera.

— Il n'est plus malade?

— Malade?

— Oui, hier soir...

— Ah oui. Non, il va mieux, il est parti au travail avec Martial, ils gagneront bien quelques sous, alors avec les cinq sous d'hier, ils achèteront du pain et je tremperai une soupe. Vous vous lèverez pour la manger.

— Mère...
— Qu'y a-t-il?
— Quel travail fait-il notre père?
— Feuillardier, je te l'ai déjà dit.
— Il ramasse les feuilles.
— Non, il taille les troncs de châtaigniers pour en faire des feuillards, des *palains* si tu préfères, pour clôturer les prés.
— C'est difficile?
— Pour lui, oui, il n'est pas habile, il se blesse, il ne va pas vite, on le paye aux pièces, il gagne peu.
— Dites, Mère, c'est jeudi?
— Oui.
— C'est le jour du petit homme blanc.
— Quel homme blanc?
— Celui des craquelins, peut-être le Parrain viendra et nous portera des craquelins.
— Ne pense pas à ça, ne pense pas à ça, dors.

La mère a dit ces mots très vite, puis elle est sortie. Catherine est seule de nouveau. « *Ne pense pas à ça* », à quoi penser? Elle compte les poutres qui soutiennent le toit mais, à le regarder longtemps, voilà qu'un vertige la prend. Le toit descend en pente raide au-dessus du lit, quand il arrive à la fenêtre en face, il est si bas que Catherine peut passer sans avoir à se baisser. Lorsqu'il pleut, le choc des gouttes sur les tuiles résonne comme une vive musique, mais dans un coin de la chambre l'eau tombe goutte à goutte, il faut placer là une bassine, et quand souffle quelque ouragan le vent semble prêt à arracher la charpente; Catherine se cramponne alors aux draps dans la crainte de voir soudain au-dessus d'elle apparaître le ciel en furie. Ce matin, il ne pleut ni ne vente. Le temps doit être gris. Par un interstice des tuiles, un rayon de lumière se glisse en biais et vient projeter sur le mur un paysage d'ombres et de clartés. Le jour où elle a découvert ce jeu céleste sur le mur blanchi à la chaux, Catherine a poussé des cris de joie. Elle n'avait rien vu d'aussi drôle que ce firmament et ces nuages réduits à la grandeur d'un mouchoir. Heureusement qu'elle a ce spectacle pour la distraire ce matin ; on pourrait rester des journées entières à contempler ces impalpables architectures qui se font et se défont sur le mur : tantôt l'ombre du nuage qui passe a l'air d'une simple fumée, tantôt l'apparence de fines silhouettes d'hommes, de femmes ou d'animaux qui se meuvent silencieusement, lentement comme au fond d'un rêve. D'autres fois, les ombres se font menaçantes, et ce matin, justement, n'est-ce pas l'ombre mauvaise de Mlle Léonie et de M. Paul, bras dessus, bras dessous, qui surgit un instant sur la paroi ? Hop ! un coup de vent, et la vision s'effiloche. Des gorgones, des chimères défilent à présent, semblables à celles que Catherine admire sur l'église de La Noaille. Est-elle belle cette église, avec ses vitraux bleus, rouges, verts, ses madones, ses croix ! Parfois Catherine y court en cachette : la pénombre colorée lui semble plus profonde encore que celle des châtaigneraies, elle retrouve là cette impression à la fois oppressante et enivrante que lui donnait la traversée de la garenne au Mézy, avec le tombeau de Mme Maneuf et de son fils l'officier. L'église est à la fois garenne et tombeau, et Catherine se perd au pied de ces arbres de pierre, au fond de cette tombe calme. Quand elle habitait les métairies, La Noaille c'était pour elle l'école où allaient ses frères : maintenant Francet n'en parle plus jamais. Aubin n'y va plus faute d'argent, aussi la ville est-elle devenue pour Catherine l'église Saint-Loup et toutes les rues qui rayonnent autour avec leurs riches demeures ou leurs masures, leurs boutiques, leurs échoppes, leurs ateliers ; comme si toute la cité ne faisait que prolonger la maison de saint Loup. N'est-ce pas lui ce saint à tête de bête cruelle que dessinent les nuées sur le mur ? Sa longue gueule s'ouvre, se ferme, s'ouvre. Saint Exupère avait donné le mal à Francet. Saint Loup ne veut-il pas la dévorer à son tour? N'est-il pas le saint redoutable de la faim avec son peuple mystérieux de loups-garous qui hantent les nuits sans lune? Catherine voudrait appeler mais son cri s'éteint dans la gorge. Elle détourne les yeux. Tout à coup elle se dresse sur le lit. Elle écoute, avide; ne s'est-elle pas trompée? — « Craquelins! »

C'est lui! Elle bondit, court pieds nus à la fenêtre, l'ouvre, se penche vers la rue. Il vient, portant son grand panier, le petit homme blanc. Comment un aussi petit être peut-il porter un panier aussi immense, et quelle voix claironnante!

— Craquelins! Craquelins, Mesdames!

Des voisines sortent sur le seuil des maisons; elles font signe au bonhomme; il approche, soulève le linge qui couvre son panier. Des enfants se pressent autour de lui, tendent leur main, il leur donne les gâteaux puis prend l'argent. La mère va sortir elle aussi, elle choisira les craquelins les plus gonflés, les plus légers. Ça y est, le marchand passe devant la maison. Quelqu'un l'a appelé, il s'arrête. C'est la jeune femme de l'aubergiste, Toinette Laurent — elle habite au rez-de-chaussée — elle s'avance jusqu'au milieu de la rue, parle au vendeur. La mère a encore le temps de descendre. La femme rentre chez elle, le petit homme couvre à nouveau sa panière. Il part, il est parti.

— Craquelins! Craquelins, Mesdames!

Sa voix chantante continue à retentir au loin.

Catherine revient vers le lit, se couche. Sur le mur, les images célestes se poursuivent, elle ne les regarde plus.

11

Maintenant, Catherine le savait : elle n'irait pas à l'école, jamais elle ne pourrait lire les conseils, les histoires, les merveilles des almanachs.

— Mère, avait-elle demandé, vous vous souvenez, l'autre jour, avant qu'on quitte le Mézy, Francet vous avait dit que je pourrais bien aller en classe. Vous avez répondu oui, que je pourrais y aller. Quand est-ce que je vais apprendre à lire?

La mère la regarda sans répondre; puis elle s'était approchée d'elle, l'avait attirée d'une main contre son flanc.

— Il ne faut plus penser à ça, ma Cathie. Quand je t'avais promis, nous étions au Mézy, je ne pouvais m'imaginer qu'il allait nous arriver ce malheur. Mais cette métairie devait être maudite puisque Francet, et ensuite... Comment veux-tu qu'on t'envoie à l'école? Aubin n'y va plus, on n'a même plus de quoi vous donner à...

La mère n'acheva pas sa phrase comme si elle avait eu mal ou honte.

Catherine eut envie de questionner encore : « Pourquoi est-ce arrivé ce qui est arrivé? » Elle n'osa pas, alla s'asseoir dans un coin. Elle pensait aux derniers jours passés à la métairie. Il lui semblait avoir assisté à toutes les étranges scènes qui avaient marqué ces quelques semaines tant les parents en avaient parlé et en parlaient encore chaque soir.

Alors Pâques approchait. Il semblait à Catherine que ces fêtes n'arriveraient et ne passeraient jamais assez vite afin qu'elle pût aller à l'école. C'était enfin décidé ; le père avait bien levé les bras au ciel, juré ses grands dieux que les gens devenaient fous ; au bout du compte, il avait cédé. Par reconnaissance envers Francet, et à la pensée aussi que devenue écolière elle passerait de longues heures loin de lui, Catherine ne le quittait plus. Il lisait et relisait pour elle à haute voix les almanachs, ensuite elle mêlait étrangement dans son souvenir l'histoire de France, les contes, les recettes de cuisine et de santé, les proverbes, les plaisanteries qu'elle avait écoutés avec une religieuse attention. Quand elle essayait de répéter à son frère ce qu'elle avait retenu des lectures qu'il lui faisait, il hochait la tête, pensivement.

— Christophe Colomb n'était pas roi de France, rectifiait-il. Le conte de l'Indien et de Face-Pâle, c'est de l'invention, ce n'est pas pour de bon.

— Comment, rétorquait Catherine, c'est bien du vrai puisque c'est écrit.

— Va plutôt à la garenne, tranchait Francet vite irrité, va voir si les petits merles sont nés.

Pâques approchait, mais, avant les Rameaux, devait se tenir à La Noaille, un samedi, la grande foire de l'année. Le métayer en parlait chaque soir car il devait y aller vendre un veau et il s'en réjouissait à l'avance : ça ferait un peu d'argent, les quelques économies qui pouvaient lui rester après la noce de Mariette ayant fondu comme neige au printemps au cours de la maladie de Francet.

Le jour de la foire arriva. Jean Charron se mit en route

de grand matin, tirant le veau derrière lui. Le temps était doux, la mère, aidée de Martial, était arrivée à installer Francet dans la cour. Sur l'arbre du jardin les oiseaux chantaient. A la fin de la matinée, M. Paul fit sortir Sultane de l'écurie : il la bouchonna, l'étrilla puis il l'attela au tilbury. La veille il avait astiqué la voiture; son vernis jaune et noir et ses cuivres brillaient au soleil. Il conduisit l'attelage devant la maison, manœuvra afin que la voiture présentât l'arrière à la porte du Mézy. Ensuite il installa le plan incliné, et, avec Mlle Léonie, poussa M. Maneuf et son fauteuil jusque sur la voiture.

Catherine et Francet observaient ces allées et venues. Ils entendirent la servante fermer les portes à clef; elle prit place sur le siège avant à côté de M. Paul. Il desserra le frein, fit claquer le joli fouet rouge et vert; la jument s'enleva. Dans un tintement de clochettes la voiture disparut soulevant un nuage de poussière blanche.

— Voilà ce qu'il nous faudrait plus tard pour nos voyages, dit Francet.

Catherine ne répondit pas. Elle s'était installée près de lui sur une chaise basse et avec un fouet imaginaire elle faisait galoper un cheval non moins imaginaire. Le soleil tourna lentement autour du Mézy. On ne pouvait guère s'ennuyer ce jour-là : il suffisait de regarder la route pour se réjouir d'un spectacle animé, ce n'étaient que carrioles, charrettes, paysans et bestiaux se rendant à La Noaille. Au milieu de l'après-midi, voitures et piétons commencèrent à repasser dans le sens contraire. Certains paysans revenaient en chantant, de ceux-là on pouvait dire sans crainte de se tromper qu'ils avaient dû vendre comme ils l'entendaient vaches, veaux ou cochons; d'autres marchaient, taciturnes, frappant à coups d'aiguillon rageurs la bête dont ils n'avaient pu se défaire. Comment reviendrait-il le père, chantant, riant comme ceux-là, ou maussade comme ces derniers? Le soleil touchait la cime des chênes de la garenne lorsque Martial dévala en criant la pente d'une butte où il s'était juché.

— Père revient seul!

La mère s'affaira, allant et venant de la cuisine à la chaise de Francet. Elle était toute rose de joie et quand son mari parut enfin, silencieux, mais les yeux rieurs, elle courut vers lui, lui enleva des mains les paquets dont il était chargé.

— Faut pas se plaindre, dit le père.

Il ajouta :

— J'étais si pressé d'arriver que je dépassais tout le monde sur la route. Le dernier que j'ai passé, Michelot, le fermier de la Bastide, il m'a crié : « Eh! Charron! as-tu le diable à tes trousses pour filer ainsi? » Mais, ma foi, je l'ai salué et j'ai continué, je voulais vous voir. Quand même il a dû me trouver malappris. J'ai envie de l'arrêter au passage et de lui offrir un verre de cidre. Hein, qu'en penses-tu Marie?

— Ce serait de bon usage, dit la mère.

— Je vais chercher une bouteille...

Il s'éloigna en se frottant les mains; la mère le suivit à la cuisine pour ranger les emplettes.

A ce moment, les enfants entendirent un fracas au-delà du jardin : des grincements, des cris, des jurons, puis plus rien.

Catherine courut appeler les parents.

— Il y a eu quelque chose, dit-elle.

Le père posa sur la table la bouteille de cidre et les deux verres qu'il avait préparés, se rendit sur la route. Il aperçut au débouché du tournant une voiture arrêtée en travers de la chaussée, des gens qui gesticulaient. Il revint sur ses pas.

— Un accident.

— Il faut y aller, dit la mère.

Lorsqu'il rentra un peu plus tard, son visage était

bouleversé. Il marchait en poussant devant lui le fauteuil de M. Maneuf.

— Qu'y a-t-il? demanda la mère.

Le père ne trouva pas la force de répondre.

— Nous avons renversé un homme, déclara M. Maneuf, les domestiques sont repartis à La Noaille pour le conduire au médecin, mais je crains bien que ça n'en soit guère la peine.

— Le crâne ouvert, dit Jean Charron à voix basse; la route était rouge de sang.

— Cet imbécile a fait un faux pas, prétendit le maître, il s'est littéralement jeté sous la roue, dans le virage.

— C'était le pauvre Michelot, dit le père.

— Michelot, s'écria la mère, que vont-ils devenir? Ils sont huit enfants et aucun d'élevé.

— Pour moi, conclut Maneuf, il avait bu, il titubait. Ce qui est arrivé est uniquement de sa faute.

Duchein, l'autre métayer, arriva sur ces entrefaites; il s'arrêta dans la cour. Tout en parlant, il tirait sur ses moustaches.

— J'ai vu une flaque de sang au tournant, et, avant, le tilbury m'avait croisé filant de nouveau vers La Noaille; j'ai pensé, il est arrivé quelque malheur.

— Un poivrot qui s'est fait écraser par ma voiture, affirma le propriétaire.

— Un poivrot? voulut protester le père.

— Je sais ce que je dis, ce Michelot en avait un fier coup dans le nez.

— Si Monsieur le dit, c'est que c'est vrai, s'empressa de déclarer Duchein en jetant un regard de biais vers Charron.

— Il faudrait aller prévenir les siens, proposa la mère. Martial tu connais le chemin.

Mais Martial refusa, il ne saurait comment parler.

— Et puis, remarqua M. Maneuf, il faut attendre, on ne sait pas encore ce qu'aura dit le médecin.

On rentra le maître chez lui, la mère lui fit cuire une omelette. Il se versa de hauts verres de vin. Pendant qu'il mangeait, la mère restait derrière lui pour le servir.

— Une émotion pareille, disait-il, ça creuse.

Puis il reprenait :

— Cet imbécile, on n'a pas idée de boire comme ça quand on a à marcher... Il s'est jeté sous la roue.

Elle rapporta ces propos un peu plus tard dans la cuisine.

— Il n'avait pas bu, protestait Jean Charron, moi qui venais derrière lui, je voyais bien qu'il marchait droit sur le bord de la route. Ce sont ces fous avec leur jument folle; ils vont toujours un train d'enfer, ils ont dû arriver dans le tournant comme des sauvages et serrer le talus, le pauvre Michelot se trouvait là, ils n'ont dû le voir qu'au moment où ils lui passaient dessus.

— Que vont-ils devenir les petits Michelot? répétait la mère.

— Bien, ça va coûter cher au bourgeois, heureusement qu'il a de quoi, quant à M. Paul je crois qu'il pourra chercher une autre place.

— Tu t'imagines qu'on leur fera payer quelque chose?

— Il y a des juges, il me semble.

M. Paul et Mlle Léonie firent une brève halte au Mézy à la nuit tombée; ils ramenaient le cadavre chez les Michelot. La servante entra dans la cuisine des Charron, elle fit un gracieux sourire à la ronde puis demanda au métayer :

— Monsieur Jean, vous serez aimable de nous attendre avant d'aller vous coucher. Nous aurons à vous parler dès ce soir avec M. Maneuf.

— C'est que vous n'êtes pas encore rentrés de la ferme

aux Michelot, dit la mère, et demain matin, mon mari doit se lever avant le jour, le travail presse.

— Pour une fois le travail attendra, déclara Mlle Léonie.

Elle avait oublié son sourire et pinçait ses lèvres minces.

— Je vous attendrai, promit Jean Charron.

Quand elle fut sortie :

— Que me veulent-ils?

— Je me le demande, dit la mère, c'est rapport au malheur certainement.

— Mais j'ai rien vu. C'est toi qui m'as appelé, je montai de la cave avec la bouteille de cidre et j'avais pris deux verres.

— Vous le leur direz, conseillait la mère.

Jamais veillée ne parut aussi longue, les enfants étaient allés se coucher, taisant leur inquiétude. Le feu s'était éteint.

— Une si bonne journée, disait le père, et voilà.

— Pauvre de nous, reprenait la mère, quand je songe à la Michelote et à ses loupiots, à présent.

— Ils toucheront la grosse somme.

— Quand ils la toucheraient ça leur rendra pas le malheureux, et ils ne l'ont pas encore touchée.

— Dans ce cas, il n'y aurait pas de justice.

La mère haussait les épaules.

— Vous êtes juste, vous, mais les autres!

Ils ne trouvaient bientôt plus la force de parler et somnolaient sur le banc. Ils sursautèrent lorsqu'on frappa à la porte beaucoup plus tard. C'était Mlle Léonie.

— Ah! on a été plus long qu'on pensait, disait-elle, mais cette femme, ces enfants s'accrochaient à nous. Une triste fin...

Elle soupira, puis :

— Merci, monsieur Jean, de nous avoir attendus, vous venez?

Et comme la métayère se levait pour suivre :

— Oh! vous savez, madame Charron, pour ce que nous avons à dire, ce n'est pas la peine que vous vous dérangiez. Vous pouvez aller dormir. On se sera bien vite mis d'accord avec votre mari.

Elle précéda Jean Charron, traversa le couloir, ouvrit la porte de la salle à manger. M. Maneuf était installé dans son fauteuil derrière la table. M. Paul, les traits tirés, se tenait à sa droite. Sur la table des petits verres et des bouteilles de liqueurs étincelaient à la lueur de six bougies que supportait un chandelier d'argent.

— Qu'est-ce que je te sers? demanda Maneuf.

Le métayer restait debout, le chapeau à la main. Il avait du mal à tenir les yeux ouverts.

— Eh bien, assieds-toi mon ami, ordonna Maneuf, et il emplit d'autorité un verre de liquide doré.

— Goûte-moi ça.

Pour donner l'exemple, il vida son verre d'un trait.

Jean Charron fit de même, il s'attendait à devoir grimacer comme lorsqu'un voisin lui offrait un verre de gnole, mais il fut surpris par la douceur chaude de cette boisson!

M. Maneuf remplit de nouveau les verres.

— Alors, mon brave, dit-il, raconte-nous.

— Vous raconter quoi?

— Tu venais de rentrer quand la chose s'est produite?

— Je remontais de la cave une bouteille de cidre, je voulais offrir un verre au pauvre Michelot.

— Tu l'avais donc vu?

— Je l'avais dépassé; vous comprenez, il me tardait d'annoncer à la femme que j'avais vendu le veau.

— Ah! c'est vrai, au fait, ce veau, tu l'as vendu? et bien? C'est bon ça. Dans le fond tu es content au Mézy, la terre donne bien, le maître t'embête pas, hein! hein!

Et il riait en trinquant son verre contre celui du métayer.

— Pour ça, je ne me plains pas.

— Il ne manquerait que ça, fit M. Maneuf débonnaire.

— Et alors, tu as été le dernier à voir Michelot avant... avant qu'il se jette sous la roue de *ma* voiture?

Il souligna le *ma* et jeta un coup d'œil à ses domestiques.

— Eh bien, ça se pourrait, dit le métayer.

— Ça ne se pourrait pas, c'est sûr, trancha Mlle Léonie.

Depuis un moment, elle léchait au fond de son verre une goutte de liqueur. « Quelle langue pointue, pensait Jean Charron. N'allaient-ils pas le laisser? Et cet alcool qui l'engourdissait encore... Où voulaient-ils en venir? » Quant à M. Paul, il restait muet et de temps à autre lissait ses fines moustaches.

— Tu as été le dernier à voir Michelot vivant, reprenait M. Maneuf, et...

Il marqua un temps puis détacha chacun des mots suivants :

— Et tu as remarqué qu'il avait bu!

— Pas le moins du monde.

— Allons, allons, fit Maneuf, réfléchissons : que t'a-t-il dit quand tu l'as dépassé?

— Il m'a dit : « Eh, tu es bien pressé, Charron! » Ou plutôt non, c'était pas ça ses paroles.

— Fais un effort, souviens-toi, ordonna Maneuf, nous avons tout notre temps.

— Il m'a dit, il m'a dit : « Eh! Charron, aurais-tu le diable à tes trousses? »

M. Maneuf croisa, puis décroisa ses mains où les veines saillaient; il regarda une fois encore Mlle Léonie, M. Paul, et enfin déclara :

— Voilà qui est clair : paroles d'un homme ivre. Michelot avait tellement bu qu'il n'arrivait pas à avancer sur la route et qu'il priait notre ami de bien vouloir l'attendre. Dans son ivresse, il lui semblait que notre métayer filait comme le diable, alors que c'était lui qui pour un pas en avant en faisait deux en arrière ou sur le côté, sur le côté comme celui qui, un peu plus tard, devait le précipiter sous la roue.

M. Maneuf emplit une fois encore les verres, invita son hôte, en trinquant, à boire « le coup du bonsoir ». Puis il se pencha en avant, et se mit à parler sur un ton bonhomme.

— Voilà, dit-il, tu es un métayer sérieux, un brave homme, nous allons nous mettre d'accord. Demain matin, les gendarmes vont venir enquêter à propos de l'accident. Je les recevrai en premier, ensuite je te les enverrai. Je les avertirai que tu es le dernier à avoir vu Michelot vivant. Toi, tu répondras à leurs questions, ne te trouble pas, tu leur diras que c'est vrai, qu'en effet tu venais de dépasser Michelot sur la route. C'est vrai, hein?

— C'est vrai.

— Tu leur diras?

— Je leur dirai.

— Très bien, fit M. Maneuf, très bien. Tu verras, j'ai des projets, de beaux projets pour toi et ta famille, je suis riche, sans enfants, j'aime faire le bien autour de moi.

Il hésita, comme si l'entretien était terminé, puis parut se raviser.

— Voyons, fit-il, qu'avais-je encore à te dire?... Ah! oui, alors nous sommes bien d'accord, n'est-ce pas? Quand les gendarmes te demanderont comment tu as trouvé Michelot? en quel état? tu leur répondras qu'il était complètement ivre, qu'il titubait, que d'ailleurs il n'a pas pu te suivre, déclarant que tu allais trop vite pour lui.

Comme le métayer ne répondait pas.

— Voilà, fit encore M. Maneuf, nous sommes du même avis.

Il voulut emplir le verre de Jean Charron, mais celui-ci repoussa le verre d'un geste brusque et se leva.

— Non, dit-il, notre maître, non ça ne va pas.

— Qu'est-ce qui ne va pas?

— Je ne dirai pas que Michelot était saoul et qu'il ne tenait pas sur ses jambes.

— Et pourquoi? demanda Maneuf d'une voix sifflante.

— Parce que ce n'est pas vrai.

Le vieillard frappa du poing sur la table.

— Ce n'est pas vrai? Qu'est-ce que tu en sais?

— J'en sais que je l'ai vu Michelot et qu'il ne marchait pas et qu'il ne parlait pas comme un qui a bu.

— Et moi je te dis que si et qu'il s'est jeté sous la roue, je l'ai vu.

— Qu'il s'est jeté sous le roue, je ne peux rien dire; je n'y étais pas, mais je ne dirai pas ce qui est faux.

Une ondée sanguine rougit le front du paralytique. Il s'appuya sur les accoudoirs du fauteuil comme s'il voulait essayer de se dresser.

— Tu le diras! cria-t-il.

— Je ne peux pas faire ça.

Maneuf essuya d'un revers de main la sueur qui perlait à ses tempes. Mlle Léonie était blanche comme une chandelle et M. Paul lissait nerveusement sa moustache.

— Tu es un brave pourtant, Jean Charron, tu n'es pas de ces mauvaises têtes qui jalousent leurs patrons; tu n'es pas de ces partageux comme j'en connais. Alors?

Et le vieillard tendait les mains en un geste de paix.

— C'est impossible, répéta le métayer doucement.

Un moment, les autres parurent pris de paniquc. Deux bougies s'affaissaient avec une fumée nauséabonde, mais nul ne pensait à les moucher. Ces lueurs vacillantes projetaient sur les murs les ombres démesurées et agitées des trois complices immobiles. Tous se taisaient, mornes, et semblait-il, épuisés. Mais soudain, Mlle Léonie dévisagea le paysan avec un défi dans les yeux. Elle se pencha vers son patron et lui parla à l'oreille, elle fit de même pour M. Paul. Un sourire revint errer sur les lèvres épaisses de Maneuf, il releva la tête et regarda le métayer en silence.

— Alors, c'est dit? demanda-t-il.

Jean Charron ne répondit pas.

— Réfléchis bien, reprit le maître, ou tu te montres raisonnable et je réponds de ton avenir et de l'avenir des tiens, ou tu fais l'âne et je te jure que tu t'en repentiras ta vie durant.

— Je ne raconterai pas qu'il avait bu.

— Déguerpis! cria M. Maneuf.

Le métayer se dirigea lentement vers la porte, là il se retourna, les regarda tous les trois tassés derrière leur table, M. Paul baissa les yeux, mais Maneuf et sa servante ricanaient. Il sortit.

Cette nuit-là, ni lui ni sa femme ne purent dormir. Ils entendirent des pas dans le couloir, puis dans la cour. Par les volets entrebâillés de la chambre ils purent apercevoir sur la route deux silhouettes qui se hâtaient.

★

Le lendemain, Catherine jouait dans la cour près de son frère, lorsqu'ils entendirent des chevaux qui devaient trotter en direction du Mézy. Bientôt, en effet, les bêtes apparurent avec leurs cavaliers.

— Les gendarmes, souffla Francet.

Catherine se serra contre lui.

L'un des cavaliers toucha du doigt son bicorne.

— Dites, les enfants, le Mézy c'est bien là?

— Oui, dit Francet.

— Chez M. Maneuf?

— A côté.

Ils descendirent de leurs montures. Déjà, Mlle Léonie et M. Paul s'empressaient. Elle fit entrer les gendarmes pendant que lui menait les chevaux à l'écurie. L'entretien fut long, enfin les deux hommes ressortirent, leur voix était joviale; ils firent claquer leurs talons, saluèrent; quand ils parurent au soleil, ils clignèrent des yeux; l'un d'eux essuya ses moustaches d'un revers de main. Mlle Léonie prodiguait les sourires de ses lèvres minces. M. Paul alla chercher les chevaux; les gendarmes s'inclinèrent galamment devant la servante puis se mirent en selle. Jean Charron et Martial rentraient des champs; le chien qui les suivait se mit à aboyer quand il vit ces chevaux et ces gaillards inconnus. Le père le fit taire, pas assez vite cependant pour que Mlle Léonie n'eût le temps de lancer à l'adresse de Félavéni un retentissant :

— Sale bête, ça vous mordrait n'importe qui.

— Oh! vous savez, fit un gendarme, nous n'avons pas peur.

— Que voulez-vous, on n'est pas chez soi, dit-elle encore à la cantonade.

Elle accompagna les cavaliers jusqu'à la route, et là, du bras, leur indiqua la direction de Couvre. Ils partirent au petit trot. Lorsqu'elle passa de nouveau dans la cour et quoique le chien ne fût plus là :

— Sale bête, dit-elle encore.

La mère fit un geste vers elle, mais le père la retint. Quand la servante fut rentrée :

— Jean, courez donc après les gendarmes, contez-leur la soirée d'hier. dénoncez ces assassins!

Le père frotta les mains contre son pantalon, se courba un peu.

— Ça ne se peut pas, dit-il.

Bien plus tard, les gendarmes repassaient au Mézy, se dirigeant cette fois vers La Noaille. Un seul descendit de cheval et se rendit à grands pas chez M. Maneuf. Il n'y resta qu'un instant et ressortit en priant la demoiselle de ne pas se déranger pour lui. Sur le pas de la porte les deux domestiques regardèrent s'éloigner les cavaliers, avant qu'ils ne fussent cachés par l'arbre du jardin, ils leur firent de la main un signe amical.

★

L'affaire Michelot fut classée. Duchein, l'autre métayer, avait déclaré aux gendarmes que la victime, ce jour-là, ne tenait pas sur ses jambes, étant complètement ivre, comme il avait pu s'en assurer un peu avant que ne survînt l'accident.

— Vous voyez, Jean, la justice, disait la mère.

A quelques jours de là, elle fut surprise de ramener dans les seaux d'eau qu'elle montait du puits des limaces, des brins de fumier. Le propriétaire, lui, jouissait d'une pompe installée dans sa cuisine et qui prenait l'eau à un autre puits souterrain. Elle fit part de ses craintes à son mari, il installa un fin treillis au-dessus du puits, les saletés disparurent alors. Les domestiques amenèrent au Mézy un jeune chien-loup qu'ils tenaient toute la journée attaché malgré ses hurlements; quand ensuite ils le détachaient, il était prêt à se jeter sur tout ce qui passait à sa portée. Il blessa profondément Félavéni et faillit mordre Catherine qui s'approchait pour défendre son chien.

— On est bien obligé d'avoir un chien de garde pour se protéger, déclarait Mlle Léonie en passant dans le couloir.

Elle disait aussi, comme si elle parlait à son ami, mais en élevant la voix :

— Il y a des voisinages malsains, des gens qui peuvent vous passer leurs maladies.

Et elle jetait un coup d'œil vers Francet allongé sur sa chaise devant la maison.

— Je vais aller trouver M. Maneuf, et lui dire ce que je pense de sa Léonie, menaçait la mère.

— Garde-t'en bien, implorait le père.

Pourtant, sans l'avertir, elle alla trouver le paralytique. Elle revint en larmes.

— Ses yeux m'ont fait peur, avoua-t-elle, des yeux de sorcier.

Le lendemain de cette visite, Jean Charron trouva la partie nord du champ de blé saccagée, on eût dit qu'un troupeau s'y était roulé. Comme il en parlait à table :

— Tiens, s'écria Francet qui se tenait près de la fenêtre, le Duchein sort de chez Maneuf.

Quelques instants plus tard, M. Paul, les traits crispés, venait dire que le maître désirait parler à son métayer. Quand le père revint, tous l'interrogeaient anxieusement du regard. Il se laissa tomber sur un banc.

— Ça n'a pas été long, dit Martial.

— Non, il m'a dit : « On m'apprend qu'une partie du champ de blé a été foulée ce matin par tes propres vaches pour la bonne raison qu'elles ne sont pas gardées. » J'ai voulu protester, mais il a continué : « Ça ne peut plus durer comme ça, quand tu es venu à la Toussaint dernière, tu avais avec toi un domestique fort et vaillant, tu t'es arrangé pour le chasser. Ensuite je comptais que deux de tes fils au lieu d'un t'aideraient et l'un d'eux a trouvé le moyen de tomber malade. Ta femme vient m'ennuyer avec des sornettes au sujet de je ne sais quels tourments que lui ferait Mlle Léonie. »

— Oh! fit la mère, les bandits...

— « Ça ne peut plus durer », il a encore dit, « vous me coûtez trop cher, trop cher, ta famille et toi, en argent et en tranquillité : la propriété mal tenue, le bétail abandonné, les ennuis et des menaces jusque chez moi, il faut que cela finisse au plus vite ».

★

Le surlendemain, Francet et Catherine virent entrer dans la cour un petit bonhomme vêtu de noir, portant bésicles sur le nez. Le col de sa redingote était couvert de pellicules.

— Suis-je ici au Mézy, métairie du sieur Pierre Maneuf?

Catherine attendit que son frère répondît, mais Francet se contenta de jeter un coup d'œil sur le bonhomme noir et ne dit rien.

— Ne suis-je pas...? redemanda le visiteur.

Catherine ne le laissa pas achever.

— Oui, dit-elle.

Alors l'homme ne s'adressa plus qu'à la fillette comme si elle était seule dans la cour.

— Et pourrais-je voir le sieur Charron?

Elle ne comprit pas ce qu'il voulait dire et resta à son tour sans répondre. Le bonhomme en noir paraissait fort perplexe devant ces enfants qui l'un après l'autre devenaient muets.

— Charron, répétait-il, à tout hasard, le sieur Charron, métayer au Mézy.

— C'est notre père, déclara Francet.

— Bon, bon, fit l'homme en hochant la tête.

Il enleva ses bésicles, les remit.

— Il faut que je le voie.

— Il est aux champs, dit Francet.

— Ah, ah! fit le visiteur de nouveau perplexe.

Puis :

— Eh bien, il faut aller le chercher.

— Je ne peux pas.

— Vous ne pouvez pas?

— Je suis malade, et Francet désignait sa jambe immobile.

Le petit homme parut inquiet, enfin :

— Et la petite?

— Il veut que t'ailles chercher le père, expliqua Francet.

Catherine quitta sa chaise basse à côté de son frère et s'en alla. Comme elle se retournait, elle vit l'homme en noir s'asseoir à la place qu'elle avait laissée, et avec son mouchoir s'éponger le visage.

— Un bonhomme en noir? Un bonhomme en noir? répétait le père lorsqu'elle l'eut informé du désir de l'étranger, un bonhomme en noir avec des lorgnons, qu'est-ce que c'est encore? Qu'en pense la mère?

— La mère ne sait pas, elle garde les vaches avec Clotilde; elle m'a dit de rester avec Francet.

Quand il vit arriver l'homme et la fillette, l'étranger se leva, toucha le bord de son chapeau et demanda :

— Charron Jean, métayer du sieur Maneuf, au Mézy?

— Oui, dit le père en ôtant son chapeau.

— Restez couvert, je vous en prie, proposa l'homme avec un sourire.

Mais le père ne sembla pas l'entendre. L'autre sortit de sa poche un papier qu'il déroula et remit au métayer. En haut, à gauche du papier, Catherine aperçut un joli timbre.

— De la part du propriétaire du Mézy, dit l'homme en noir.

— Merci.

— De rien, assura le messager.

— Vous prendrez bien un verre de cidre.

— Jamais d'alcool, jamais d'alcool, fit l'homme en agitant ses mains courtes et grasses.

— Sans façon, insista le père.

— Sans façon.

Il toucha de nouveau le bord de son chapeau.

— Bonne continuation, dit-il.

— Au revoir, monsieur.

Et comme les enfants demeuraient cois.

— Eh bien, voulez-vous dire au revoir au monsieur.

— Laissez-les donc, fit l'homme en noir en inclinant la tête.

Déjà il arrivait sur la route, Catherine remarqua alors que le bas de ses pantalons étroits était blanc de poussière.

— Il va bien, observa le père, un bourgeois venir comme ça au Mézy, et repartir à La Noaille sans monture.

Il tournait et retournait dans ses mains le papier timbré. Enfin, il le donna à Francet.

— Pourrais-tu le lire? demanda-t-il timidement.

— Quel joli timbre, dit Catherine.

— Par-devant nous, Maître Lacongéras, huissier à La Noaille... commença Francet.

— Un huissier, dit le père, c'était l'huissier.

Il avait tout d'un coup pour dire cela un air atterré; et Catherine se demandait comment un aussi petit bonhomme noir, inoffensif et quelque peu ridicule, pouvait inspirer au père ce sentiment d'excessif respect.

Francet continuait : il était signifié au sieur Charron par le propriétaire du Mézy, le sieur Maneuf, que faute de main-d'œuvre suffisante les cultures étaient laissées à l'abandon, voire saccagées par le bétail, lequel faisait toutes réserves quant au bail de métayage tacitement établi entre lui d'une part et le sieur Charron Jean, métayer, d'autre part.

Quand Francet eut achevé sa lecture, le père demeura

tête basse, son chapeau à la main. Il soupira puis il reprit le papier et partit dans la direction de la garenne.

— Il va voir la mère, affirma Francet, je crois bien que c'est une sale affaire.

— Pourtant ce timbre était si joli, dit Catherine.

★

— Mais c'est de la folie, protestait la mère... Jean, non Jean vous êtes fou, ces assassins vous rendent fou. Vous n'y pensez pas, laisser le Mézy au mois de mai, leur abandonner fourrage, bétail, récoltes. Ils vont sauter de joie, Duchein n'aura plus qu'à cueillir ce que vous aurez semé et le tour sera joué! Et nous, où irons-nous? A La Noaille? Oui? Et de quoi vivrons-nous puisqu'il faudra tout laisser ici, avec quel argent? Vous savez que le peu qu'on avait est parti en visites du médecin et en remèdes pour Francet? Que dites-vous? Injustice? Les gendarmes? L'huissier! le papier timbré! En prison? Mais je vous le répète, c'est de la folie Jean; ils ne peuvent rien contre vous...

— Je ne peux plus, je n'en peux plus, si je reste, oui, je deviendrai fou, tout à fait. C'est décidé, l'oncle de Parrain va me prêter une charrette, le Parrain me donnera un coup de main, c'est décidé. On part.

Le père avait maigri, il mangeait à peine, dormait mal : un rien l'irritait. On l'entendait marmonner des bribes de phrases où revenaient toujours les mêmes mots d'huissier, de gendarmes, de papier timbré, de procès.

Un matin, Martial était revenu en courant; tout essoufflé, il raconta qu'il avait vu de loin Duchein lancer son bétail à travers la partie basse du grand champ de blé. De l'autre côté du champ Mlle Léonie et M. Paul attendait en riant que les vaches sortissent du blé.

— *Bêtio, bêtio,* s'écria Martial pour conclure, si j'avais eu un fusil, je les descendais tous les trois.

— Le petit a raison, dit le père.

Il décrocha au-dessus de la cheminée son vieux fusil de chasse, mais sa femme se jeta sur lui. Catherine s'était mise à crier et Clotilde dans son berceau l'imitait. Les garçons, les yeux brillants, regardaient. La mère se cogna au banc et tomba; alors Jean Charron posa l'arme, aida la mère à se relever, la fit asseoir; des hoquets la secouaient, on eût dit qu'elle riait, d'un rire aigu, par saccades. Le père lui fit boire de l'eau, l'embrassa.

— Ne t'inquiète pas, dit-il, je vais à La Noaille.

— J...ean, essaya-t-elle d'appeler entre deux hoquets.

Il lui fit signe de la main et s'en alla, voûté, vieilli.

A son retour, il déclara que le lendemain même, ils quitteraient le Mézy.

★

Catherine était heureuse : le Parrain était là. C'était lui qui avait amené la charrette. On y entassa les quelques meubles, deux sacs de pommes de terre qui restaient de l'an dernier, les tourtes de seigle que le père avait fait cuire la semaine précédente. Sur le devant de la voiture, on laissa une place pour y installer Francet et sa chaise. Le chargement était presque achevé lorsque M. Paul conduisit son maître dans la cour.

— Ainsi, gronda le paralytique, on décampe sans crier gare, comme des voleurs!

Le père qui ficelait un sac sur la voiture, interrompit son travail et descendit, mais la mère le devança et courut jusqu'au fauteuil du propriétaire.

— Vous croyez que ça va se passer comme ça, lui dit-il, abandonner la métairie sans remplaçant.

— Notre monsieur... commença Jean Charron.

Mais la mère sans élever la voix répondit :

— Un remplaçant, allez donc, vous en avez un, la canaille qui a accepté d'être votre faux témoin.

— Madame, fit Maneuf en frappant sur les accoudoirs de son fauteuil.

Elle l'interrompit :

— Puisque nous allons à La Noaille, chassés par vous, par vos valets, par votre complice, pensez-vous pas que l'occasion serait bonne d'aller raconter aux gendarmes certaine soirée, certaines propositions que vous avez faites à mon mari?

— Ils... ils ne... ils ne vous croiraient pas, balbutia Maneuf (puis il essaya de se reprendre :) D'ailleurs, je ne vois pas ce que vous voulez dire.

Il fit signe à son domestique et celui-ci poussa le fauteuil jusqu'à la maison.

— Vous avez bien fait, Marie, dit le Parrain.

Alors, toute colère retombée, elle se tourna vers le père et dit avec tristesse :

— Si vous m'aviez écoutée, si vous aviez appelé les gendarmes lorsqu'ils sont venus enquêter, nous n'en serions pas là.

Puis elle eut un sourire désolé, et serrant le bras de son mari :

— Mon pauvre, dit-elle, tu n'es pas assez méchant.

Catherine s'approcha du Parrain.

— Tu as entendu, lui dit-elle, stupéfaite, tu as entendu?

— Quoi? demanda le Parrain.

— Elle a tutoyé le père.

12

La marraine Félicie leur avait trouvé ces deux pièces sous le toit d'une vieille bâtisse à La Ganne, faubourg de La Noaille, au-dessus du cabaret des Laurent. « Je n'ai pu faire mieux, s'était-elle excusée, les propriétaires poussent les hauts cris quand, à leurs questions, je réponds que vous avez cinq enfants. » « De toute façon, c'est tout ce qu'on pouvait se payer », dit le père. « Un mauvais moment à passer », avait déclaré Félicie en posant ses courtes mains grasses sur son ventre, « mais vous en viendrez à bout ».

La Ganne, c'était une ruelle en pente; leur maison était la dernière sur la gauche, après venaient des terrains vagues, des jardins, quelques taillis, les prés. Ce n'était pourtant pas la campagne aux yeux de Catherine car on trouvait encore au bout d'un chemin rouge et blanc la manufacture de la Reynie : la fumée de ses fours filait vers La Ganne les jours de vent d'ouest et noircissait les façades, le tour des fenêtres. Les porcelainiers de La Reynie menaient grand bruit lorsqu'ils descendaient ou remontaient le faubourg de La Ganne. Catherine les avaient pris d'abord pour des boulangers à cause de leurs blouses blanches, elle s'était demandé si cette manufacture, dont son père et ses frères parlaient avec respect, était un ensemble de fours, dont tourtes et miches devaient sortir par milliers. Qui donc pouvait manger tout cela? s'inquiétait-elle les jours nombreux où il lui fallait se contenter d'un morceau de tourte terreuse. Francet la détrompait, essayant de lui faire comprendre ce qu'était la porcelaine. Elle n'en avait jamais vu jusqu'au soir où un vieil ouvrier qui s'apprêtait à entrer au rez-de-chaussée, dans le café des Laurent, l'ayant appelée, sortit de sa blouse une minuscule tasse translucide, qu'il fit tourner au soleil : « Hein, petite, qu'en dis-tu, est-ce assez joli, c'est moi qui ai fait ça, hein. » Elle ne pouvait croire que d'aussi grosses mains tannées et crevassées avaient pu créer un aussi frêle objet, une sorte de corolle dure et glacée. « Tiens, dit l'ouvrier, je te la donne. » Elle s'était enfuie avec ce trésor, l'avait montré à Francet.

— Comment peut-on faire une chose aussi menue, aussi gracieuse? Toi, tu ne pourrais pas, Francet, pourtant tu tailles le bois et les marrons.

Il fronça les sourcils :

— Si j'allais à l'usine un jour tu verrais.

Il lui raconta que la femme d'un pharmacien, jadis, au temps des rois, une bourgeoise de La Noaille, avait trouvé dans les prés une terre blanchâtre, elle s'en servait pour laver son linge, « un vrai savon, cette terre », disait-elle, et son mari prit un peu de cette terre, l'examina dans son laboratoire puis l'envoya à un savant du roi, et le savant avait dit : « C'est du kaolin. »

— Quel drôle de nom.

— Oui, reprenait Francet, un nom chinois, un nom de Chine, un pays qui est de l'autre côté de la terre, sous nos pieds, et les gens sont jaunes, les Chinois.

— M. le curé de Saint-Loup, il a une figure jaune, c'est un Chinois?

— Non, on dit qu'il est malade, je ne sais quoi, l'estomac, le foie, c'est pour ça qu'il est jaune.

— Comment disais-tu, cette terre?

— Du kaolin, ça veut dire la terre dc la colline. On nous l'avait appris à l'école et je l'ai lu dans un almanach, et avec cette terre le savant du roi a dit qu'on pouvait faire la porcelaine, jusqu'alors seuls les Chinois en faisaient, et ils étaient très riches, très puissants à cause de cela. Et le roi, il a fait bâtir la manufacture à La Noaille.

— Oh! alors il passera un jour dans la rue lorsqu'il va à La Reynie.

— Qui ça?

— Eh bien, le roi.

— C'est bêtes les filles, il n'y a plus de roi.

— Ah! soupirait Catherine.

Elle restait un moment songeuse et attristée, puis une autre question venait à ses lèvres mais elle n'osait pas la poser de crainte que son frère n'allât encore se moquer. Pourtant c'était si troublant cette idée qui s'imposait à elle qu'à la fin elle ne pouvait s'empêcher de parler.

— Francet?

— Oui

— Dis Francet!

— Quoi?

— Promets que tu ne riras pas de moi.

— Qu'est-ce que c'est encore?

— Promets.

— Flûte.

Elle se taisait, boudeuse, allait à la fenêtre et tournait le dos à son frère. Au bout d'un moment, il l'appelait.

— Cathie.

Elle ne répondait pas. Il insistait alors.

— Cathie, que voulais-tu me dire?

Elle continuait à regarder, il ne savait quoi, dans la rue.

— Je ne rirai pas de toi, tu entends, je ne rirai pas.

Elle revenait près des chaises sur lesquelles Francet allongeait sa jambe malade.

— Cette terre, la, le...

— Le kaolin.

— Oui, le kaolin, eh bien, puisqu'on en trouve à La Noaille et puis en Chine, je pense que si on creusait un trou dans un pré d'ici, un trou profond, profond, profond, on déboucherait de l'autre côté de la terre dans du kaolin encore, sur une colline en Chine.

Francet se grattait le nez. Catherine l'observait, perplexe : sans doute allait-il lui lancer quelque mot méprisant. A la fin, il la regardait gravement.

— Peut-être, disait-il, peut-être.

Puis, baissant la voix comme si on eût pu les entendre, et pourtant ils étaient seuls; le père et Martial aux feuillards, la mère occupée à faire le ménage dans des maisons bourgeoises que lui avait indiquées tante Félicie, Aubin à courir les rues, Clotilde enfin suçant ses doigts dans son berceau, Francet ajoutait :

— Quand je serai guéri, si tu veux on essaiera de percer ce tunnel jusqu'à la Chine, je commanderai tous les garçons, toi toutes les filles de La Noaille, ça sera du beau travail.

Catherine contemplait son frère bouche bée.

— Mais, Francet, je pense, de l'autre côté de la terre, on doit avoir la tête en bas. On tombera dans le ciel.

— T'en fais pas, puisque les Chinois ne tombent pas, on tiendra.

— En attendant, ajoutait-il, tu pourrais déjà repérer dans quelque pré un endroit à kaolin pour savoir où il nous faudra creuser.

Elle se mit donc à la recherche de la terre blanche. Elle crut l'avoir trouvée dans le chemin qui menait à la manufacture, en porta une poignée à Francet.

— Mais non, lui dit-il, c'est de la porcelaine cassée qui s'est mélangée à la boue du chemin.

Elle recommença la quête, marchant les yeux obstinément fixés sur le sol, dans les prés, les taillis environnants, mais elle ne trouvait que de la terre noire ou rouge et revenait à la maison avec des maux de tête qui inquiétaient la mère. Enfin elle décida de guetter le passage de l'ouvrier qui lui avait fait don de la tasse et lui demanda d'une voix tremblante où elle pourrait trouver du kaolin. Il se mit à rire :

— Que veux-tu en faire, loupiote?

— Le montrer à mon frère.

— Tu lui diras d'aller à Marconnac, c'est à deux lieues d'ici, de grandes carrières.

— Oh! il n'ira pas, il a mal à la jambe.

Le vieil ouvrier passa la main sur son visage taché de poussière blanche.

— Alors, dit-il, c'est trop loin pour toi.

— Qu'est-ce que c'est les carrières, demanda Catherine, les carrières de Marconnac?

— De grands, grands trous à kaolin, profonds. On y descend remplir des paniers, on les remonte au jour.

Catherine se mit à courir, sur le seuil du couloir elle s'arrêta, se retourna :

— Merci, m'sieur, cria-t-elle.

L'ouvrier lui sourit.

— Et la tasse tu l'as toujours?

— Oh! oui.

De sa grosse main, l'ouvrier lui envoya un baiser. Elle resta tout intimidée sur le pas de porte, puis, quand l'homme fut parti, monta quatre à quatre les escaliers.

— Tu sais, Francet, lança-t-elle essoufflée, tu sais, ils nous ont volé notre idée... A Marconnac, dans ce qu'ils appellent des carrières, ils creusent de grands, grands trous dans le kaolin, quelque jour ils arriveront en Chine.

Elle regretta aussitôt d'avoir dit cela car elle vit son frère pâlir, réprimer une grimace.

— Tu as mal? demanda-t-elle.

— Oui.

Avec ses mains, il essaya de bouger sa jambe allongée, poussa un faible cri.

— Cette garce, dit-il, quand elle sera guérie ce sera trop tard, les autres seront arrivés en Chine au bout de leur tunnel.

13

Aux Jaladas, Catherine jouait avec Anne Mauriéras, Marion Lagrange et au Mézy avec la Marie Brivat, mais en ville elle ne connaissait d'abord personne. Ses frères avaient été les premiers à parler à une fille et à un garçon qui vivaient avec leur père dans une masure voisine. Les Lartigues étaient aussi misérables que les Charron, d'ailleurs tout le monde à La Ganne se trouvait logé à la même enseigne, sauf peut-être les Laurent qui vivaient dans l'euphorie de leur jeune mariage et de leur jeune commerce. Le père Lartigues était homme de peine à la manufacture, il avait été maçon, mais, ayant perdu la main droite dans un accident, il ne pouvait plus rendre que de menus services, aussi gagnait-il fort peu d'argent à l'usine. Sa femme était morte voici quelques années, sa fille Julie, une petite noiraude âgée de dix ans, tenait la maison; le fils, Aurélien, était son cadet d'un an, il allait de temps à autre chez les Frères où il avait rencontré les fils Charron, et le reste du temps son père le louait comme berger; c'était un garçon aux traits fins, aux yeux gris mélancoliques, ses cheveux tondus révélaient un crâne régulier qui allait bien avec l'élégance du visage. Malgré sa gravité, et même sa tristesse apparente, Aurélien ne disait presque jamais une parole qui ne fût une plaisanterie. Il prit l'habitude de venir tenir compagnie à Francet allongé devant la fenêtre; tous deux, forts bavards, n'arrêtaient pas de parler.

— Vous m'étourdissez, à la fin, s'écriait la mère.

Cependant elle était heureuse de cette amitié naissante car les reparties d'Aurélien enchantaient Francet qu'on entendait rire comme aux beaux jours disparus. Francet racontait à son camarade ce qu'il avait appris dans les almanachs. Aurélien lui rapportait les faits et gestes des ouvriers de la manufacture, lui décrivait quelque nouvelle machine à calibrer que son père avait aidé à installer à la manufacture, et tous deux s'extasiaient sur les mécaniques nouvelles. Un soir, ils se réjouissaient ainsi à la pensée que bientôt on construirait des voitures qui avanceraient à toute allure sur les routes sans qu'aucun attelage ne les tirât. « Déjà, disait Aurélien, un ouvrier avait parlé à son père : on embauchait pour construire une ligne de chemin de fer qui passerait à La Noaille, mais un jour on n'aurait même plus besoin de rail, les machines fileraient sur les routes. »

Le père entendit ces propos, retrouva pour un instant ses colères anciennes, criant que ces gars étaient fous, que jamais, au grand jamais on ne verrait pareilles diableries sur les routes du monde, qu'il n'y aurait certes pas d'autre moyen pour se déplacer qu'un bon cheval ou de bonnes jambes. Là il s'arrêta net, interdit comme s'il avait prononcé un mot criminel, il jeta à Francet un regard suppliant puis, sous prétexte d'aller acheter du sel, prit ses sabots et sortit.

— Quand nous serons grands, dit Aurélien, nous fabriquerons une voiture sans chevaux et nous irons loin, loin, tous les deux Francet... et toi aussi Cathie si tu veux bien, ajouta-t-il, en baissant la voix.

— Oh oui, je voudrais.

— Il faudra emmener ta sœur, proposa Francet.
— Et le tunnel pour la Chine, rappela Catherine.
— Ça sera bien plus drôle de filer sur notre voiture mécanique, affirma Francet.

Aurélien, Julie et Catherine prirent l'habitude de se réunir autour des chaises du jeune malade pour discuter de leurs futurs itinéraires, les filles voulaient que Paris fût le but du voyage, les garçons penchaient pour l'océan, on finit par décider de faire le tour de la France avec une pointe sur Paris.

Julie Lartigues avait un curieux caractère : « Un instant tout vinaigre, disait son frère, l'instant d'après tout miel. »

« Ma chatte », l'appelait Francet.

Avec lui elle se montrait toujours patiente même lorsqu'on voyait bien à son maigre visage jauni qu'elle était tourmentée intérieurement de colères ou d'inquiétudes inexprimées. Elle demandait à Francet s'il était bien, s'il n'avait besoin de rien, s'il ne voulait pas quelque oreiller pour appuyer sa tête, un verre d'eau pour se rafraîchir. Quand il lui fallait partir, si la mère n'était pas là, elle se jetait sur Francet et couvrait son visage et ses mains de baisers.

Lorsqu'il se trouvait seul avec Catherine, Aurélien perdait un instant son habituelle exubérance, on remarquait alors la mélancolie naturelle de sa bouche et de ses yeux, puis, comme un élève se met à réciter sa leçon, il se lançait dans quelque histoire saugrenue que Catherine ne comprenait pas toujours mais qui toujours pourtant la faisait rire. Lui, alors, se taisait de nouveau et la regardait, grave. C'est Aurélien qui lui fit connaître les gens du quartier, ayant sur chacun d'eux un mot dont Catherine ne percevait pas d'abord la moquerie tant il était dit avec un calme et un détachement parfaits.

— Mon père, hier soir, il est rentré, confiait Catherine

à Aurélien, il nous a dit que les gens de la maison au toit de chaume lui avaient parlé. « Que vous ont-ils demandé, a dit la mère, c'est de vrais mendiants. » « Ils n'ont rien demandé, a dit le père, mais je n'ose pas te répéter leurs paroles. » Nous, Martial, Aubin, Francet et moi, on a fait semblant de jouer dans un coin et de ne pas entendre. Le père a baissé la voix, il a dit : « Ils ont dit, Charron, ils m'ont appelé comme ça : Charron, tu nous fais pitié avec tes gosses, t'es aussi misérable que nous avec les nôtres et tu ne fais rien pour trouver à leur mettre sous la dent. » J'ai dit que je travaillais autant que je pouvais aux feuillards, que toi tu allais en journée mais que c'était vrai, qu'à la fin de la journée ça faisait bien peu d'argent. Ils se sont mis à rire : « Nigaud, qu'ils ont dit, ce soir viens donc avec nous... » Là, continuait Catherine, mon père s'est mis à chuchoter et je n'ai plus compris ce qu'il pouvait dire.

— Il parlait des Jalinaud, affirmait Aurélien, c'est eux qui habitent sous le chaume, et je sais bien ce qu'ils proposaient à ton père.

— Comment sais-tu?

— Pas difficile à deviner, ce sont les plus grands maraudeurs de tout le quartier; ils voulaient conseiller à ton père de faire comme eux, la nuit ils partent avec des sacs : haricots, patates, poulets tout passe au fond.

— Mais c'est très mal, s'écriait Catherine.

Aurélien avait un sourire attristé.

— Quand on a faim.

— Nous on bâille à s'en décrocher la mâchoire quelquefois tant on a l'estomac creux, et pourtant tu vois, le père a refusé d'aller en maraude.

Aurélien la regardait, longuement, et avec une voix changée, soufflait :

— J'ai peur parfois que tu, que vous mouriez de faim.

Était-ce cette crainte, se demandait Catherine, qui poussait Aurélien à lui glisser en cachette, dans sa main ou dans la poche de son tablier, des bouts de sucre, des fruits, parfois même quelque croûton de pain?

— Il y en a d'autres qui maraudent? demanda-t-elle.

Il lui sembla qu'Aurélien rougissait pour lui répondre :

— A La Ganne, tous, plus ou moins. Les filles Jalinaud et le plus jeune des garçons, celui qui louche, ils vont aussi mendier sur la place du Haut.

— Mendier? s'étonna Catherine.

— Ma sœur et moi, quelquefois, quand il fait trop chaud, qu'on ne peut s'endormir, si on entend des pas dans la rue, on se relève, on se met à la fenêtre, il est plus de minuit, on voit des ombres qui se glissent le long des maisons; c'est les Jalinaud, ou le Mignon avec sur les épaules son sac de maraude.

— Le Mignon?

— Oui, ce gros, moustachu, boucané, le jour il se promène avec une canne qu'il a sculptée lui-même, tu n'as pas vu, une canne avec des serpents qui montent de la pointe jusqu'au pommeau.

— Si, si, je l'ai vu.

Ainsi Aurélien présenta peu à peu à la fillette tous les habitants de La Ganne : au rez-de-chaussée de la maison qu'occupait la famille Charron : les jeunes aubergistes, les Laurent — Aurélien prétendait qu'ils feraient faillite car les porcelainiers ne payaient guère leurs dettes : un peu plus loin, dans une cabane en planche, le *bon Dieu* et la *bon Dielle* — « Y a pas de bon Dieu! » criait l'homme vingt fois par jour, d'où son surnom; ils avaient pour voisin Perraud et sa femme la Cramillou — elle avait le visage cuit : on disait qu'enfant elle était tombée, tête première, dans une bassine d'eau bouillante. « Va te cacher, laide », marmonnait Perraud qui l'avait épousée pour ses cinquante écus de dot. Les autres habitants de La Ganne n'étaient pas moins pittoresques. Le Iandou, un vieux garçon vêtu comme un arlequin de hardes de toutes les couleurs et qui vivait dans une seule pièce avec ses pourceaux. On le disait riche. Sa voisine, la Cul Béni, se signait chaque fois qu'elle l'apercevait : elle prétendait qu'il était une incarnation du diable.

— La Cul Béni a peut-être raison, dit un jour Catherine, Iandou, c'est peut-être le diable.

— Le diable, affirma calmement Aurélien, le diable ça n'existe pas.

Catherine et ses frères se regardèrent éberlués.

— Qui t'a dit une chose pareille? s'exclama Aubin.

— Mon père. Il dit comme ça : Dieu, le diable, des histoires de bonne femme.

— C'est vrai, tint à affirmer Julie.

Aubin, Francet, Catherine demeurèrent sidérés par tant d'audace.

— Si notre père vous entendait, finit par balbutier Catherine.

Elle parlait si bas que nul ne prit garde à sa remarque.

Les jours qui suivirent elle évita de jouer avec Aurélien et sa sœur. Maintenant ces enfants l'inquiétaient. Julie ne prêta pas attention à cette nouvelle attitude mais Aurélien errait comme une âme en peine dans la rue sans que Catherine daignât lui parler.

Elle aurait aimé faire connaissance avec Amélie Anglard, une jolie petite blonde qui habitait un peu plus haut, dans le faubourg de La Ganne. C'était la fille du cantonnier; accoudée à sa fenêtre elle souriait à Catherine mais sa mère lui interdisait d'aller s'amuser dans la rue.

— Tu entends, je te défends de jouer avec ces voyous, s'était écriée la cantonnière, un matin qu'Amélie avait fait mine de parler aux deux Lartigues, à Catherine et à Aubin.

Catherine ne savait plus trop que faire pour passer le temps, elle ne voulait pas rester dans la cuisine auprès de Francet afin de ne pas rencontrer Julie. Elle se promenait, un quignon de pain à la main, elle y mordait de temps à autre pour tromper la faim car le père connaissait de nouveau une passe difficile. Un jeudi, comme elle allait ainsi le long du faubourg, mâchonnant un morceau de tourte noirâtre, Aurélien surgit devant elle sans qu'elle eût pu le voir approcher.

« Sans doute, songea-t-elle ensuite, s'était-il dissimulé dans un couloir pour la guetter. » Il tenait son bras gauche derrière son dos ; de sa main droite, sans rien dire, il ravit à Catherine la tranche de pain noir et dur qu'elle essayait de grignoter.

— Mon pain, cria-t-elle, je veux mon pain.

Mais il recula et refusa de lui rendre son bien. Comme il était cruel ! Cette découverte la bouleversa. Depuis qu'il avait nié Dieu et le diable, il lui paraissait dangereux, mais, qu'il se montrât d'une telle méchanceté envers elle, la désespérait. Elle sentit les larmes monter à ses yeux. Un chien maigre passait à ce moment.

— Tiens, dit Aurélien, et il lança le pain sur le sol.

La bête flaira le morceau de tourte, hésita puis s'enfuit.

— Tu vois, remarqua le garçon, même les chiens affamés n'en veulent pas.

Elle aurait voulu l'insulter mais aucun mot, aucun son ne consentait à passer par sa gorge contractée. Aurélien montra ce qu'il cachait derrière son dos : un beau craquelin léger, doré. « Il va le manger devant moi, pensa-t-elle avec une sorte de panique ; la Cul Béni avait raison : le diable c'est Iandou, et, je vois à présent, c'est aussi ce bourreau. » Soudain, elle eut un sursaut comme qui se réveille d'un cauchemar; on l'appelait : « Cathie! Cathie. » Qui donc l'appelait de cette voix tendre.

— Cathie, mais tu rêves, tu dors, Cathie.

Mais oui, c'était la voix d'Aurélien, cette voix anxieuse, c'était Aurélien qui l'appelait, lui parlait.

— Tiens, mange, mange donc, c'est pour toi, je l'ai acheté pour toi, tu n'aimes donc pas les craquelins.

Elle finit par prendre le gâteau qu'il lui tendait depuis un moment, le porta à sa bouche, sentit la bonne odeur l'envahir, alors elle éclata en sanglots et en même temps elle riait et mangeait. Le goût des larmes se mélangeait à celui de la pâte, elle laissait retomber de ses lèvres des miettes de gâteau. Oh! elle était heureuse, elle était heureuse, elle avait envie de le crier, ce garçon n'était pas le diable, qui sait, personne peut-être n'était le diable. Quand elle eut fini de manger elle s'essuya d'un revers de main la bouche et les yeux. Aurélien l'observait avec un sourire triste, elle lui sauta au cou et l'embrassa. En se reculant, elle s'aperçut qu'ils étaient juste sous la fenêtre du cantonnier, et Amélie Anglard les regardait, toute pâle et, semblait-il, fascinée. Catherine se sentit pleine de honte : la petite blonde avait donc tout vu, depuis le moment où Aurélien avait pris et jeté le pain jusqu'à celui où Catherine l'avait embrassé.

— Allons-nous-en, dit Catherine.

— Veux-tu que nous allions voir préparer les craquelins?

— Comme tu voudras.

Ils montèrent vers la ville.

— Tu as vu? demanda le garçon au bout de quelques pas.

— Non... quoi?

— Quand on est parti la fille du cantonnier...

— Eh bien?

— Elle nous a envoyé un baiser.

L'étroite coulée de ciel entre les toits du faubourg n'avait jamais paru aussi bleue, aussi lumineuse à Catherine. Ils allaient vite et atteignirent bientôt le bas de la rue Limogeane. C'était la rue commerçante de La Noaille; mais, à son début, à l'orée des faubourgs elle ne groupait encore que d'humbles commerces : une épicerie sombre et exiguë aux vitrines de laquelle on voyait des cartons jaunis, souillés par les mouches, un cabaret dont la peinture brune s'écaillait, une quincaillerie dont les rayons paraissaient à demi vides. Parmi ces boutiques disgraciées et désertes, le magasin du boulanger étonnait et détonnait avec ses vitrines fraîchement peintes en jaune, ses alignements de miches et de tourtes, et aussi la file d'enfants qui se pressaient sur le seuil. Aurélien et Catherine eurent du mal à s'approcher de la vitrine.

— Monte sur mes pieds, proposa le garçon, tu verras mieux.

Catherine se déchaussa et se hissa sur les sabots d'Aurélien.

« Dire que je le prenais pour le démon », pensait-elle. Sur sa nuque, elle sentait le souffle de son ami; cela la chatouillait et lui donnait envie de rire; mais elle fut bientôt absorbée par le spectacle qui attirait ici tous les jeudis ces enfants attentifs. Derrière la vitre, dans un coin, on voyait le boulanger au travail. Il était torse nu, des traces de farine demeuraient sur ses mains ou accrochées aux poils de sa poitrine. Sur une table, avec un rouleau, il aplatissait des galettes de pâte, les trouait à l'aide d'un verre; puis, avec une passoire, il trempait un instant ces sortes de couronnes dans une bassine d'eau bouillante qui chauffait sur un poêle derrière lui; après un instant, il ressortait les couronnes et allait les glisser dans un petit four dont on apercevait, au fond de la pièce, la gueule rouge qui s'entrouvrait pour happer les gâteaux. De temps à autre il s'interrompait, allait extraire du four une douzaine de craquelins dorés qu'il enfilait sur une ficelle.

Il y eut un remous parmi les enfants; on bouscula Catherine, elle faillit tomber en perdant l'appui des sabots d'Aurélien.

— Ne poussez pas, dit une voix irritée.

Cependant la foule enfantine s'entrouvrit pour laisser le passage à une grande fille en robe verte à falbalas accompagnée d'un garçon qui portait un chapeau de paille à large bord. Le jeune couple parvint dans le magasin, avec des gestes impérieux, la jeune fille se fit servir. La boulangère s'empressa, prépara deux paquets de craquelins qu'elle remit au garçon. La jeune fille sortit d'une fente de sa jupe une bourse noire et or et paya la patronne. Puis elle se retourna flanquée du garçonnet à la mine falote, aux yeux pâles et globuleux. Avant de quitter le magasin elle toisa les enfants loqueteux qui tenaient le trottoir; d'eux-mêmes, ils s'écartèrent pour lui livrer passage. Catherine admirait la jeune fille verte, mais était-ce une jeune fille? n'était-ce pas plutôt une fillette grandie trop vite? Elle avait le teint mat, les lèvres épaisses et avides, des yeux noirs allongés sous les cils touffus, et un air de défi sur tout le visage et dans son maintien :

— Dans le fond, elle a peur, murmura Aurélien.

— Peur?

— Oui, peur de nous.

— Qui est-ce?

La jeune personne fit un vif mouvement de la tête pour secouer la chevelure châtain qui lui encadrait les joues de longues anglaises.

— Xavier, tiens-toi droit, fit-elle d'une voix grave et chantante.

A côté d'elle, le garçon se redressa.

— Tu ne les connais pas? s'étonna Aurélien.

Le couple avait maintenant gagné le milieu de la rue, les gamins assemblés devant la boutique se retournaient et parlaient fébrilement.

— Tiens-toi droit ! cria un enfant en parodiant la voix chantante de la jeune fille.

Là-bas, le garçon aux paquets haussa les épaules ; la fille s'arrêta, revint sur ses pas.

Sur le trottoir tous se taisaient maintenant. A quelques mètres, la jeune fille verte les regardait, une colère muette faisait trembler ses lèvres. Quelle insulte allait-elle leur jeter qui les ferait rentrer sous terre ? se demandait Catherine avec une angoisse émerveillée. Mais nulle injure ne jaillit des lèvres méprisantes ; la jeune fille haussa les épaules à son tour et repartit. Quelques enfants essayèrent de rire.

— Je crois qu'ils auraient besoin d'une correction, le frère et la sœur, remarqua celui qui s'était le premier moqué d'eux.

— C'est ça... oui... Oui... Une bonne raclée... Une fessée.

Tous parlaient à la fois.

— Elle est belle, dit Catherine.

— Dans le fond, je suis sûr qu'ils avaient peur de nous, répéta Aurélien.

— Ce n'est pas vrai, lui, je n'en sais rien, mais elle certainement pas.

— Eh ! ne te fâche pas, Cathie... On dirait que tu es pour elle. Si tu avais vu aux derniers Rameaux : ceux de La Ganne et ceux du faubourg des Trois-Châtains étaient là, à la sortie de l'église ; les Desjarrige sont apparus, elle, Émilienne, portait un haut rameau trop lourd pour elle, chargé à craquer de cornues, de meringues, de sucreries ; à ses côtés, Xavier, son frère, soulevait un autre rameau presque aussi grand et aussi riche. Nous, à coups de bâton, à coups de pierres, on s'est mis à cogner sur le buis! Pan, les cornues dégringolaient, les meringues, les bonbons; le Xavier a tout lâché et s'est enfui; elle, la chipie, elle continuait à marcher comme si de rien n'était, raide; je crois bien qu'elle a dû recevoir quelques coups de pierres et de bâton, mais elle brandissait son rameau déchiqueté comme un drapeau. Les bourgeoises piaillaient; leurs messieurs nous ont attaqués avec leurs cannes; moi, j'en ai eu ma part sur le dos et sur les jambes, mais quand nous avons déguerpi nous avions aussi notre part de friandises.

— C'est très mal, conclut Catherine indignée.

Aurélien la regarda, surpris, et la gaieté qui l'animait depuis que la petite avait mangé le craquelin en pleurant et en riant l'abandonna.

— Moi, je rentre, dit-il.

— Qui est-ce? répétait-elle encore.

Il eut un air maussade pour répondre :

— Je te l'ai dit, les Desjarrige.

— Où habitent-ils?

— La plus grande maison sur la place du Haut, sur le mail.

— Ils doivent être riches?

— Plutôt. Sa mère avait je ne sais combien de fermes et de métairies; le père Desjarrige est marchand de chevaux, le plus gros de la contrée; alors Mademoiselle joue à l'amazone. Elle t'écraserait sur son passage, ma pauvre Cathie, ajouta-t-il en la regardant avec tristesse.

Elle ne répondit pas, ils revinrent à La Ganne sans parler. « Il faut que je la prévienne, songeait Catherine; ils lui veulent du mal, ils ont juré de lui donner une correction comme ils disent. Je la préviendrai; nous deviendrons amies, elle est si belle, nous jouerons toutes les trois : Émilienne, Amélie Anglard et moi... Émilienne, Amélie, presque le même nom; Émilienne, noire, belle,

Amélie, blonde, comme elle est douce; toutes trois. S'ils ne donnent pas raison aux autres méchants qui la détestent, Francet, Aurélien pourront jouer aussi, et, si elle veut, ce garçon aux gros yeux qui portait ses paquets. »

14

Jusqu'alors, elle ne s'était guère hasardée seule au-delà du dernier tournant après lequel le faubourg de La Ganne rejoignait la rue Limogeane. Elle se sentait un peu plus hardie pour sortir de la ville et flâner dans la direction de la manufacture ou sur les berges des pêcheries qui bordaient la route. Tant qu'elle marchait entre les médiocres ou misérables demeures des voisins dont elle connaissait les noms ou les vices ou les ridicules ou la gentillesse, elle se sentait à l'aise, mais lorsqu'elle avait dépassé la maison du cantonnier, la fenêtre d'où Amélie Anglard lui adressait un ultime sourire, elle n'avançait plus qu'avec peine, chaque pas lui coûtait. Il lui semblait être observée et critiquée par des inconnus moqueurs qui se cachaient derrière ces rideaux tirés d'une main preste à son passage, ou, au contraire, assis sur le pas de leur porte, la dévisageaient. Et c'était pour la plus effrontée, la plus insolente des filles de La Noaille qu'elle bravait aujourd'hui ces gens acerbes ou hypocrites; la plus insolente, mais la plus belle, et son insolence était justifiée parce qu'elle s'attaquait à des sots, à des envieux, à des laids. Envers elle, pensait Catherine, Émilienne ne garderait plus cette morgue. « Elle me remerciera d'être venue ainsi jusqu'à elle pour déjouer le complot des enfants en haillons. »

Où trouver la demoiselle Desjarrige? Catherine avait demandé à Aurélien de lui indiquer la maison, la plus grande maison sur le mail, mais il avait prétexté un travail à faire et s'était enfui sans lui répondre. Elle le voyait bien, il se méfiait d'elle, il se rangeait du côté des méchants, de ceux qui voulaient du mal à la plus radieuse créature qu'elle eût jamais vue. Tant pis, elle lutterait seule contre tous pour celle qu'elle admirait.

La plus grande maison sur le mail! C'était un vaste rectangle qui s'élevait en pente douce, il était planté d'ormeaux. A sa base se dressait un cloître de carmélites, d'étroites ouvertures grillagées perçaient la sévère façade de granit. Aurélien et sa sœur prétendaient que derrière ces murs se déroulaient des scènes effroyables, ils avaient entendu leur père conter cela à des amis : carmélites flagellées jusqu'à tomber demi-mortes, d'autres qui voulaient s'enfuir et qu'on bâillonnait pour étouffer leurs supplications, d'autres encore hagardes à force de sévices. Comment leur père savait-il cela puisque nul ne pouvait entrer dans le cloître? Si on leur posait cette question, Aurélien ou Julie ne trouvaient rien à répondre. « C'est comme ça, c'est comme ça », disaient-ils. Le père, à qui Francet avait rapporté ces dires, s'était mis en colère. « Ce sont des saintes! » affirmait-il. Catherine évitait de longer les murs du monastère : si elle allait entendre des cris à travers ces lourdes pierres, ou si au contraire, par quelque meurtrière, une religieuse exsangue allait s'élancer dans les airs, la tête nimbée d'une auréole d'or! Catherine traversait donc le mail en son milieu; entre les ormeaux, elle apercevait les maisons bourgeoises coiffées de leurs hauts toits d'ardoises, chacune d'elles était flanquée d'une grille, au-delà de laquelle on devinait les feuillages d'un parc. Certaines portes étaient ornées de grandes plaques de cuivre brillant. Elle aurait voulu pouvoir déchiffrer les noms qui y étaient inscrits, ainsi aurait-elle découvert celui des Desjarrige, car elle ne pouvait dire quelle était la plus importante de ces demeures à ses yeux toutes semblables. D'une de ces maisons sortit un groupe de paysans endimanchés et bruyants; Catherine s'approcha d'eux, rassembla tout son courage.

— Pardon, demanda-t-elle, est-ce là la maison Desjarrige.

Un vieux fermier maigre et courbé la dévisagea en hochant la tête, sa femme fit glisser sur la petite son regard méfiant.

— Non, fit le bonhomme, c'est chez Maître de Loménie, l'avocat. Tenez, ajouta-t-il, le voilà qui sort.

Et pouffant de rire, il remarqua.

— Si Mademoiselle a quelque procès à lui confier c'est le moment.

La femme fronça les sourcils et tira son mari par le bras. Ils s'en allèrent après avoir salué l'avocat. Celui-ci se dirigea vers un kiosque à musique qui ornait le centre du mail. Maître de Loménie était en sabots, portait une casquette et tenait un journal à la main; il se mit à faire le tour du kiosque tout en lisant sa gazette.

Au bout d'un moment un homme sortit d'une autre riche maison et vint le rejoindre. Plus jeune que l'avocat, il était aussi chaussé de sabots et coiffé d'un vieux chapeau cabossé et verdâtre. C'étaient donc là les messieurs puissants et fortunés dont on parlait dans les faubourgs en baissant instinctivement la voix avec une nuance d'envie et de respect, « les gens du Haut » comme on disait parce que le mail occupait une éminence. Ce jeune lourdaud qui s'entretenait avec l'avocat, ou quelque autre garçon tout pareil, serait peut-être un jour le fiancé, le mari d'Émilienne Desjarrige. A cette idée, Catherine sentit une profonde colère l'envahir; il lui sembla qu'Émilienne était prisonnière de ces mornes maisons, de ces sombres ormeaux, de ces hommes sans grâce, comme elle-même était prisonnière du faubourg, de ses masures où croupissaient des êtres misérables ou vicieux. Elle revit l'horizon illimité qui s'était révélé à elle lorsque avec ses parents elle était allée prier saint Exupère : seul cet espace sans fin était digne d'Émilienne.

Elle était arrivée au sommet du mail et ce qu'elle découvrit, une fois passé le rideau des arbres, lui fit oublier sa colère et son rêve. Un joli jardin aux allées de sable soigneusement dessinées était séparé de la rue par une grille aux pointes dorées, le portail restait grand ouvert. Catherine s'approcha. Par-delà les massifs de fleurs s'élevait un léger bâtiment qu'elle prit pour un palais. A droite et à gauche d'un perron s'étendaient deux ailes construites en pierres de taille blanches, des cariatides supportaient un léger balcon, l'ensemble du logis était surmonté d'un campanile où s'insérait une horloge. Sotte, sotte, se répétait Catherine, la voilà la plus grande maison et la plus somptueuse. Elle alla jusqu'au portail, ne vit personne, s'engagea dans une allée. Elle avait fait quelques pas lorsqu'elle entendit le gravier crisser sous des roues; elle se jeta de côté dans un bosquet de bambous et vit passer une calèche aux roues noires et rouges traînée par un cheval brun, vif et luisant : un cocher en gants blancs, livrée bleue, chapeau de cuir, tenait les rênes. Sur les coussins rose fané, abritée par une ombrelle à fanfreluches, se prélassait une dame blonde en robe de soie noire. Non, ce n'était pas Émilienne. Catherine dut porter les mains à sa poitrine tant son cœur battait fort. Elle attendit un moment, puis, n'entendant plus rien, sortit de sa cachette, reprit l'allée. Celle-ci par une large courbe entre des pelouses l'amena devant le perron, mais par une fenêtre entrouverte résonnaient les notes grêles d'une musique. « C'est elle qui joue », pensa Catherine. Elle grimpa lestement les marches, arriva devant une lourde porte vitrée, s'arc-bouta pour l'ouvrir. Elle trouva un hall sombre d'où partaient trois escaliers, un central, deux latéraux. Elle se demandait lequel elle devait prendre, lorsqu'une grosse voix la fit tressaillir.

— Et alors, on se croit un âne dans un moulin.

Catherine regardait en tous sens, ne voyait rien. Elle resta un moment sans pouvoir bouger, paralysée de frayeur; enfin, comme elle allait s'enfuir, elle aperçut sortant de l'ombre sur la gauche, à quelques pas de l'escalier, un homme aussi large que haut, chauve et barbu, qui s'avançait vers elle. Quel père terrible avait Émilienne! Comment oser lui dire qu'elle venait porter secours à sa fille? Elle remarqua avec un surcroît d'horreur qu'il manquait au vieil homme la main droite et qu'un crochet sortait de sa manche. Il dut surprendre le regard de l'enfant, se troubla et dit en avalant ses mots :

— Faut pas avoir peur de mon instrument.

Et il élevait son bras inutile tout en parlant.

— C'est un souvenir de 70.

Il renifla, marqua une pause, puis ajouta en désignant de sa main valide une brochette de rubans multicolores sur sa poitrine.

— Ça aussi.

Il sourit et Catherine sentit d'un coup la peur l'abandonner.

— Que viens-tu faire à la sous-préfecture? demanda-t-il.

— A la sous-préfecture?

— Eh bien oui, à la sous-préfecture, reprit l'homme en se caressant la barbe.

— Je croyais... dit-elle.

— Qu'est-ce que tu croyais?

Au lieu de répondre, elle pivota sur ses talons, en deux

bonds gagna la porte entrebâillée et s'enfuit comme si elle eût le loup à ses trousses. Elle traversa le jardin sans reprendre haleine et ne s'arrêta pour souffler un peu que lorsqu'elle se fut dissimulée derrière le kiosque à musique sur le mail.

Ainsi la plus belle maison de La Noaille n'était pas celle d'Émilienne mais la sous-préfecture, comme avait dit l'homme au crochet. Elle se sentait tout attristée de devoir constater que l'être le plus beau qu'elle connût n'habitait pas la plus belle des demeures. Elle se souvenait des chansons entendues aux veillées : on y parlait de bergères, de seigneurs et de châteaux. Elle n'avait jamais vu de châteaux, du moins jusqu'à ce jour, pensait-elle, car, avec son campanile, sa lourde porte, son parc et son gardien manchot, la sous-préfecture lui semblait être le plus étonnant des châteaux. Qui était le seigneur ? M. le sous-préfet ? Ses frères parlaient parfois avec admiration du bicorne du sous-préfet. Et la bergère ? Elle-même. Comme ce monde de la ville était étrange, tellement plus étrange que celui qu'elle avait connu aux métairies. Là-bas, dans la campagne, on était plongé toujours au sein d'un mystère calme, aussi naturel et vaste et vital que la chaleur de la mère quand elle vous prenait sur ses genoux et vous berçait. Ici, c'était plein d'étrangetés auxquelles on se heurtait et qui, tout à la fois, attiraient, repoussaient, fascinaient, meurtrissaient. Pourquoi ces misérables tanières des faubourgs ? Pourquoi cet extravagant édifice couronnant de sa richesse les riches demeures du mail ? Pourquoi, à l'entrée du domaine des gens du Haut, le Carmel, peut-être lieu de terreur ? Pourquoi cette si jolie Émilienne, et pourquoi ces enfants haineux, déguenillés ? Pourquoi la faim ? Pourquoi ces trop bruyants porcelainiers dont les mains tremblaient ? Pourquoi ces disputes où semblaient se complaire les voisins : la Cul Béni, aigre comme la bise, le Iandou couché avec ses cochons, les Jalinaud chapardeurs, le Bon Dieu battant sa Bon Dielle. Et Perraud moquant sa Cramillou?

Catherine revint lentement à la maison. Elle trouva Francet somnolent, allongé sur ses chaises devant la fenêtre; Clotilde se traînait à plat ventre sous la table.

— Elle a pissé sous elle, grommela Francet, que veux-tu que j'y fasse, je ne pouvais pas me lever, la changer et nettoyer le plancher.

Il ajouta à voix presque basse :

— Vous nous laissez seuls, on pourrait crever, Clotilde et moi, que personne ne viendrait à notre secours.

Catherine baissa la tête, elle essaya d'aller chercher la petite sous la table, mais Clotilde se débattit, se fit lourde dans ses bras lorsqu'elle voulut la soulever. Catherine dut la laisser à nouveau se rouler sur le sol. Elle alla s'accouder à la fenêtre par où venait encore un peu de jour et là se mit à pleurer silencieusement. Elle n'aurait su dire pour quel chagrin, ou si c'était de fatigue, d'accablement. Elle ne rejoindrait jamais Émilienne; elle ne savait d'ailleurs plus pourquoi elle avait cherché sa demeure; elle avait honte d'avoir laissé son frère infirme et sa sœur dans cette pièce triste. Elle entendit grincer la porte mais elle ne se retourna pas et continua à fixer son regard brouillé de larmes sur le carré de ciel où montait l'ombre. Enfin, la voix de la mère la tira de cette torpeur, la voix inquiète et tendre.

— Qu'y a-t-il? Francet, Cathie, Clotilde? Où êtes-vous? Tous les trois dans la lune, ma parole.

La mère embrassa Francet, prit dans ses mains le visage de Catherine.

— Tu pleures?

— Je ne sais pas.

— Elle ne sait pas, répéta la mère.

Elle lui tapota la joue, Catherine sourit.

— On n'a pas le temps de pleurer, dit la mère.

Elle attrapa Clotilde sous la table.

— Et celle-là, c'est du propre, Cathie viens m'aider.

Francet sifflotait maintenant; il avait repris sur sa chaise un bâton et s'appliquait à tailler des losanges sur l'écorce. Catherine avait retrouvé sa force, elle courait dans la chambre en rapportant des langes pour changer ceux de Clotilde. La mère allumait le feu; les premières flammes éclairèrent son fin visage amaigri. Francet s'arrêta de sculpter la baguette de châtaignier. Il fit signe à Catherine qui passait près de lui, attendit que la mère fût passée dans la chambre et murmura :

— Tu ne trouves pas que la mère devient bien chétive?

— Ah! fit Catherine.

— Quand elle allumait le feu, je voyais ses os sous la peau.

Catherine regardait la mère qui rentrait dans la cuisine. La remarque de Francet lui causait un malaise indéfinissable, elle prenait conscience que jusqu'alors elle n'aurait su dire si la mère était grande, petite, grosse ou menue; elle était la mère, c'était tout, et belle bien sûr, mais d'une beauté qu'il ne s'agissait pas de comparer à celle des autres, à celle d'Émilienne par exemple, et maintenant que Francet avait parlé, il serait désormais impossible de voir la mère comme jadis, intangible, seule, séparée des autres, au-dessus d'eux. Immédiatement, Catherine se demanda quelle était la plus jolie, d'Émilienne en longue robe verte et de la mère lorsqu'elle peignait sa chevelure? Elle se refusa à répondre en elle-même mais elle ne parvenait pas à chasser les deux images confrontées. La mère s'était assise sur une chaise basse près de l'âtre; elle prit Clotilde sur ses genoux, dégrafa son corsage; la blancheur du sein surgit dans la pénombre. Catherine s'approcha, elle resta un moment à contempler la mère allaitant l'enfant. Soudain, elle se détourna et courut à la fenêtre en chantonnant de vieux airs qu'elle rendait méconnaissables. Elle chantait pour fuir sa pensée : alors qu'elle regardait le sein maternel, elle s'était souvenue de cette promenade en carriole quand les parents allaient prier saint Exupère et que la mère avait ainsi allaité Clotilde; Catherine avait retrouvé en elle cette sensation d'avidité et d'amour qu'elle avait eue jadis devant le sein gonflé, tendu, épanoui, signe et chair du bonheur, et elle avait découvert, avec un sentiment d'angoisse, combien la gorge aimée était maintenant pitoyable, terne, chétive — « elle est chétive », avait dit Francet. Était-ce donc le jour des découvertes insolites ou hostiles? Là-bas aux métairies, la mère était toujours et pour toujours jeune, et là, que lui arrivait-il? allait-elle vieillir? devenir semblable à ces femmes épuisées que Catherine voyait dans le faubourg et dont on ne pouvait savoir l'âge?

— Surveille le feu, Cathie.

Catherine alla rapprocher les tisons, il lui fallut revoir la noiraude petite face de Clotilde suçant la mamelle. Elle dut se retenir pour ne pas crier. Quand elle passa devant Francet, comme s'il eût deviné sa pensée, il chuchota :

— As-tu vu? Elle mange la mère comme ma jambe me mange.

— Que dis-tu de ta jambe? Te fait-elle mal? demanda la mère.

— Non, non, elle va mieux, je dis qu'elle va mieux.

La jeune femme soupira; elle arrangea son corsage, posa Clotilde somnolente dans le berceau. Ensuite, elle vint vers Francet, attira la tête bouclée du malade contre son flanc, passa son autre bras sur les épaules de Catherine.

— Mes petits, dit-elle.

Elle se tut un instant.

— Quelque jour, commença-t-elle d'une voix implorante.

Elle n'acheva pas sa phrase, et les enfants restèrent immobiles contre elle se demandant si c'était l'espoir ou au contraire une crainte qu'elle voulait puis n'avait plus osé exprimer.

15

— Mère, Mère! cria Aubin.

Il était à la fenêtre et désignait de la main on ne savait quoi dans la rue.

La mère vint auprès de lui, se pencha. Catherine parvint à se faufiler entre eux.

— C'est lui, dit Aubin.

Il montrait un homme au teint basané, vêtu de bleu marine, et portant un ample baluchon sur son épaule. L'homme s'arrêtait devant les portes, discutait avec les gens, faisait mine d'ouvrir pour eux son bagage, mais les voisins semblaient repousser cette offre en tournant la tête de gauche à droite, et l'on entendait le rire de l'homme.

La mère regardait et ne disait rien.

— Vous ne le reconnaissez pas? demanda Aubin.

Elle ne répondit pas.

— Voyez, reprit le garçon, il a des anneaux d'or aux oreilles. Je me souviens bien de lui, il était passé un jour aux Jaladas et vous lui aviez acheté de l'étoffe, et même, comme vous manquiez d'argent, il vous avait offert...

— Oui, oui, je me souviens, prononça-t-elle très vite.

Elle se retira de la fenêtre, fit quelques pas dans la

cuisine. Elle parut s'absorber dans son travail puis s'arrêta, revint vers les enfants.

— Aubin, va dire à cet homme qu'il monte, que je veux lui parler.

Le jeune garçon demeura un instant immobile, bouche bée.

— Allons va.

Elle avait un air dur, ses yeux brillaient dans son visage émacié. Catherine, Francet la regardaient sans oser bouger ni parler; la petite Clotilde jouait silencieusement, assise contre la commode. « Pourquoi avait-elle envoyé Aubin chercher l'homme? Que voulait-elle lui acheter? Y avait-il donc de l'argent caché dans la maison? » Autant de questions que se posaient les enfants, les yeux fixés sur les yeux de la mère. On entendit un pas rapide dans l'escalier. Quelqu'un s'arrêta sur le palier, frappa à la porte. La mère se tenait raide, pâle, au milieu de la pièce. La porte s'ouvrit, une voix rocailleuse demanda :

— N'est-ce pas là qu'on m'a appelé?

— Entrez, dit enfin la mère dans un souffle.

L'homme avança lentement. Il clignait des yeux, il lui fallait s'habituer à la pénombre. Il tourna la tête et ce mouvement fit briller un de ses anneaux d'or.

— On n'y voit goutte chez vous, marmonna-t-il.

Pendant qu'il parlait, Aubin était entré derrière lui, puis était venu se placer à côté de la mère.

L'homme s'approcha de la table, y posa son baluchon, qu'il commença à ouvrir.

— Pas la peine, murmura la mère.

— Pas la peine? la voix rude fit tressaillir Catherine.

— Nous n'avons pas de quoi vous acheter, reprit la mère. Elle parlait avec difficulté comme si elle respirait mal.

Le poing de l'étranger s'abattit sur la table. Catherine

courut vers la mère, s'accrocha à sa jupe. Dans le berceau, la petite Clotilde se mit à pleurer.

— *Madre de dios!* jura l'homme.

Il jeta son baluchon sur l'épaule, cracha un jet de salive et se dirigea vers la porte.

N'étaient-ce pas des forbans comme lui qui enlevaient les enfants? se demandait Catherine agrippée à la robe maternelle. L'homme allait gagner la porte mais il aperçut Aubin, s'arrêta.

— C'est toi, graine de pute, qui m'a fait monter, grogna-t-il. Je vais te faire voir ce qu'il en coûte de me berner.

Il leva la main gauche et s'avança vers Aubin. Le garçon recula jusqu'à la cheminée et s'arma d'un tisonnier. L'étranger jeta son ballot à terre. Catherine poussa un cri bref, rauque, comme du fond d'un cauchemar. La mère s'était placée entre le gitan et Aubin.

— Tirez-vous de là, ordonna le colporteur, votre gars mérite une leçon.

— C'est moi qui l'ai envoyé jusqu'à vous.

Ce n'était plus d'une voix blessée qu'elle parlait maintenant mais avec une sourde colère.

L'homme hésita, il passait ses mains sur ses hanches étroites, prêt à bondir, semblait-il. Enfin il se baissa, ramassa son colis.

— Alors pourquoi maintenant voulez-vous rien acheter?

Comme s'il était intimidé, il gardait les yeux baissés vers le paquet qu'il tenait devant lui, contre ses genoux.

— Ce n'est pas pour acheter, c'est pour vendre que je voulais vous voir.

Il releva la tête, ouvrit la bouche comme s'il voulait parler et ne trouvait pas ses mots et, d'un coup, il éclata de rire, d'un rire féroce qui découvrait ses dents blanches sous sa fine moustache et n'en finissait pas de retentir. Un rire tout rouge, pensait Catherine qui serrait les poings de rage.

— Vendre! Vendre! répéta-t-il. Vendre quoi? Ce banc boiteux? Ces sales murs? Vendre votre misère? Hein? Ou bien quoi? Ou bien ces morveux? et il désignait d'une main les enfants épouvantés.

Il fut secoué encore deux ou trois fois par un accès de rire, puis il reprit d'une voix blessante :

— A moins que vous vouliez vous vendre vous-même.

La mère recula.

— Oh, ne craignez rien! Que voudriez-vous que je fasse de vous? vous n'avez guère que la peau et les os, au jour d'aujourd'hui ça ne se paye pas cher, vous savez.

Il ricana, se mit à se balancer sur ses jambes écartées. La mère se taisait.

— Allons, dit-il, et il fit mine de s'apprêter à partir. Cependant il s'attardait à vérifier l'ordonnance de son baluchon, le posait à terre, le reprenait.

— Enfin, demanda-t-il, que vouliez-vous donc me vendre?

La mère porta les mains à sa tête. L'étranger parut d'abord ne pas comprendre, puis il dit :

— C'est donc ça...

Il alla vers la fenêtre.

— Comment savez-vous donc que j'achète les cheveux?

— Vous m'avez proposé d'acheter les miens.

— Moi, fit-il étonné, et quand?

— Voici deux ans.

— Allons donc, c'est la première fois que je monte chez vous.

— C'était aux Jaladas.

— Aux Jaladas? répéta-t-il comme s'il essayait de rappeler un souvenir disparu... Approchez donc, je ne vois pas.

La mère se dirigea à son tour vers la fenêtre. Le bohémien la regardait en penchant la tête à gauche puis à droite puis de nouveau à gauche.

— Votre visage ne m'est pas inconnu, dit-il (et une fois encore, à mi-voix, comme pour lui-même, il répéta :) Aux Jaladas? Aux Jaladas?

Il se mit de nouveau à rire, cette fois, on l'entendait à peine. Ses dents luisaient sous la moustache, on voyait les soubresauts de ses larges épaules, et seul un mince sifflement sortait de sa bouche. Son visage s'immobilisa cependant qu'un sourire cruel tordait ses lèvres.

— Je vois, dit-il, je vois. C'est vous la petite brune au mari terrible. Il m'avait chassé comme un chien votre mari, comme un chien...

Il respira profondément, s'accouda à la fenêtre, dévisageant la mère.

— Ça ne lui a pas réussi au pauvre homme, hein? Certains disent que j'ai le mauvais œil, pourquoi pas? Il est mort votre mari, hein? Alors, forcément, la misère, et vous voilà dans cette soupente, et vous voudriez bien vendre vos cheveux maintenant puisque votre défunt ne viendra pas vous faire une scène pour cela ni me chercher querelle!

Il fourragea dans ses poches, en sortit un cigare mince, un briquet à mèche d'amadou. Il alluma le cigare, en tira quelques bouffées.

— Dieu merci, mon mari n'est pas mort, dit la mère en se signant.

L'homme retira le cigare de sa bouche, jeta un coup d'œil vers la porte.

— Oh! ne vous inquiétez pas, il ne rentrera pas de sitôt. Et d'ailleurs, maintenant, il ne vous chasserait pas.

Le colporteur reprit sa pose béate.

— Il ne manquerait plus que cela, grommela-t-il.

Le cigarillo se consumait lentement; on voyait le bout

embrasé rougeoyer à contre-jour quand l'homme respirait la fumée puis se ternir et recommencer à s'éclairer. L'odeur du tabac incommodait Catherine mais elle ne bougeait pas, toujours appuyée contre la mère, fascinée par cette scène qui lui paraissait presque irréelle.

— Alors? demanda faiblement la mère après un long silence.

Le gitan lança par la fenêtre son cigare aux trois quarts consumé.

— Quand je vous ai fait une offre honnête vous m'avez fait chasser, et maintenant c'est à votre tour de me prier.

Une ondée légère colora un moment le rose des joues de la mère, ensuite son visage parut plus gris encore.

— Ma pauvre femme, reprit l'étranger, si vos cheveux ont dépéri comme le reste de votre personne, vous pouvez les garder.

La mère porta les mains à sa coiffe, l'enleva d'un coup sec, et, nerveusement, se mit à retirer les épingles de corne qui retenaient la couronne de ses nattes; celles-ci tombèrent, lourdes, longues, souples comme des serpents noirs et brillants.

— Fff! siffla l'homme ne pouvant dissimuler son admiration.

La mère maintenant dénouait les tresses, ses doigts maigres allaient et venaient le long des nattes. Le marchand avait repris son air indifférent. Quand la chevelure fut toute déployée, mante sombre sur les épaules et jusqu'aux reins, il s'approcha, prit dans ses mains carrées des poignées de cheveux, les palpa, les souleva comme il eût fait d'une riche étoffe. Encadré par la masse ténébreuse, le visage de la mère paraissait extraordinairement menu. Enfin l'homme s'arrêta de jouer avec les cheveux, il sortit de sa poche une pièce d'argent.

— Oh! fit la mère.

— Qu'y a-t-il? Ça ne vous suffit pas?

Et il rempocha la pièce.

— On a donné le double à une voisine qui n'avait pas la moitié de...

— A votre aise, dit-il.

Il prit son baluchon et marcha vers la porte. Là, il s'arrêta :

— Alors, la belle, c'est non? Vous n'êtes pas près de me revoir, j'aime autant vous le dire, et vous ne trouverez pas de sitôt d'autre acheteur.

— Puisqu'il faut, murmura la mère.

Il revint sur ses pas, alla prendre un escabeau près de la cheminée, le plaça devant la fenêtre.

— Asseyez-vous, dit-il. Pas comme ça, le dos à la lumière.

Courbée en avant, la mère attendit. L'homme sortit de son bagage une étoffe bleue, l'étala sur le sol, prit dans une trousse de cuir une paire de ciseaux.

Francet, allongé sur sa chaise, Aubin et Catherine, debout devant la mère, suivaient du regard, avec une haine anxieuse, les gestes de l'étranger. Seule Clotilde dans son coin se désintéressait de la scène, elle jouait avec une poupée en chiffons et, de temps à autre, se mettait à rire. Aubin se pencha vers Catherine.

— Si j'avais cinq ans de plus, lui chuchota-t-il à l'oreille, je le ferais passer par la fenêtre.

Le romani prenait tout son temps. Il déplaça plusieurs fois l'étoffe bleue sur le sol, parut réfléchir, alla cracher par la fenêtre, revint, et soudain, les ciseaux grands ouverts, il sembla fondre sur la chevelure comme épervier sur sa proie : les lames cliquetaient, l'une après l'autre de grandes mèches tombaient sur l'étoffe. Un sourire tordait la bouche du gitan cependant qu'il virevoltait tout autour de la mère. Quand il s'arrêta, les enfants ne la reconnurent plus sous les traits de ce jeune homme au crâne mince, aux cheveux ras, aux yeux immenses. Le marchand ramassa l'étoffe sur le sol, la plia, l'enfouit dans son ballot et tendit la piécette d'argent à la mère. Elle ne parut pas la voir et demeura assise, hébétée. Il posa l'argent sur la table, fit un salut de la main, voulut s'éloigner — plus tard Catherine devait se demander en vain quel démon l'avait poussée — mais comme il arrivait à la porte, la petite courut vers lui, s'accrocha à sa veste de droguet et, à coups de pied, elle se mit à le frapper. Il essaya de l'écarter, elle attrapa alors sa lourde main hâlée, la mordit jusqu'au sang. Il poussa un cri, parvint à se débarrasser de l'enfant qui tomba à genoux, essayant encore d'agripper une jambe de l'homme, il fit un saut de côté, et se mit à rire très haut comme il avait fait avant de tondre la mère. Ils entendirent son rire barbare résonner pendant qu'il descendait l'escalier. Contre la commode, Clotilde se mit à rire elle aussi comme si elle voulait répondre à la joie insultante du marchand. Catherine se releva, frotta ses genoux endoloris. La mère avait quitté l'escabeau ; elle passa dans la chambre. Quand elle revint, la coiffe grise étroitement serrée sur le front et les tempes, elle était de nouveau celle qu'ils avaient toujours connue, la Mère, fine, belle, apaisante, et non plus l'étrange créature apparue sous les mains profanatrices du gitan.

— Dommage que le père ne soit pas rentré, il aurait empêché cela, dit Aubin.

— Dommage, dommage, répliqua Francet, sans doute, mais il faut...

— Il faut quoi ? demanda Aubin.

— Rien, oh, rien.

— Tu vois, Cathie, reprit Aubin, si tu avais eu l'idée de le mordre avant qu'il commence, peut-être qu'il serait parti.

— Je ne sais pas ce qui m'a pris, balbutia Catherine. Je ne sais pas du tout.

— Moi je dis tant mieux que le père ne soit pas venu, tant mieux que Cathie n'ait pas mordu le romani avant, remarqua Francet.

— Oh! toi, gronda Aubin.

— Parfaitement, si la mère a fait ça, c'est qu'elle a ses raisons. Pour l'empêcher de vendre ses cheveux il aurait fallu trouver de l'argent.

— Comment veux-tu? soupira Aubin.

Catherine le regarda, elle fut saisie de voir combien en ce moment il ressemblait au père lorsque celui-ci se laissait aller à avouer son impuissance contre le mauvais sort. Tous deux avaient la même rêveuse tristesse dans les yeux, bleus pour le père, gris pour Aubin, la même moue de la bouche gourmande, leur allure même était semblable avec leurs épaules tombantes, leur long cou, leur chevelure en désordre. Aubin n'avait plus sa joliesse de traits qui, l'an passé encore, faisait dire parfois aux gens : « Il est gentil comme une fille votre Aubin. » Depuis le départ des Jaladas, il avait grandi trop vite; avec ses manches et ses pantalons maintenant fort courts, il paraissait dégingandé et emprunté. Au contraire, malgré la bouffissure qui, avec la maladie, avait envahi ses traits, et malgré sa vie immobile, Francet gardait son air vif; peut-être même semblait-il plus preste que jadis, car sa vivacité s'était toute réfugiée dans son regard et dans ses mains.

— Comment veux-tu gagner de l'argent? questionna Aubin de nouveau, quand le père et Martial en gagnent si peu et pourtant ce sont des hommes eux.

— J'y arriverai bien, affirma Francet.

Il avait repris sur la table le bâton qu'il était en train de sculpter lorsque le marchand était entré; à coups rapides de son canif il faisait voler les copeaux de bois.

— Pauvre vieux, fit Aubin.

Francet parut blessé par cette pitié, une lueur de défi passa, rapide, dans ses yeux.

— Vous verrez!

Catherine en écoutant Francet avait presque du remords d'avoir attaqué le colporteur. Son geste eût pu pousser l'homme, songeait-elle, à reprendre l'argent qu'il avait donné à la mère. Elle passa les mains sur sa tête. Non, ses cheveux n'étaient pas encore assez longs, elle n'eût pu les vendre au gitan pour qu'il épargnât ceux de la mère, alors que faire? Elle pensa à Émilienne Desjarrige, aux belles anglaises châtain de la belle Émilienne; on ne couperait pas les cheveux de la jeune fille, jamais. Catherine ferma les yeux pour chasser l'image de la jolie tête bouclée. Mais, dans le noir intérieur, l'harmonieux visage s'éclairait plus nettement encore et Catherine ne savait plus si elle l'admirait, l'aimait encore ou le haïssait.

Ce soir-là, comme tous les autres soirs, le père et Martial rentrèrent tard; le père harassé, semblait-il, et Martial toujours maigre, sec mais sans fatigue. On soupa de quelques pommes de terre en silence. Les enfants guettaient furtivement les gestes de la mère dans la crainte de quelque catastrophe. Ils se souvenaient de la colère du père aux Jaladas, lorsqu'il avait chassé le gitan; et ils attendaient une colère semblable, mais contre qui, puisque l'homme était loin à présent dans la nuit? Quand ils eurent fini de manger, le père fouilla dans sa poche, en sortit quelques sous qu'il mit sur la table comme il faisait chaque jour pour que la mère les prît et les rangeât dans l'armoire de la chambre. Cette fois la mère ne ramassa pas la monnaie; elle posa à côté des sous de bronze, la piécette d'argent laissée par le colporteur. Le père regarda la pièce, regarda sa femme, regarda de nouveau l'argent.

— *Bêtio, bêtio,* fit Martial en refermant son couteau avec un claquement.

Aubin, Francet, Catherine retenaient leur souffle. La mère restait debout appuyée contre la table, l'air absent. Un large sourire éclaira le visage du père.

— Bravo, fit-il, faire des ménages rapporte plus que faire des feuillards.

Ce contentement du père effraya plus Catherine que la colère qu'elle attendait : quand il allait s'apercevoir de sa méprise, son courroux n'en serait que plus profond. Et la mère disait d'une voix lasse.

— Non, Jean, ce ne sont pas les ménages.

Le père la regarda stupéfait.

— Alors quoi? demanda-t-il.

Elle ne répondit pas, se contenta de montrer d'un doigt sa tête qu'enserrait la coiffe grise. Le père se leva, il tendit la main vers la coiffe, prit entre ses paumes la tête de sa femme, resta ainsi un moment les yeux mi-clos. On eût dit un aveugle cherchant à reconnaître avec ses doigts un visage aimé. Il laissa tomber ses bras, s'assit de nouveau sur le banc. Il semblait contempler ses mains qui tout à l'heure avaient deviné sous l'étoffe le crâne dépouillé de sa tendre, opulente parure.

La mère ramassa les sous et la piécette blanche; elle alla les placer dans la chambre. Le père demeurait immobile.

Catherine ne put plus supporter de voir ses grandes mains couchées sur la table comme des animaux pleins de fatigue.

— Père, dit-elle, voulez-vous me passer le pain.

Le père ne broncha pas. Était-il sourd aussi? Aveugle tout à l'heure et maintenant sourd? Elle eût voulu l'entendre crier de rage, elle eût voulu le voir se dresser dans sa violence; et il aurait couru dans la nuit, il aurait rattrapé l'étranger, l'aurait roué de coups, et l'autre aurait demandé grâce, et le père serait revenu en chantant de sa chère voix grave une chanson de berger comme jadis, quand il était le maître de la joie.

Le père continuait à regarder ses mains; la gauche portait sous le pouce une entaille fraîche et profonde qu'avait dû faire l'outil en taillant le bouleau.

— Moi, proclama Catherine avec une soudaine et malheureuse fierté, j'ai mordu l'homme à la main.

16

Un matin, c'était jour de marché, une carriole s'arrêta devant la maison. Un cheval, un lourd percheron gris, se mit à hennir; aussitôt tous les enfants du quartier s'approchèrent de la voiture.

Catherine qui regardait par la fenêtre signala cet événement à Francet.

— Une carriole? demanda-t-il.

— Oui, il y a une petite femme qui vient de sauter à terre.

— Qui est-ce, Cathie?

— Je ne la connais pas.

— C'est sans doute pour les Laurent, peut-être la femme ou la fille d'un marchand de vin...

— Elle est entrée dans le couloir.

— Dans le couloir? Pas dans l'auberge?

— Dans le couloir.

— Mais Cathie, mais tu entends?

Elle entendait : des pas légers montaient l'escalier. On cogna à la porte. Les enfants ne répondirent pas. On frappa encore.

— Qui ça peut bien être? murmura Francet.

La porte s'ouvrit, la petite femme passa la tête dans

l'entrebâillement, elle n'aperçut pas les enfants dans l'ombre.

— Personne, déclara-t-elle.

Elle acheva de pénétrer dans la pièce, posa un panier d'osier sur la table.

Francet se redressa sur sa chaise, pour mieux allonger sa jambe. En se remuant, il fit craquer son siège. La petite femme étouffa un cri.

— Comment, dit-elle vivement, vous étiez là et vous ne me répondiez pas. On vous a donc changé tous les deux pour que vous soyez si timides !

Cette fois, ils l'avaient reconnue à sa voix ; c'était Mariette qui avait changé, elle qu'ils n'avaient plus vue depuis que son homme avait failli frapper le père. Toujours petite bien sûr, et vive, mais elle avait maigri, elle ne portait plus de corsage vert mais robe et tablier noirs, et surtout, surtout elle avait un air si grave ; où avait-elle pu prendre cet air, elle la sautillante comme un roitelet ? C'était Mariette et ce n'était plus Mariette. Peut-être qu'elle non plus ne les reconnaissait pas car elle s'était plantée devant eux et les regardait muette à son tour. Enfin, elle soupira, et d'un coup se jeta sur Francet puis sur Catherine puis sur Francet de nouveau et encore sur Catherine, et elle les embrassait, les embrassait. Quand elle les laissa, elle ouvrit le panier qu'elle avait posé sur la table, en sortit une miche de pain, des fromages blancs, des carottes et des raves, un gros morceau de lard, des craquelins qu'elle offrit aux enfants.

— Je suis contente, dit-elle cependant qu'ils mangeaient leurs gâteaux. Je suis contente, répétait-elle, pourtant nul sourire n'accompagnait ses paroles. Ses lèvres autrefois si rouges étaient ternes et sèches, ses joues creuses.

— Ça va là-bas ? demanda Francet entre deux bouchées.

Mariette hocha la tête en signe d'assentiment.

— Et la mère? questionna-t-elle.

— Elle fait des ménages chez les gens du Haut, répondit Catherine.

— Le père?

— Le père, feuillardier avec Martial.

— Aubin?

— Il court, trancha Francet d'une voix amère.

— On m'a dit que... on m'a dit que... soupira Mariette en baissant la voix, elle désigna d'un geste gauche la jambe allongée du garçon.

— Ah! on t'a dit, fit Francet. Tu vois, ajouta-t-il après un silence, tu as bien fait de quitter la maison avec ton Robert, depuis, nous autres...

— Ça s'arrangera, souffla Mariette très vite.

Elle prit dans ses mains le visage de Catherine, la regarda longuement.

Catherine respirait sur ces mains une odeur qu'elle cherchait à reconnaître; elle ferma à demi les yeux et revit le grand lit aux Jaladas, le lit tout imprégné de cette odeur chaude dans laquelle elle se pelotonnait, heureuse; elle releva les paupières, vit près d'elle cette figure aux traits tirés, ce regard éteint; elle dut se mordre les lèvres pour ne pas crier.

— T'es pâlotte, toi aussi, remarqua Mariette.

En bas le cheval se mit à hennir.

— Qu'est-ce qu'il a? dit Francet.

— Oh! fit Mariette, c'est comme ça quand je pars avec lui.

— Pourquoi?

— Parce qu'il est content.

Cette pensée fit naître enfin un sourire dans les yeux de Mariette, un sourire malicieux.

— A propos, dit-elle, il faudrait bien que je m'en occupe de mon cheval.

— Vous vous en faites pas, dit Francet, un cheval!

— On a bien dû vous dire, le Parrain a bien dû vous dire qu'on avait une ferme à Ambroisse, il était venu nous apprendre vos mal...

Elle hésita et reprit :

— Enfin, ce qui vous est arrivé... Eh bien, là-bas, il y a des champs assez plats et l'on peut se servir du cheval pour labourer. Aujourd'hui il n'ira pas au champ, il restera avec moi, alors il chante.

— Ton Robert doit sans doute le faire chanter d'autre manière, dit Francet, et Catherine trouva que sa voix était mauvaise.

Mariette soupira.

— Il faudrait que je m'en occupe, les aubergistes en bas n'ont pas d'écurie, de remise?

— Si, les jours de marché, ils louent un hangar dans le voisinage, signala Francet.

— Alors, j'y vais.

— Je vais avec toi, proposa Catherine.

— Non, non, reste avec Francet, je reviens vite.

Elle descendit l'escalier. Un moment plus tard ils entendirent rouler la carriole. Catherine se pencha par la fenêtre, elle vit l'aubergiste Laurent et Mariette remonter la rue, Mariette tirait le cheval par la bride.

— Ça fait drôle, tout de même, dit Francet, ça fait drôle.

Catherine s'approcha de la table, rompit un morceau de la miche.

— Et moi? demanda son frère.

Ils se partagèrent le morceau de pain.

— Bon sang, il y avait longtemps que je n'en avais pas mangé d'aussi blanc.

— Oui, dit Catherine, elle a de la chance, elle.

Francet ricana.

— De la chance? Tu as vu l'air qu'elle a?

— Elle portait de si jolis corsages verts.

Il se mit à fredonner une chanson; Catherine ne comprenait pas les paroles.

— Répète, demanda-t-elle.

Il répéta : « Quand on est marié on fait triste ménage — Et du soir au matin on a bien du chagrin. »

— T'es méchant, dit la fillette.

— Méchant? glapit-il, c'est cela que vous pensez de moi, maintenant, tous, vous tous. « Il est méchant! » Et, après, pourquoi je ne serais pas méchant moi, si ça me plaît?

Il s'agitait en parlant et sa jambe glissa à demi de la chaise; il jura, Catherine se précipita, l'aida à replacer sa jambe sur le siège. Il était blême, des gouttelettes de sueur perlaient à ses tempes, il respirait péniblement.

« Mon Dieu, songea Catherine, il ne va pas mourir? »

— Je vais chercher Mariette, dit-elle à voix basse.

— Non, non, murmura Francet, ne lui dis rien, ça va passer, ça passe, ne lui dis pas, tu entends, je ne veux pas que tu lui dises, ça ne la regarde pas, ça ne regarde personne.

A ce moment, ils entendirent les pas de Mariette dans l'escalier. Francet se mit à siffler et, quand la petite femme entra, elle sembla un instant retrouver son sourire ancien pour remarquer :

— Eh bien! tu es gai, du moins, mon Francet, tu siffles comme un merle.

Elle parut hésiter, fit quelques pas, demanda d'une voix timide :

— Et la petite?

— Quelle petite? Clotilde? fit Catherine.

— Oui.

— Elle dort dans la pièce à côté.

— Je peux la voir?

C'était étrange d'entendre cette femme en noir qui,

naguère, leur donnait des ordres, c'était étrange de l'entendre demander une permission.

— Ne la réveille pas, bougonna Francet, après y a plus moyen d'être tranquille.

Sur la pointe des pieds, Mariette se dirigea vers la chambre, ouvrit la porte avec mille précautions, entra. Elle resta longtemps à contempler l'enfant endormie. Quand elle revint, elle semblait toute songeuse.

— Comme elle est mignonne, murmura-t-elle.

— T'es pas difficile, grogna Francet.

— C'est moi qui m'occupe d'elle, déclara Catherine très fière.

Mariette se secoua comme si elle voulait échapper à sa rêverie. Elle jeta un regard circulaire sur la pièce sombre.

— On va faire une surprise à la mère, dit-elle. Quand elle rentrera, elle trouvera le ménage fait et le repas cuit à point.

Et elle se mit à balayer, à frotter les pauvres meubles, à ranger, puis elle alluma le feu, prépara la soupe avec le lard et les légumes qu'elle avait apportés; bientôt de la marmite s'échappa un parfum qui emplit toute la cuisine. Francet et Catherine fermaient les yeux pour mieux le respirer.

On entendit au loin la cloche de la manufacture.

— La mère ne va pas tarder, dit Catherine.

En effet, bientôt les marches de l'escalier craquèrent sous des pas.

— Je me cache, dit Mariette, ne dites rien. Elle alla se dissimuler dans l'ombre, derrière la commode.

La mère poussa la porte. Elle s'arrêta net sur le seuil, renifla. Elle paraissait effrayée.

— Jésus-Marie, marmonna-t-elle.

Elle huma plusieurs fois encore l'odeur du bouillon.

— Que se passe-t-il? demanda-t-elle d'une voix suppliante.

Mariette sortit de sa cachette et s'avança vers elle. Les deux femmes restèrent face à face. Comme elles se ressemblaient : même taille, même minceur, même costume noir, même fatigue sur les traits, même tristesse. Mariette fit un pas en avant et elle tomba dans les bras de la mère. Elles se tenaient, appuyées l'une contre l'autre, leurs deux têtes rapprochées. Enfin elles s'écartèrent et les enfants virent que leurs visages étaient noyés de larmes.

— Il y avait si longtemps, dit la mère.

Mariette, gênée, feignit de regarder vers la fenêtre; la lumière accusait la pâleur de son teint. La mère ouvrit les lèvres comme si elle allait poser une question, puis elle eut un geste las de la main et garda le silence.

— T'as vu la petite? demanda-t-elle un peu plus tard.

— Oui, elle est belle.

— Comme un chat qu'on sort de l'eau, affirma Francet.

— Francet! gémit la mère.

— Si on la réveillait maintenant, proposa Mariette.

Les deux femmes passèrent dans la chambre. Elles avaient laissé la porte entrouverte; on les entendait jouer avec la petite. Ensuite, elles se mirent à chuchoter, ou plutôt c'était Mariette qui devait parler, parler vite et à voix basse, la mère ne prononçait que de rares paroles de loin en loin.

— Eh! Cathie, souffla Francet, essaye d'écouter ce qu'elles disent.

— Ce serait mal.

— Ma pauvre fille, tu seras donc toujours aussi gourde?

— Et si elles me voient.

— Pas de danger, elles sont bien trop occupées à se confesser.

Elle s'approcha de la porte. De là, elle percevait plus fortement le chuchotis de Mariette mais ne parvenait pas à distinguer les mots. Plusieurs fois cependant elle saisit un prénom qui revenait sans cesse sur les lèvres de Mariette : « Robert! » et jamais il ne semblait avoir le même sens : tantôt craché avec colère, tantôt lâché avec résignation, parfois chargé, semblait-il, d'une secrète admiration. Puis, sans qu'elle y eût pris garde, un autre prénom se substitua à celui-ci dans le fiévreux et incompréhensible dialogue. Maintenant, Mariette et la mère parlaient d'Aubin. La voix de Mariette paraissait se faire insistante.

Catherine revint vers son frère.

— Alors? demanda-t-il.

— Pas moyen de comprendre.

— Ah! moi, si je pouvais bouger, je comprendrais, va. Rien qu'à l'oreille je peux savoir le temps qu'il fait, l'heure qu'il est, je peux reconnaître ton pas dans la rue ou celui de Julie ou celui d'Aurélien.

— Tout ce que je sais, c'est qu'elles ont parlé de Robert d'abord, et que maintenant, elles parlent d'Aubin.

— Aubin? s'étonna Francet.

— Oui, Aubin.

— Qu'est-ce qu'il peut bien avoir à faire dans leurs histoires? Tu es sûre que c'est de lui qu'elles parlent? Ce n'est pas plutôt de moi?

Ils se turent car les femmes revenaient dans la cuisine. Elles mirent le couvert. Il était temps, un brouhaha de voix mâles emplit l'escalier, des sabots claquèrent sur les marches, la porte s'ouvrit. Un juron joyeux retentit : « Nom de Dieu, la fameuse soupe », cependant que, flanqué de Martial et d'Aubin, le père avançait vers la table. C'était Martial qui avait juré, le père, lui, muet, regardait Mariette et semblait ne pas en croire ses yeux. La mère la poussa vers lui.

— Eh bien, embrassez-vous.

Mariette pencha la tête, sur son front le père déposa un baiser. On n'eût pu dire lequel des deux était le plus intimidé.

— Alors, comme ça, t'es venue? dit le père.

— Je suis venue.

— *Bêtio, bêtio,* fit Martial en riant, tu devrais revenir tous les jours, j'avais oublié que la soupe, ça pouvait sentir aussi bon.

Mariette s'approcha d'Aubin; elle voulut passer la main dans l'épaisse chevelure du garçon, mais il se recula; ses yeux gris s'assombrirent.

— Comme tu as grandi, Aubin, dit Mariette, tu seras un beau garçon.

Sur sa chaise, Francet poussa un faible cri.

La mère se précipita.

— Tu as mal, mon petit?

De la tête, Francet fit signe que oui. Catherine qui se trouvait à ses côtés eut l'impression que son frère mentait. Elle lui en voulut de ce cri qui avait peiné la mère. Ils s'attablèrent. Plus personne ne parlait; tous, sauf Mariette, semblaient absorbés à savourer la soupe.

Le père commença à tailler la miche de pain blanc qu'avait apportée Mariette, mais il s'arrêta et demanda à Cathie de lui passer la tourte noire qui était dans la huche. Martial protesta.

— Si c'est pas malheureux, pour une fois qu'on pouvait se régaler.

— On n'a pas le droit de laisser perdre le pain entamé, affirma le père.

Il donna cependant une tranche de la miche à Francet, une autre à Catherine.

Mariette oubliait de manger, elle les regardait tous l'un après l'autre, longuement, comme si chacun d'eux l'étonnait. Enfin, les hommes firent claquer leur couteau en le refermant.

— Alors? demanda le père en se tournant vers Mariette.

Aubin se leva.

— J'ai promis aux copains d'aller avec eux à la rivière, dit-il, on a une « araignée », je crois que les truites...

— Malheureux, dit le père, si jamais les gendarmes.

Aubin se dirigea vers la porte.

— Reste là, ordonna la mère.

Le garçon se retourna, stupéfait.

Il était grand pour ses neuf ans, et Mariette pouvait trouver beaux ses lourds cheveux qui avaient foncé, et entre leurs cils noirs, ses yeux clairs.

— Eh bien, parle, Mariette, continua la mère.

La jeune femme fit un geste vers Aubin mais ne put se décider à parler. Tous la regardaient, attentifs. Catherine s'approcha de Francet et lui prit la main.

— Voilà, dit la mère, Mariette nous propose d'emmener Aubin avec elle, à leur ferme d'Ambroisse. Il les aidera, ils le nourriront, le logeront, le blanchiront.

— Et à la Toussaint et à la Saint-Jean, nous vous donnerons un écu, ajouta Mariette.

— Ça nous tirera bien d'embarras, dit la mère.

Jean Charron lissait ses moustaches. Il se racla la gorge.

— On est trop nombreux ici, reprit la mère, trop pour le peu d'argent qui entre dans cette maison.

Le père toussota.

— Et Robert? demanda-t-il.

— Robert est d'accord, fit Mariette à demi-voix.

— A-t-il mis de l'eau dans son vin? interrogea Martial en clignant de l'œil.

Mariette jeta un regard de détresse vers la mère; celle-ci fit mine de se pencher sur le feu. Toujours penchée, elle répéta, mais sa voix maintenant semblait infiniment lasse :

— Ça nous tirerait d'embarras.

— Non, souffla Aubin avec une sorte de rage contenue. Il avait mis les mains dans ses poches et il paraissait prêt à défier quiconque.

— Non, quoi? demanda doucement la mère.

— Non, je n'irai pas...

— Tu ne seras pas malheureux là-bas, remarqua Mariette.

— C'est toi qui le dis.

La mère vint vers lui, posa sa main droite sur l'épaule du garçon.

— Mon petit, il faut...

Aubin fronça les sourcils :

— Tu ne veux donc pas nous aider à sortir de cette misère?

— Ça va! vous les aurez vos écus à la Toussaint et à la Saint-Jean! Puisque vous m'avez assez vu, bonsoir la compagnie.

— Aubin, gronda le père.

— Laissez-le, Jean, laissez-le, dit la mère.

Elle passa dans la chambre, en revint bientôt avec un paquet de linge et des vêtements qu'elle remit à Mariette. On promit de se revoir bientôt, on s'embrassa, mais Aubin pendant ces préparatifs et ces adieux resta obstinément à l'écart, taciturne. Enfin le père, puis la mère s'approchèrent de lui, le baisèrent au front; il ne leur rendit pas leur baiser. Un peu plus tard, quand Martial eut attelé le percheron à la voiture, la mère tendit les bras vers Aubin qui se recula. Il grimpa sur la carriole, s'assit à côté de Mariette qui tenait les rênes. Jusqu'en haut du faubourg, la conductrice ne cessa d'envoyer des baisers; pas une seule fois son compagnon ne se retourna. Quand la carriole eut disparu au sommet de la côte le père, prenant sa femme par le bras, lui dit :

— Je n'aurais pas cru ça de lui.

— Le pauvre, fit la mère.

Elle se pencha vers Catherine.

— Le pauvre, reprit-elle, il croit que je l'aime pas, je vous aime bien, mes petits, ne l'oublie pas, Catherine, ne l'oublie pas.

Elle s'arrêta de marcher.

— Ah! je n'aurais pas dû... mais que faire? Du moins, là-bas, il mangera à sa faim.

— Et Mariette, dit le père, comme s'il reprenait une autre pensée depuis longtemps poursuivie, tu as vu?

— Oui, peut-être ce sera bien pour elle, qu'il y ait son frère là-bas.

Martial et le père repartirent à leur travail. La mère cet après-midi était de lessive chez les bourgeois du Haut. Catherine restée seule ne répondit pas aux signes que lui lançait Aurélien accroupi au bord de la rigole. Elle n'avait pas envie de jouer. Elle remonta dans la cuisine.

— Et d'un! remarqua Francet.

— Et d'un quoi?

— Un de parti.

— Mère n'aurait pas dû le forcer à s'en aller.

— Elle a bien fait. Vous partirez tous.

— Oh! Oh!

Catherine étouffait, il lui semblait qu'elle avait mille choses à crier mais elle ne trouvait aucun mot pour exprimer son indignation tant celle-ci était forte. Et voilà que Francet reprenait.

— Moi, on ne pourra pas me forcer à partir, je resterai seul avec elle.

Catherine eut envie de gifler son frère, elle se retint pourtant. « Qu'il se taise, pensait-elle, ou je ne sais ce que je fais. »

— Moi... recommença Francet.

Alors elle alla prendre dans le lit Clotilde qui, depuis un moment, tendait les bras vers elle, et descendit les escaliers aussi vite que le lui permettait son fardeau. Là-haut, elle entendait son frère l'appeler.

— Cathie! Cathie! pourquoi me laisses-tu?

Il lui sembla même qu'il se mettait à se plaindre d'une longue plainte monotone, comme lorsqu'une esquille d'os traversait sa jambe malade. Arrivée dans la rue, elle hésita un instant, puis partit d'un bon pas vers la campagne.

Il faisait une belle journée d'automne, les arbres étaient rouge et or, les feuilles jaunies parsemaient les prés.

Clotilde, son bras passé autour du cou de sa sœur, n'arrêtait pas de chantonner. Elle a de la chance, pensait Catherine, elle ne comprend pas. Elle dut bientôt ralentir son allure. Elle avait beau changer de bras pour porter la petite, elle sentait ses forces s'épuiser, et la fatigue accroissait sa tristesse.

« N'oublie pas », avait dit la mère. Pourquoi se séparait-elle de ses enfants? Car Francet avait dit vrai sans doute; après Aubin, ne serait-ce pas son tour à elle d'être expédiée elle ne savait où? Elle songeait aux Jaladas, tout en marchant lentement sur le talus. Là-bas, ils étaient tous ensemble, elle avait cru que c'était depuis toujours, et pour toujours, et le Parrain était parti, puis Mariette, Aubin maintenant. Si elle avait pu deviner qu'on emmènerait ainsi son frère, chaque jour elle lui aurait demandé de jouer, de se pronemer avec elle, il n'aurait pas refusé sachant son départ proche. Et ce Francet, comme il était mauvais tout de même. « Ce n'est pas de sa faute », disait la mère lorsqu'il avait fait quelque méchant tour. Bien sûr; la mère n'aimait plus que Francet. Catherine se laissa choir sur le bord de la route, étendit Clotilde sur l'herbe rase à côté d'elle. Au bout d'un moment, elle crut entendre un froissement de branches dans la haie, derrière elle. Elle se retourna, ne vit rien. Nul vent n'agitait la cime des arbres; il n'y avait d'autre bruit que les roucoulades que ne cessait de lancer Clotilde.

« C'est sans doute un hérisson sous les feuilles mortes », pensa Catherine.

De nouveau quelque chose bougea dans le buisson. Cette fois, elle put apercevoir une ombre qui se glissait dans le pré. Elle se leva, inquiète, puis se mit à sourire.

— Eh! que fais-tu? cria-t-elle, je t'ai vu.

Aurélien essayait de se dissimuler de l'autre côté des broussailles. Il écarta les ronces et s'avança, l'air penaud.

— Je n'osais pas m'approcher, balbutia-t-il.

— Pourquoi m'as-tu suivie?

— Quand je t'ai vue partir avec la petite, je me suis dit, comme ça, où peut-elle bien aller?

— T'as vu Aubin?

— Oui.

— Elle l'a emmené.

— Elle l'a emmené? Où çà?

— Chez eux, il ne reviendra plus.

— Il ne revien...

— Comme je te dis.

— Il est content?

— Il ne voulait pas partir, c'est la mère... Un jour, moi aussi on me fera partir, je ne reviendrai plus.

Elle sentit une main brûlante se poser sur la sienne; Aurélien, les oreilles rouges, la regardait et la suppliait.

— Tu ne feras pas ça, Cathie?

— Pourtant...

— Alors je te suivrai.

Dans l'herbe Clotilde s'était mise à pleurer.

— Elle a faim, dit Catherine, faut qu'on rentre.

Aurélien se pencha, ramassa la petite. Ils reprirent le

chemin de La Noaille; Catherine allait, légère, les mains libres, elle ne se sentait plus triste. Près d'elle, Aurélien allongeait le pas pour essayer de se maintenair à sa hauteur. Parfois il lui fallait s'arrêter pour reprendre souffle; Clotilde s'était endormie dans ses bras.

17

Le froid fut vite là. Un vent coupant soufflait du nord-est depuis plusieurs jours. En un clin d'œil, il dépouilla les arbres de leurs dernières feuilles. Il ne faisait guère bon dans la cuisine. Chaque après-midi, en compagnie de Julie et d'Aurélien, Catherine allait à la recherche du bois mort qu'ils rapportaient ensuite dans une caisse montée sur deux roues; mais ces provisions étaient vite épuisées. Allongé sur ses chaises, Francet grelottait. De la place du Haut sa sœur et les enfants Lartigues lui rapportaient des poignées de marrons. Il y sculptait des têtes grimaçantes qu'il mettait ensuite à sécher devant la cheminée.

— Celui-là, c'est Robert, disait-il, montrant un visage au gros nez, au front bas, à la bouche menaçante.

— A côté, le père Maneuf.

Et ma foi, l'on pouvait reconnaître dans ce gnome la face ridée et jaunâtre du maître qui les avait chassés, ses petits yeux enfoncés et durs.

Un jour Julie demanda à Francet.

— Toi qui fais ce que tu veux de tes mains, tu devrais me tailler un fuseau.

— Je ne dis pas, fit le jeune sculpteur, je ne dis pas, mais il faudrait m'en montrer un.

— Je vais te chercher celui que j'ai cassé.

Elle revint avec l'outil.

— Il me faudrait un bout de bois de la même dimension, remarqua Francet.

Aurélien sortit à son tour; un peu plus tard il porta un morceau de chêne. Aussitôt Francet se mit à l'ouvrage. Le bois était dur, mais le garçon s'appliquait, il enlevait de minces copeaux avec sa lame, regardait tantôt le fuseau cassé, tantôt l'ébauche. Il sifflotait pendant son travail. Les enfants le contemplaient avec admiration. A la fin de l'après-midi, le fuseau était prêt.

— Donne, demanda Julie.

— Pas encore, protesta Francet.

Devant son air déçu, il ajouta :

— Demain, tu verras, c'est une surprise.

Le lendemain elle battit des mains en découvrant sur le fuseau ses initiales : J.L. enlacées et brunies au feu.

— Pas une dans le quartier qui en ait un aussi joli! s'écria-t-elle.

Elle en oublia de remercier Francet et s'enfuit avec le fuseau.

— Tu as vu, Cathie? dit Francet.

A quelque temps de là, Julie revint accompagnée d'une voisine. Celle-ci, une femme maigre à qui l'on ne pouvait donner d'âge, tenait un bout de bois à la main.

— Voilà, dit-elle, j'ai vu le fuseau de Julie, j'en voudrais un pareil, avec mes lettres; c'est plus beau et puis comme ça on ne peut pas vous le voler.

Elle ajouta :

— Je te donnerai deux sous.

— Quelles lettres faut-il?

— Je ne sais pas, moi, je m'appelle Antoinette Dubreuil.

— Oh! fit le garçon, un A et un D, ce sont des lettres difficiles, il faudra mettre un sou de plus.

Aurélien était là qui souriait, la voisine le prit à témoin.

— C'est vrai ce qu'il dit que ces lettres sont difficiles?

— Tout ce qu'il y a de plus difficile, affirma Aurélien.

La femme hésitait regardant tour à tour Francet, Aurélien, Julie et Catherine.

— Si c'est trop cher pour vous, proposa Francet, donnez seulement deux sous et je vous graverai une seule lettre, le A ou le D comme vous voudrez.

— Une seule lettre! se récria la femme. De quoi j'aurais l'air avec une seule lettre sur le fuseau? On dirait que j'étais trop pauvre pour me payer l'autre.

— C'est à vous de voir, répliqua Francet froidement, et comme si cette affaire ne l'intéressait plus, il se mit à sculpter un marron.

Au bout d'un moment, la voisine demanda :

— Ça serait-y un joli A et un joli D au moins?

— Chez les Frères, j'avais le prix d'écriture, déclara Francet.

— Va pour trois sous, concéda la femme avec un soupir.

Quand elle fut partie, Catherine, Aurélien, Julie se mirent à parler tous à la fois.

— J'avais bien peur qu'elle s'en aille, disait Catherine.

— Francet va devenir riche, proclamait Julie.

— Je lui ai bien répondu, disait Aurélien, j'ai bien dit que c'était des lettres difficiles.

Francet, lui, ne soufflait mot, il les regardait, un sourire sur les lèvres. Il jouissait de son triomphe.

Dès lors, il ne se passa plus de jour sans qu'une voisine jeune ou vieille, belle ou laide, riche ou pauvre ne vînt commander un fuseau à Francet. Il améliorait son art et aux initiales enlaçait parfois des fleurettes ou des étoiles quand la cliente mettait un sou de plus ou qu'elle lui paraissait gentille.

Avec ce travail, son humeur changeait, il redevenait aimable et gai comme au temps où il pouvait courir prés et bois, il n'avait plus de phrase moqueuse ou dure à l'égard de Catherine ou de Martial. Sa jambe même semblait mieux aller, elle ne le faisait plus souffrir et les abcès se cicatrisaient lentement. Souvent la mère le regardait pendant qu'il taillait à coups prestes ses fuseaux ; un sourire venait errer sur les lèvres maternelles, mais vite il s'évanouissait, elle reprenait son air las :

— Et Aubin, murmurait-elle, savoir ce qu'il devient : pourvu que l'autre ne le maltraite pas. Il doit avoir bien froid dans les champs.

— Vous en faites pas, Mère, disait Francet. Je vendrai tellement de fuseaux qu'Aubin pourra revenir bientôt et que vous n'aurez plus besoin de faire les ménages.

La mère s'approchait, posait une main sur les cheveux bouclés de son fils.

— Ne va pas te fatiguer, Francillou, disait-elle.

Elle ajoutait :

— Garde les sous pour toi, quand tu seras grand tu en auras besoin.

— J'en aurai besoin comme les autres, ni plus ni moins.

Il prenait un air grave.

— Maintenant, je sais que je guérirai.

Un matin, on frappa timidement à la porte.

— Entrez, répondit Catherine qui faisait manger Clotilde sur ses genoux.

Une jeune fille mince et rose pénétra dans la cuisine.

— Pardon, demanda-t-elle, je suis bien chez Francet Charron?

— C'est moi.

— Ah! je suis contente, fit la demoiselle, je n'ai pas l'habitude de venir dans ce faubourg, mon père tient une épicerie à l'autre bout de la ville, j'avais peur de m'être trompée.

Elle commanda une paire de fuseaux. Quand elle fut

partie, Francet lança son couteau en l'air et le rattrapa à la volée.

— T'es pas fou! cria Catherine, tu pourrais t'éborgner.

Francet se moquait bien de sa prudence.

— T'as entendu? disait-il : à l'autre bout de la ville, elle venait de l'autre bout de la ville.

Il fallait se rendre à l'évidence, la renommée de Francet gagnait de proche en proche. De plus en plus, c'étaient des jeunes filles qui venaient passer commande. « Le petit Charron » comme elles disaient, leur plaisait; elles lui trouvaient la mine éveillée, de belles mains fines, et elles le plaignaient, elles auraient voulu le soigner, le consoler.

Qui sait? songeait Catherine, la belle Émilienne Desjarrige en personne viendrait peut-être un jour demander un fuseau. Elle se lierait d'amitié avec Francet et avec elle, Catherine. Quelle joie! Mais, non, folle que tu es, pensait-elle ensuite, les filles du Haut ne filent pas la laine, c'est bon cela pour leurs servantes, seulement pour leurs servantes. »

Elle se plaisait de nouveau à rester près de Francet car il avait repris l'habitude de lui conter ses projets d'avenir. Il ne parlait plus de percer un tunnel à travers le kaolin pour aller en Chine, il décrivait la fabrique de fuseaux qu'il construirait lorsqu'il serait guéri.

— Une usine? demandait Catherine.

— Oui, grande comme la manufacture de porcelaine. J'inventerai des machines pour faire les fuseaux, des fuseaux de toutes les couleurs, il y en aura même en or pour les reines.

— Les reines ne filent pas, avait envie de remarquer Catherine en se souvenant d'Émilienne Desjarrige, mais elle se taisait et se laissait bercer par les contes de son frère.

— Nous serons riches, nous serons tous riches, nous aurons un grand château près de l'usine.

— Aubin y sera-t-il?

— Bien sûr, et Mariette, mais il ne faudra pas qu'elle amène son Robert. Il y aura aussi Julie et Aurélien.

Ces féeries grisaient les deux enfants, ils ne prenaient pas garde à l'accablement du père ni à l'air soucieux de Martial.

— Alors? demandait la mère.

— Le patron parle de ne garder qu'un feuillardier sur deux.

— Vous en faites pas, disait Martial, *bêtio, bêtio,* on s'arrangera, je m'occupe.

— Que veux-tu dire?

— Je m'occupe, Mère, vous verrez.

La veille de la Toussaint, Martial déclara :

— Quand je vous disais que je m'occupais!

Il affectait d'être gai, souriant, mais ses yeux demeuraient graves.

— Demain, j'entre comme domestique au mas du Treuil, le fils est parti au régiment, je le remplacerai.

La mère embrassa Martial sur les deux joues. Le père baissa la tête.

— J'avais des domestiques, dit-il entre ses dents. Maintenant ce sont mes fils qui deviennent valets de ferme.

— Et après? fit Martial en se forçant à rire. Y a pas de déshonneur. J'oubliais, le patron du chantier est au courant, alors c'est entendu, Père, il vous garde comme feuillardier.

Le lendemain matin, Martial partit de bonne heure car le mas du Treuil n'était pas dans le voisinage. Il prit la route en chantant. Par la fenêtre Catherine le regarda s'éloigner, il avançait vite sur ses longues jambes maigres, son baluchon dansait sur l'épaule.

★

Une nuit les aubergistes qui occupaient le rez-de-chaussée déménagèrent à la sauvette. Ils avaient fait faillite; la clientèle des porcelainiers, si elle consommait force vin, ne payait guère.

Quelques jours plus tard, le père dit timidement :

— La Marie-des-Prés — c'était ainsi qu'on avait surnommé la propriétaire car elle habitait une maison dans les prés, au bord d'une pêcherie — la Marie-des-Prés nous offre sa maison et elle reprend cet appartement pour elle et ses fils.

— Ah! non, cria Francet, c'est en bas que je veux habiter pour pouvoir m'asseoir dans la rue aux beaux jours.

— Laisse parler le père, dit la mère. Sans doute allez-vous nous expliquer, Jean, pourquoi vous avez accepté cette proposition? Parce que bien entendu, ajouta-t-elle avec lassitude, vous avez accepté?

Le père paraissait de plus en plus gêné.

— J'ai accepté, rapport aux conditions... Là-bas, ce sera moitié loyer.

— Une ruine, cette bicoque des prés, dit la mère, mais bien sûr, Jean, on arrive à peine à payer le terme ici.

— Et ce n'est pas tout.

Il tirait sur ses moustaches, et regardait obstinément le foyer où luisaient faiblement quelques braises.

— La Pirou va s'installer ici, elle reprendra pour son compte l'auberge des Laurent.

— Ça la regarde, fit la mère.

— Ça la regarde, mais elle m'a demandé de lui laisser Cathie...

— Lui laisser Cathie!

Catherine qui somnolait dans l'ombre sursauta en entendant prononcer son nom.

— Cathie ferait la vaisselle et garderait l'auberge.

— Une enfant de huit ans ne va pas servir à boire et rendre la monnaie!

— Mais non, la Marie-des-Prés a l'intention de continuer à aller laver à sa pêcherie. Les clients ne sont pas si nombreux à l'auberge, quand il en viendra un, Cathie ira chercher la patronne. Elle nourrira Cathie et lui achètera une paire de sabots.

— Ne pleure pas, ma Cathie, dit-il, tu mangeras mieux chez la Marie-des-Prés que chez nous, et tu verras, elle est gentille, elle te paiera de jolis sabots.

Il se leva, se dirigea vers la fillette mais elle lui échappa. Alors il revint s'asseoir devant le feu à demi mort, laissa pendre ses mains entre ses jambes.

— Ai-je donc si mal fait, Marie? implora-t-il.

La mère s'approcha de lui, posa sa main sur l'épaule basse.

— Mais non, Jean, dit-elle, mais non, mon petit.

— Je n'irai pas à la maison-des-prés, je n'irai pas, grommelait Francet sur ses chaises.

Ainsi ce qu'elle avait craint naguère, il y avait si longtemps, lui semblait-il, aux Jaladas, lorsqu'on lui contait l'histoire de ces enfants abandonnés dans la forêt par leurs parents trop pauvres, ainsi, cette fois, cela arrivait : elle allait être emportée dans elle ne savait quelle vie hostile. Sa mère avait vendu Aubin l'autre jour, puis Martial avait pris les devants, il s'était vendu lui-même et maintenant son père l'avait vendue, vendue pour du pain et des sabots. Ah! Francet l'avait bien dit : il resterait seul avec les parents, lui du moins, on ne le vendrait pas, on ne pouvait pas le vendre avec sa jambe malade. Il avait de la chance. Si elle pouvait devenir infirme comme lui, cette nuit même, ou bien redevenir petite, toute petite, comme Clotilde. Ils seraient bien obligés alors de la garder. Dire qu'elle avait rêvé de vieillir pour pouvoir porter des corsages verts comme Mariette! Elle se sentait vieille à présent, si vieille, et adieu les beaux corsages, ils ne viendraient jamais; à leur place, les tristes habits de servante.

Le lendemain, en s'éveillant, elle tâta ses jambes dans l'espoir d'en trouver une raide ou atrophiée ou tordue, mais non, l'une et l'autre étaient vives et chaudes sous les draps; d'une main, elle parcourut tout son corps : hélas, il n'avait pas rapetissé pendant la nuit, elle le reconnaissait, non pas un corps potelé de bébé comme elle aurait voulu, mais son long corps maigre et nerveux.

Les parents dormaient encore. Elle se leva, s'habilla, sans bruit. C'était décidé. Puisqu'ils voulaient se séparer d'elle, elle allait partir, n'importe où; non, elle se réfugierait chez son Parrain, il la garderait lui, il ne la livrerait pas à des étrangers. Elle marcha sur la pointe des pieds. Comme elle arrivait à la porte, elle s'entendit appeler. Francet chuchotait.

— Où vas-tu, Cathie?

Il s'était dressé sur son lit, elle devinait la tache blanche de sa chemise dans la pénombre. Pourvu qu'il n'aille pas alerter les parents.

— Cathie, répéta-t-il.

Elle ne répondit pas, fit tourner la poignée de la porte. A ce moment, la mère tout endormie prononça :

— Qu'y a-t-il, ma Cathie?

Il suffit de cette voix tendre, de cet appel engourdi par le sommeil pour enlever à l'enfant son courage. Elle sentit brusquement le froid qui régnait dans la chambre. Elle grelottait.

— Tu vas prendre du mal, murmura Francet.

Elle lâcha la poignée de la porte, revint vers son lit, se glissa tout habillée sous l'édredon.

III. LA MAISON-DES-PRÉS

18

La Marie-des-Prés n'était pas une méchante femme. Elle offrit à Catherine une paire de sabots. A sa table on ne mourait pas de faim. Ses deux fils, l'un apprenti menuisier, l'autre apprenti boulanger, possédaient un solide appétit, aussi leur préparait-elle des plats copieux où Catherine trouvait sa part. La vaisselle était vite expédiée. Ensuite il n'y avait plus qu'à attendre les clients. La Marie-des-Prés partait laver à la pêcherie à quelque cent mètres de là, et Catherine gardait l'auberge. L'apprenti menuisier avait réinstallé la branche de gui, malgré cela les buveurs étaient rares. Parfois plusieurs jours passaient sans qu'on en vît un seul. Quand cependant un voisin ou bien quelques ouvriers de la manufacture se décidaient à entrer, Catherine poliment leur souhaitait le bonjour, les invitait à s'asseoir, plaçait un verre devant eux puis courait à toutes jambes vers la mare. Dès qu'elle apercevait la Marie-des-Prés, elle se plantait sur la route, mettait ses mains en cornet devant sa bouche et appelait. La patronne laissait là son linge et rappliquait vivement; tout essoufflée, elle servait le vin en prenant soin que la bouteille ne glissât pas entre ses mains encore savonneuses. Le jeudi, Aurélien proposait à Catherine de la remplacer à l'auberge si elle avait envie de se promener, mais, presque toujours elle refusait. A son désespoir en effet avait succédé une sorte de fierté.

— Je suis grande, disait-elle un jour à son ami, mon père m'a regardée ce matin quand je partais pour venir à l'auberge, il m'a regardée et il a dit : « Ma grande Cathie qui gagne son pain. »

Aurélien resta tout interdit en écoutant cette déclaration. Il se mit à pousser du pied un caillou, il était navré qu'elle déclinât son offre et ne savait que faire pour lui être agréable.

Il était pourtant des moments où Catherine ne se sentait pas grande du tout; c'était le soir, lorsqu'à nuit noire, la vaisselle lavée et mise en place, il lui fallait regagner la maison-des-prés. Les premiers jours, son père ou sa mère venaient la chercher, puis ils lui avaient dit : « Maintenant, tu connais le chemin, tu ne peux pas te perdre, tu ne risques rien... » Elle avait dû affronter seule la nuit, la plainte des arbres sombres dans le vent, les formes inquiétantes du brouillard qui se levait dans la prairie le long du ruisseau, le bruissement des fourrés au passage de quelque sauvagine, l'envol et le cri des chouettes, la clarté maléfique de la lune. Catherine marchait vite, vite; elle faisait claquer le plus fort possible les sabots que lui avait donnés la patronne, afin que les puissances hostiles en entendant ce bruit pussent penser que c'était là une forte personne, sûre d'elle-même et courageuse et décidée qui s'avançait dans la nuit, et non cette minuscule fillette terrorisée — car elle avait l'impression alors de ne pas être plus haute qu'un poussin juste sorti de l'œuf et qui file de toute la vitesse permise par ses frêles petites pattes à la recherche de sa mère.

Un jeudi matin, Aurélien avait poussé la porte de l'auberge.

— Eh! Cathie, viens voir, il neige.

Elle était sortie et tous deux s'étaient amusés à essayer d'attraper les minces flocons sur le bout de leur langue.

— C'est dommage, disait Aurélien, cela ne tient pas. Si elle avait tenu, demain, au réveil, on serait allé voir si les fantômes laissent des traces dans le pré.

— Quel pré? demanda Catherine.

— Le pré aux fantômes, celui qui commence après le ruisseau.

Elle s'était mise à trembler.

— Qu'as-tu? s'inquiéta le garçon.

Elle avoua ses frayeurs nocturnes. « Maintenant, ajoutait-elle, maintenant qu'il lui avait dit le nom de ce pré aux fantômes, jamais elle ne pourrait trouver le courage de rentrer chez elle. »

Il essaya de la réconforter, de lui prouver que les fantômes n'existaient pas, et qu'il lui suffisait de se signer pour les chasser si malgré tout quelques-uns rôdaient dans le brouillard. Voyant qu'il ne parvenait pas à la convaincre, il réfléchit un instant puis se mit à sourire. Elle protesta.

— Il n'y a pas de quoi rire.

— Je ne ris pas, Cathie, je veux te dire qu'il ne faut plus avoir peur, le soir je viendrai te chercher et je te ramènerai chez toi.

Catherine le regarda, s'approcha de lui et l'embrassa.

Dès lors, chaque soir, il vint la chercher. Ils partaient la main dans la main. Quand ils arrivaient au pré, Catherine, sans en souffler mot, souhaitait que survînt quelque fantôme.

— Vois, disait-elle, là-bas, cette forme blanche, tu ne crois pas que c'en est un?

Mais un coup de vent dissipait les tentacules de la brume, les revenants ne se montraient pas. Arrivée en vue de la maison-des-prés, Catherine serrait la main de son compagnon et le quittait en courant. Elle ne pensait plus à lui qui, rendu à la solitude, luttait à son tour contre l'effroi.

★

Il ne devait pas être loin de deux heures de l'après-midi. La Marie-des-Prés venait de partir à la mare. Catherine achevait de ranger la vaisselle lorsqu'elle entendit frapper à la porte de l'auberge. Elle alla ouvrir et se trouva en face du vieux porcelainier qui lui avait donné un jour une tasse si délicate.

— Bonjour monsieur, dit-elle. (Poliment elle ajouta comme la patronne le lui avait enseigné :) Finissez d'entrer.

Le vieil homme en blouse blanche parut tout étonné de la voir.

— Que fais-tu là, petite? demanda-t-il.

— Je suis servante, monsieur.

— Servante! A ton âge?

Elle lui indiqua une chaise et une table, alla chercher un verre.

— Asseyez-vous, dit-elle, je vais appeler la patronne.

— Je suis gelé, j'aurais voulu un vin chaud. Va vite, sinon je serai en retard.

La patronne revint en bougonnant, fit chauffer le vin, le servit, empocha l'argent et repartit à sa lessive. Catherine resta auprès de l'ouvrier. Pendant qu'il dégustait son vin à petites gorgées, il s'était mis à interroger la petite.

— Et ton frère, il avait mal à un bras, je crois?

— A une jambe.

— Ah! oui, c'est vrai. C'est lui qui te faisait chercher du kaolin?...

Il s'essuya les moustaches sur sa manche plâtreuse.

— Quel âge as-tu? demanda-t-il.

— Huit ans, monsieur.

— Huit ans, répéta-t-il, huit ans, comme s'il ne comprenait pas et il ajouta : (Forcément, il doit coûter cher avec ses remèdes.

Catherine fronça ses fins sourcils. Qu'avait-il cet étranger à vouloir se mêler de ce qui ne le regardait pas?

— Oh! mon frère gagne de l'argent.

— Il gagne de l'argent? s'étonna l'ouvrier, incrédule. Et comment pourrait-il gagner de l'argent s'il est cloué sur une chaise?

— Il taille des fuseaux.

— Des fuseaux?

Quelle manie il avait de toujours répéter ce qu'on lui répondait!

Le vieil homme paraissait de plus en plus surpris. Il consulta une grosse montre qu'il sortit de dessous sa blouse.

— Eh là! grogna-t-il, pas le temps de faire la conversation.

Il donna un sou à Catherine, lui tapota la joue.

— On se reverra, loupiote.

Quelques jours plus tard, à la même heure, il revint à l'auberge.

— C'est pour un vin chaud? demanda Catherine. Je vais chercher la patronne.

— Laisse-la donc, dit le porcelainier.

Il passa sa lourde main ridée sur son visage comme toujours saupoudré de poussière blanche.

— Ces fuseaux que fabrique ton frère, ce sont de vrais fuseaux?

— Bien sûr, affirma-t-elle avec fierté, les plus jolis qu'on puisse trouver dans le canton.

— T'en aurais pas à me montrer par hasard?

— Ah! non, non.

L'ouvrier parut déçu.

— Oh! s'écria-t-elle, je vais peut-être pouvoir vous en montrer un... Attendez.

Elle courut chez les Lartigues, emprunta à Julie le

fuseau que Francet avait taillé pour elle. L'ouvrier fit tourner l'objet entre ses doigts.

— Vous savez, dit Catherine, c'est son premier fuseau, depuis il les fait beaucoup mieux.

— Et avec quoi?

— Ben, avec son couteau.

— Il est adroit. Mais il ne doit pas en tailler des tas dans une journée.

— Un ou deux, peut-être.

Le porcelainier remit le fuseau à Catherine.

— Et il se fait quelques sous avec ça?

— Bien sûr.

— Il pourrait s'en faire davantage, dit-il à voix basse comme s'il se parlait à lui-même (puis :) C'est-y une ou deux jambes qu'il a de malade?

— Une.

— L'autre va bien?

— Tout à fait bien.

— Il est là-haut? et il désignait du doigt le premier étage.

— Non, c'est la patronne qui a pris notre étage, nous, maintenant, on est à la maison-des-prés.

— T'en fais pas, petite, dit l'homme, ça ne sert à rien de s'en faire.

Il enfonça la casquette sur son front et s'éloigna.

Les jours puis les semaines passèrent sans qu'elle le revît. Elle avait rapporté à son frère les questions de ce « drôle de vieux », et Francet avait paru fort contrarié par la curiosité de l'inconnu.

— Peut-être qu'il veut se mettre à tailler des fuseaux, lui aussi, avait-il maugréé.

Elle avait tout à fait oublié le porcelainier lorsqu'un soir, en rentrant à la maison-des-prés, elle le vit attablé avec les parents, devant une écuelle de soupe. Elle fut si stupéfaite qu'elle laissa choir sur le sol de terre battue un almanach dépareillé que la patronne lui avait remis pour son frère. Le vieil ouvrier éclata de rire.

— Ça t'épate de me voir là, hein Cathie? Parce que je sais maintenant que tu t'appelles Cathie. Oh! tu verras, avec le père Baptiste, il ne faut jamais s'étonner de rien. Allez, petite, viens t'asseoir à côté de moi et mange ta soupe.

Le père et Francet regardaient l'homme avec une admiration ingénue, la mère ne se départissait pas à son égard d'une certaine réserve.

Chaque fois qu'il l'appelait « Madame Charron », elle jetait sur lui un regard méfiant. Il bavarda, raconta des histoires de l'usine. Au moment de s'en aller, il sortit des poches de sa blouse deux fines tasses à fleurs enveloppées dans du papier bleu, il en remit une à Catherine, l'autre à Francet.

— Toi, Cathie, pour te remercier du vin chaud et de tes bonnes paroles, toi, Francet, pour te remercier de ton fuseau.

Il serra la main au père, tira sa casquette pour saluer la mère et s'en alla en riant.

— Il y a du brave monde quand même, conclut Jean Charron lorsqu'on n'entendit plus les pas de l'ouvrier.

— Peut-être, dit la mère, mais je le trouve bien hardi, cet homme, de venir ainsi chez des gens qu'il ne connaît pas.

Catherine regardait la tasse à fleurs. Elle donnait tort à sa mère et Francet devait faire de même car il protesta :

— En tout cas, pourvu qu'il revienne.

La mère conseilla la prudence :

— Ne va pas t'emballer, mon Francet, les histoires qu'il t'a racontées, ce n'est peut-être que des histoires. Tu sais les porcelainiers, on les dit beaux parleurs et un peu fous.

— Pourquoi, Marie, cet homme serait-il venu raconter des histoires?

— Est-ce qu'on sait, avec ces gens de la manufacture! Il voulait jeter de la poudre aux yeux.

— Quelles histoires? demanda Catherine.

— Il est tourneur à l'usine, lui répondit Francet. Alors il reviendra, il aidera le père à monter un tour, il croit que je pourrai le faire marcher avec ma bonne jambe.

— Faire marcher un tour? qu'est-ce que cela veut dire?

— Une machine quoi, avec un plateau qui tourne très vite, j'accrocherai un morceau de bois au plateau et pendant qu'il tournera, je n'aurai qu'à appliquer ma lame contre le bois. Vrrr! les copeaux voleront. Avec cet engin, le père Baptiste dit que je pourrai faire jusqu'à dix et peut-être même vingt fuseaux dans ma journée, et bien plus réguliers.

— Allons, dit la mère, tu t'énerves en pensant à cela, tu ne pourras pas dormir. On ne sait même pas s'il reviendra votre Baptiste.

Il revint et, avec le père, construisit un tour.

Ensuite il apprit à Francet comment imprimer un bon rythme à la pédale avec sa jambe valide et comment travailler au couteau le bout de bois virant tel une toupie. Les copeaux sautaient, Francet sifflait, les fuseaux s'alignaient, élégants, sur le bord de la fenêtre.

— Te voilà parti pour faire fortune, affirmait le père Baptiste de sa voix rocailleuse. Bientôt Cathie n'aura plus à être servante, et Mme Charron n'ira plus travailler chez les autres.

La mère faisait maintenant bon visage à l'ouvrier, cependant elle continuait à mettre son mari et les enfants en garde contre les enthousiasmes du vieux.

— On ne se tirera pas d'affaire aussi facilement, soupirait-elle.

Elle disait vrai. Si Francet faisait maintenant ses

fuseaux beaucoup plus vite, il n'en vendait guère; la maison-des-prés était trop loin du bourg, les filles n'en prenaient pas facilement le chemin. De même, l'auberge ne comptait pas plus de clients sous le règne de la Marie-des-Prés que sous celui des Laurent. A la fin de l'hiver, la patronne décida de fermer définitivement le cabaret. Elle complimenta Catherine pour sa bonne conduite, lui donna un sucre d'orge et la renvoya chez elle.

★

La joie de l'enfant fut brève. Elle passait son temps à regarder les copeaux voler sur le tour de Francet. Il faisait des recherches à présent pour tourner des fuseaux en plusieurs pièces; il lui fallut bien des tentatives infructueuses, enfin un soir il s'écria :

— Catherine, j'ai gagné, regarde-moi ça.

Il brandissait son chef-d'œuvre : un fuseau en trois parties qu'il ne cessait de dévisser et de revisser.

— Les filles se battront pour acheter mes fuseaux!

Pour le moment le dégel rendait les chemins boueux, inondait les prés, emplissait l'air d'un brouillard épais. Clotilde maintenant nommait les parents : « Paï, Maï », sa sœur : « Ti », son frère : « Cé »; elle trottait devant la maison dès qu'elle pouvait tromper la surveillance de Catherine et allait s'affaler dans la boue.

De temps à autre, le père Baptiste venait voir son élève, il l'encourageait à fignoler toujours davantage ses fuseaux.

— Ça ira, petit, affirmait-il.

Un jour il partagea le repas des Charron et dit à Catherine :

— Accompagne-moi, loupiote, je vais te montrer quelque chose de beau.

Catherine le suivit. Ils regagnèrent la route, au

bout d'un moment, prirent un chemin sur la droite : le chemin était rouge et blanc. Catherine le reconnut : c'était celui de la manufacture. Le vieil homme marchait vite et elle avait peine à le suivre. Ils rencontraient des groupes d'ouvriers qui allaient au travail et interpellaient le père Baptiste.

— Eh, père Baptiste, c'est ta promise?... Tu les prends au berceau.

— Taisez-vous, innocents, leur lançait-il de sa voix où roulaient des silex.

Comme s'il devinait l'inquiétude de Catherine, il se penchait vers elle et lui glissait à l'oreille :

— Quand la cloche aura sonné, ils seront tous dans les ateliers; comme ça, tu pourras t'en revenir tranquille, il n'y aura personne dans le chemin.

Ils débouchèrent sur une vaste esplanade rouge et blanche comme était le sentier; de hauts tas de charbon la bordaient sur la gauche, sur la droite s'allongeait sous un toit de tuiles plates et brunes un bâtiment de briques à deux étages, le long de la façade couraient de puissantes et tortueuses glycines.

— Quand c'est en fleur, ce bleu sur les briques, c'est magnifique, disait l'ouvrier. Et les fours! ajoutait-il, désignant de la main, au fond de l'esplanade, une construction noirâtre dont le toit était percé par trois grosses cheminées basses crachant leur fumée.

— C'est beau, hein? demanda-t-il.

— Oui, répondit Catherine faiblement.

Elle ne trouvait pas cela si beau, bien moins beau que la sous-préfecture par exemple. Et ces trois gueules de four soufflant leur fumée noire lui faisaient peur. Le père Baptiste se pencha, releva la visière de sa casquette, regarda à gauche et à droite comme s'il craignait qu'on pût l'entendre et dit à voix basse.

— Ne le répète pas, mais si ton frère guérit, et je pense

qu'il guérira, je le ferai entrer ici, hein, qu'en penses-tu?

Catherine n'en pensait rien du tout.

— Oui, dit-elle encore.

— Ah! je savais bien que tu me donnais raison.

Il la prit dans ses bras, la souleva de terre et l'embrassa bruyamment. Elle trouva qu'il sentait le vin. A ce moment, une cloche se mit à sonner à toute volée.

— Mille excuses, fit le vieux. Et surtout pas un mot à tes parents ni à ton frère.

Il planta là Catherine et se dirigea vers l'usine. Des ouvriers débouchaient du chemin en courant. Catherine s'étonna de voir parmi eux des enfants dont quelques-uns, des garçons, lui parurent aussi petits qu'elle. Seule, au milieu de l'esplanade, elle fut prise de panique. A reculons, elle se glissa jusqu'aux abords des tas de houille. Les ouvriers faisaient-ils comme les romanis, enlevaient-ils les enfants pour les faire travailler à la manufacture? Le père Baptiste lui avait peut-être tendu un piège?

Elle vit un gros homme sanguin sortir de l'usine et se mettre à crier après les enfants qui, à son gré, n'allaient pas assez vite. Ce fut un garçon qui entra le dernier, il passa devant le bonhomme, tranquillement, les mains aux poches. Le gros essaya de lui flanquer un coup de pied, mais l'enfant l'esquiva par un saut de côté et pénétra dans l'usine. L'homme referma la porte derrière lui, puis se dirigea vers les fours.

Près du tas de charbon, Catherine n'osait plus bouger. Si ce coléreux l'apercevait, c'en était fait d'elle, il l'enfermerait dans la manufacture. Du long bâtiment venait maintenant une sourde rumeur. La petite trouvait ce bruit plutôt rassurant, un peu comme le ronron d'un énorme chat. Cependant, elle resta longtemps aux aguets; enfin elle s'avança dans la cour, et, sans oser courir, de crainte que le bruit de ses pas n'allât faire sortir le bonhomme coléreux qui avait dû, pensait-elle, se tapir à la porte d'un four, elle regagna le chemin rouge et blanc.

— Que t'a-t-il montré de beau? demanda Francet un peu plus tard.

— L'usine.

— Et c'est beau?

— Si c'est beau, c'est, c'est, je peux pas te dire, tellement c'est beau.

Francet prit un air sombre.

— Oh! ça ne m'intéresse pas.

Et il fit ronfler son tour.

★

La maison-des-prés reçut une autre visite en cette fin d'hiver : celle du Parrain. Quand elle lui ouvrit la porte, la mère eut un cri d'allégresse.

— Le Parrain! s'écria-t-elle et sa voix était légère, comme jadis.

Mais elle ajouta sur un ton confus et cérémonieux :

— Pardonnez, mademoiselle, je ne vous avais pas vue.

C'est vrai que la « demoiselle » ne tenait pas beaucoup de place. Petite, mince, brune, à qui ressemble-t-elle donc? se demandait Catherine. Mais à Mariette, finit-elle par conclure, une Mariette non pas vive, nerveuse, coquette comme l'était sa demi-sœur avant le mariage, mais une Mariette timide, calme, effacée.

— Comme elle a grandi, ma Cathie, disait le Parrain.

Il hissait sa filleule sur ses épaules et lui faisait faire ainsi le tour de la cuisine; elle devait se pencher pour ne pas heurter de la tête le plafond. Il lui remit un ruban rouge, quelques bonbons, une piécette d'argent. Il demanda des nouvelles de Martial, d'Aubin; sa voix se fit hésitante quand il s'inquiéta de la santé de Mariette.

Ensuite, il resta un moment sans parler. La « demoiselle » se tenait sagement assise près de lui.

— Voilà, dit-il enfin, nous allons nous marier.

La mère l'embrassa, demanda la permission à la « demoiselle », qui rougit fort, de l'embrasser elle aussi : Jean Charron se leva, tapa sur l'épaule du Parrain.

— Bien, dit le père, bien.

Le Parrain semblait tout embarrassé.

— Seulement, Berthe vient de perdre son père.

— Pauvre petite, fit la mère, votre maman doit être bien malheureuse.

Berthe rougit encore et essuya furtivement une larme.

— Elle n'a pas sa mère... Je voulais vous dire, il n'y aura pas de noces, faut nous pardonner.

— Pardonner, pardonner! dit la mère, tu n'as pas à demander pardon.

— Oh! s'il n'y avait pas eu ce deuil, vous pensez bien. Remarquez pour un grand repas, il aurait fallu qu'on emprunte, parce que ni Berthe ni moi...

— Ça ne vous empêchera pas d'être heureux, affirma le père; n'est-ce pas, Marie?

Elle ne répondit pas et fit mine de chercher en vain quelque objet dans la commode.

Jean Charron s'approcha du Parrain et lui parla à voix basse.

— Ne vous inquiétez pas, répondit le jeune homme, je les ai toujours et j'espère bien ne pas avoir à m'en séparer.

— C'est bien honteux à dire, mais nous n'avons même pas une bouteille de cidre à vous offrir.

— Qu'allez-vous chercher là, Père! protesta le Parrain.

Il dut penser que sa visite attristait les Charron car il se leva, aussitôt imité par sa fiancée, embrassa Catherine et prit congé.

Les parents, Catherine et Clotilde accompagnèrent les fiancés dans le chemin qui, entre deux prés, menait à la route.

— Je n'ai pas voulu en parler devant Francet, dit le Parrain, mais bien entendu, vous Mère, vous Père et toi Cathie, vous partagerez avec nous le repas de mariage.

Cette visite attrista Catherine.

— Je ne veux pas qu'il se marie, confiait-elle à Francet.

— Voyez-vous ça, il a l'âge, non?

De la pointe de sa lame, il gravait les initiales sur un fuseau. Il ajoutait tout en regardant son ouvrage.

— Le père aussi, ça doit le chiffonner ce mariage. Il a peur que la dépense oblige le Parrain à revendre les bijoux.

— Quels bijoux?

— Nos bijoux. Moi j'ai bien deviné que le père lui en parlait quand il a baissé la voix.

— Et si jamais il donne la croix et le collier d'or à sa femme!

— Ça serait son droit.

— Non, il n'a pas le droit, non.

Catherine trouvait que les grandes personnes la trahissaient. Elle le pensa bien plus encore lorsque la Marie-des-Prés, entre deux lessives, vint voir la mère et lui dit :

— J'ai tant fait de compliments de votre Cathie que les jeunes Pichon du Boccage la demandent comme bergère. D'ici à la Saint-Jean, ils lui donneront un louis et deux autres de la Saint-Jean à la Toussaint. Ce sont de braves gens, les jeunes Pichon, votre Cathie ne sera pas malheureuse.

19

« Pas malheureuse. » Les grandes personnes ont vite fait de décider cela; ensuite, les voilà tranquilles. C'était vrai pourtant que les Pichon du Boccage étaient braves, tout jeunes et bien plantés, mais le soir quand elle mangeait silencieusement à leur table, et plus tard quand elle se mettait au lit dans leur cuisine, Catherine avait l'impression de rêver; quelqu'un, quelque chose avait dû commettre une erreur et par suite de cette erreur, elle se trouvait, elle, Catherine, à cette table, dans ce lit, étrangère chez des étrangers.

Ils n'étaient pas mauvais, mais affolés de travail, semblait-il, comme s'ils ne devaient pas avoir assez de toute leur vie pour abattre la besogne qu'ils s'étaient fixée. Ils ne regrettaient pas le pain à leur bergère de huit ans; ils ne la fâchaient pas, mais ils ne la voyaient pas, ils ne voyaient pas le mince visage qu'elle levait vers eux, inquiet, interrogateur, quand, à côté d'elle, ils parlaient vite, avec de grands gestes comme s'ils eussent été seuls.

Lui, avait le poil noir hérissé, il n'y avait pas plus coléreux. « Soupe au lait », l'appelait sa femme. Ce n'était jamais contre elle qu'il s'irritait ni contre Catherine : les bêtes avaient le don de le faire entrer en fureur. Aussi leur inspirait-il un véritable effroi. Aux vaches en particulier, deux bêtes franches cependant. Catherine les aimait bien. Roso et Bloundo avançaient leur mufle contre la poitrine de l'enfant, la regardaient de leurs immenses yeux chagrins et Catherine leur parlait pensant qu'elles s'attristaient sur son sort. Le maître lui ne savait pas parler doucement aux bêtes, de là venait tout le mal. Il tenait la charrue dans le champ; Catherine marchait devant l'attelage, posant son aiguillon sur le joug. Soudain, pour un faux pas de la Roso, un tressaillement de la Bloundo, Pichon entrait dans une colère aussi folle qu'un orage d'août, il lâchait le manche, hurlait, lançait des mottes de terre sur les bêtes; l'attelage bondissait, Catherine, tremblante, se jetait de côté, s'attendant toujours à être piétinée par les vaches. De la ferme, la femme arrivait en courant. Elle sermonnait son jeune mari qui, exténué, s'était assis au bord du champ et s'épongeait le front avec un mouchoir jaune. L'homme ne disait plus rien; quand sa femme avait dévidé son chapelet habituel de reproches, de menaces, de prières, elle le prenait par le cou et l'embrassait.

Un peu honteux, Pichon allait chercher la charrue en bataille, il demandait à Catherine de le précéder pour calmer les bêtes écumantes. Elle leur parlait à voix basse, prononçant leur nom, mais dès qu'elles sentaient l'approche du maître, elles relevaient la tête, prêtes de nouveau à foncer. Il avait rendu ses bêtes si nerveuses, qu'il lui était impossible de les mettre, à lui seul, sous le joug. Il devait faire appel à sa femme et à Catherine. Sans cesse, les bêtes bronchaient; le jeune homme s'énervait, il se mettait à crier. La femme et Catherine avaient alors bien du mal à empêcher les vaches de s'enfuir. Un jour qu'il essayait en vain d'attacher le joug, il poussa un juron; la Roso sauta et partit à fond de train, folle, le joug sur la nuque. Il fallut organiser une battue avec les voisins pour la rattraper, loin, dans un bois, à demi morte de fatigue, le col tordu par le lourd appareil. Pichon jugea prudent de s'en défaire et la vendit au boucher. Les enfants du voisinage disaient à Catherine : « Ton maître deviendra fou quelque jour », et elle avait peur qu'il s'en prît à elle comme il faisait pour les animaux et lui envoyât quelque coup d'aiguillon. Pourtant jamais il ne fit le moindre geste contre elle et, toujours, il lui parlait sans élever la voix.

En plus des deux vaches, Catherine avait à garder quatre moutons. Ils étaient aussi fantasques que leur maître. Jeunes, gros et vigoureux, il n'y avait pas à les tenir. Dès qu'ils entendaient claquer les sabots de la bergère, ils se bousculaient à l'entrée de l'étable. Elle tirait la porte en prenant soin de se placer à l'abri derrière le mur, car les quatre moutons bondissaient les uns par-dessus les autres pour gagner le large. Dans le pré, la danse n'arrêtait pas : pour un papillon, un coup de vent, l'ombre d'un nuage sur l'herbe, une mouche, plus souvent encore pour rien, les quatre bêtes se donnaient la course, se séparaient, se rejoignaient, traversaient la prairie à fond de train. Catherine avait beau s'époumonner à les appeler, elle avait beau lancer à leur suite son chien Bismark, un vieux bâtard broussailleux, rien n'y faisait. Menaces, prières restaient vaines. Catherine à son tour se mettait à courir dans la direction de ses bêtes, mais quand, enfin, elle arrivait au sommet de la prairie, voilà les quatre vauriens qui filaient en sens inverse.

Quelque jour, songeait-elle, ils prendraient la poudre d'escampette. On ne les reverrait plus. Les gendarmes viendraient la chercher. « Bergère, qu'avez-vous fait de vos quatre moutons? » « Ils sont partis. » « Eh bien! en prison, bergère, en prison. »

Le temps passait au Boccage : vinrent les feuilles, puis les fleurs, puis les fruits; pourtant Catherine avait toujours le sentiment d'être là, en exil, à la suite d'une incompréhensible erreur. L'automne arriva et le mariage du Parrain : pour un jour ce fut vacances. Mais Catherine ne s'amusa guère à ce repas, elle regardait en face d'elle, sans indulgence, ces êtres dont elle s'était cru aimée et qui l'avaient trahie : le Parrain en épousant cette timide orpheline, le père et la mère qui l'avaient encore une fois vendue, le père qui, au dessert, essaya en vain de se remémorer une des chansons qu'il chantait avec tant de cœur au temps des Jaladas, la mère dont le visage s'était encore amenuisé mais dont la taille s'épaississait; et Catherine reconnaissait mal cette minuscule figure posée sur un corps qu'elle trouvait trop volumineux. A la fin de l'après-midi, l'oncle du Parrain attela le cheval et reconduisit la petite au Boccage.

— Tu t'es bien amusée, Cathie? demanda le jeune fermier.

— Oui, maître, répondit-elle sagement.

— Tu dois avoir envie de dormir, va vite te coucher.

— Oui, maître.

Les feuilles jaunirent, tombèrent. Les moutons étaient toujours aussi fous. En les poursuivant à travers une haie, Catherine se piqua un doigt aux ronces, elle n'y prit pas garde et continua sa course. Le lendemain le doigt, le majeur gauche, était enflé; le soir, de sourdes lancées le parcouraient. Toute la nuit Catherine se battit avec ses moutons, ils étaient devenus énormes et criaient des injures avec la voix du maître. Au matin, le doigt était rouge sombre et toute la main enflée.

— Et alors, Cathie, alors, qu'y a-t-il ce matin?

— Voilà, maîtresse, je me lève.

De l'aube au crépuscule, elle se traîna derrière ses moutons. Souvent des poussées de douleur la faisaient crier. Elle eut l'idée de gagner la rive d'un ruisseau qui traversait le pré, y plongea sa main malade. La glissade froide et rapide de l'eau atténuait la souffrance.

Lorsqu'elle la retirait de l'eau sa main était bleue et morte, mais ensuite le sang recommençait à battre atrocement au bout du doigt infecté. Catherine passait ses nuits à geindre, et la patronne qu'elle empêchait de dormir la fâchait.

— Tu as appelé ta mère toute la nuit. Que veux-tu qu'elle te fasse ta mère? Tu es douillette! C'est rien ce que tu as, c'est un pisse-chien, tu n'as qu'à pisser dessus et ça passera.

Le maître ne disait rien, mais on voyait bien à son air sombre qu'il n'avait guère dormi lui non plus et il passait sa mauvaise humeur sur les bêtes.

Au bout de la semaine, le doigt était blanchâtre à son extrémité. Couchée à plat ventre au bord du ruisseau, Catherine y laissait pendre sa main. Tout à coup elle eut une impression bizarre, comme si l'eau lui eût emporté le doigt. Elle retira sa main. Dieu merci aucun doigt n'y manquait, mais l'ongle du doigt pourri et un morceau de chair étaient partis dans le courant.

La plaie mit longtemps à se cicatriser et l'ongle à repousser. Une marque profonde demeura au bout du majeur et l'ongle devait pour toujours garder une forme bizarre, comme un toit dont le faîte eût suivi le milieu de l'ongle. Plus tard, quand elle aurait l'impression que ces mois du Boccage apparaissaient comme étrangers à sa vie, il suffirait à Catherine de regarder son doigt abîmé pour éprouver dans toute sa force la part de larmes et de douleurs bien réelles qui avaient accompagné ce premier séjour loin des siens.

On était au début de l'hiver, mais le soleil s'attardait cette année sur la campagne comme si l'automne ne devait jamais finir, lorsque la patronne déclara à Catherine qui rentrait ses moutons :

— Cathie, tu vas bientôt nous quitter : un voisin,

Laliret, qui revenait tantôt de La Noaille, a vu ton père. D'ici peu, il t'enverra chercher.

Catherine ne répondit pas.

— Je suppose que tu es contente, dit la fermière, tu l'as assez appelée ta mère quand ton doigt te faisait mal.

— Oui, dit Catherine.

Pourtant elle n'aurait su affirmer, vraiment, si elle était contente. Elle ne se plaisait toujours pas au Boccage mais elle n'éprouvait plus de joie à la pensée de retourner chez elle. Ses parents ne l'avaient pas gardée, ils la placeraient sans doute de nouveau quelque jour, alors que lui importait de revenir à la maison-des-prés. Les jours suivants, cependant, la pensée de revoir la masure familiale lui devint moins indifférente; c'était la curiosité qui s'éveillait en elle : la fermière ne lui avait pas appris pourquoi ses parents songeaient à la reprendre et Catherine n'osait pas lui demander si elle savait quelque chose à ce sujet. Voilà, songeait-elle, Francet a dû faire fortune avec ses fuseaux et il va me délivrer, il m'est reconnaissant parce que grâce à moi le père Baptiste lui a monté un tour. Elle s'attendait presque à voir paraître un brillant équipage qui serait venu la prendre dans la cour de la ferme pour la conduire à La Noaille. Ce fut plus simplement le voisin des Pichon, Laliret, qui, se rendant un matin à la ville, la fit asseoir à côté de lui dans sa voiture. Le soleil était toujours là mais l'air à présent était vif.

— Ça va te donner des couleurs, remarqua Laliret, comme cela ta mère sera fière de toi.

Il avait l'air brave, ce Laliret, avec ses petits yeux rieurs et son nez qui bougeait. Catherine s'enhardit et lui demanda :

— Comme ça, mon frère a fait fortune?

L'homme la regarda stupéfait.

— Ben... finit-il par balbutier, je ne... je ne crois pas...

Catherine baissa la tête.

— Mais alors pourquoi me fait-on rentrer à la maison ?

Cette fois, le conducteur fut si étonné qu'il ouvrit la bouche mais demeura sans rien dire. Comme on arrivait au sommet d'une côte, il fit claquer le fouet, et, dans le plat, le cheval se mit à trotter. Ce n'est qu'après une longue course, comme l'animal ralentissait l'allure, que l'homme remarqua :

— La fermière du Boccage ne t'a donc rien dit ?

Catherine de la tête fit signe que non. Laliret se gratta de l'index le bout du nez.

— Eh bien... commença-t-il.

Mais il s'en tint là, comme s'il ne pouvait ou ne voulait en dire plus long, et il se mit à regarder les nuages, les arbres dépouillés, un vol de corbeaux sur les champs avec l'air d'un qui aurait tout oublié du but de ce voyage et même si vraiment il y avait un but à quoi que ce soit. Cette expression égarée de son compagnon découragea Catherine, elle n'osa plus l'interroger et se résigna à ne rien savoir de ce qui l'attendait à La Noaille.

« Je verrai bien. »

20

Elle vit. La mère était couchée. Près d'elle un petit être blanc, chétif, suçait son pouce.

— Embrasse ta sœur, dit la mère, elle s'appelle Antoinette, Toinon.

Le visage de la mère semblait usé, les yeux y paraissaient trop grands.

— Tu es heureuse? demanda le père.

— Oui, répondit Catherine.

— Tu as une jolie petite sœur, dit la marraine Félicie qui aidait au ménage.

— Oui.

Elle ne se sentait ni heureuse ni malheureuse mais elle trouvait bien laide cette petite chose grimaçante à côté de la mère. Il y avait aussi une fillette dans la cuisine avec de beaux yeux noirs, elle se tenait bien droite. Félicie la poussa vers Catherine.

— Tu reconnais Cathie, lui demanda-t-elle.

— Non, répondit la fillette.

Catherine jeta un coup d'œil sous la table pour voir si Clothilde ne s'y traînait pas à quatre pattes selon son habitude; elle ne vit rien, alors elle comprit : cette enfant toute droite, au regard sombre, c'était Clotilde.

— Ma Clotilde, lui dit-elle, et elle essaya de la prendre

dans ses bras, mais l'enfant se dégagea vivement et alla chercher refuge près de Francet. Lui, n'avait pas changé, un peu grossi et des couleurs aux joues, on devinait que, malgré sa jambe toujours allongée, il allait mieux.

La marraine Félicie mit de l'ordre dans la pièce, puis elle jeta une pèlerine brune sur ses épaules.

— Maintenant que Cathie est arrivée, je vous laisse, Marie. Votre fille veillera sur vous.

Elle se tourna vers le père qui se tenait gauchement au pied du lit.

— Vous, Jean, dit-elle sur un ton de commandement, empêchez Marie de se lever trop tôt et qu'elle ne se presse pas de reprendre ses ménages.

Le père ne sut que répondre, il tira plusieurs fois sur sa moustache.

— Vous avez entendu? gronda Félicie.

Ce fut la mère qui la rassura.

— Mais oui, Félicie, ne portez pas peine pour moi.

La grosse femme la regarda, hocha la tête.

— Je ne vous trouve pas fameuse, ma pauvre Marie, soupira-t-elle. Vous n'aviez pas besoin de ça — et d'un signe du menton elle indiquait l'être minuscule pelotonné contre la mère — pour vous arranger. Enfin, trancha-t-elle en reprenant son ton autoritaire, quand ils sont là on est bien obligé de les garder.

Elle empoigna son cabas de paille noire, donna une tape sur la joue de Catherine et s'en alla en soufflant.

Toinon occupa le berceau en bois plein qui avait été celui de Clotilde et celle-ci partagea le lit de Catherine. Il semblait à l'aînée avoir à côté d'elle l'une de ces grandes poupées qu'il lui était arrivé d'admirer derrière leur vitrine dans un magasin de la rue Limogeane. Elle aurait passé son temps à habiller, à peigner Clotilde, mais il fallait faire vite : il y avait Toinon à emmailloter et démailloter, les repas à préparer. Lorsque la mère s'apprêtait à donner le sein à Toinon, Catherine essayait de trouver un prétexte pour s'éloigner : la vue de cette pauvre mamelle flasque lui faisait mal, elle ne pouvait s'empêcher de revoir en elle-même ce glorieux globe, tendre, que la mère jadis tendait vers la petite bouche avide de Clotilde, alors que la carriole les menait toutes les trois vers Saint-Exupère, ce globe de chair à la fois laiteuse et brune qui avait jailli si chaudement du corsage et que Catherine aurait voulu baiser et mordre.

— Pourquoi ont-ils eu cette Toinon? demanda-t-elle à Francet.

— Je me le demande moi aussi, grommela-t-il entre les dents, et il prit son air sombre.

Pourtant il ne paraissait pas triste ces jours-ci. De temps à autre, des filles de La Noaille venaient le voir ; il leur remettait leurs fuseaux ou leurs quenouilles démontables — car maintenant il tournait également des quenouilles. Elles donnaient leurs sous en échange; à quelques-unes il réclamait un baiser en plus, elles s'acquittaient de cette dette en riant. Lui aussi riait. Il redevenait sévère lorsqu'elles quittaient la maison-des-prés en courant.

Peu à peu, Clotilde se laissait apprivoiser par sa sœur aînée. Elle lui donnait la main et toutes les deux allaient dans les prés ou les bois mouillés cherchant de menus trésors dans l'herbe froide, les feuilles pourries ou les branches mortes.

La mère ne resta guère longtemps au lit. Debout elle paraissait encore plus fragile. Ses cheveux avaient repoussé depuis le passage du gitan, quand elle les ouvrait sur ses épaules, on avait l'impression qu'elle allait ployer sous leur masse.

Toinon prenait enfin figure humaine, son visage devenait lisse, ses petits yeux bridés vous regardaient avec quelque espièglerie, semblait-il.

— Les Chinois doivent être comme ça, prétendait Francet, ce qui mettait le père en colère.

— C'est le portrait de ma défunte maman, disait la mère.

Il y avait parfois des visiteurs qui venaient « voir pousser Toinon ». La marraine Félicie arrivait au milieu de l'après-midi, le dimanche. Elle portait quelques victuailles, tourbillonnait dans la cuisine, grognait, se mouchait bruyamment, vitupérait contre l'humidité qui régnait dans cette sacrée cabane à lapins, puis s'en allait en maudissant « ses bourgeois » qui étaient chiches de son temps comme ils l'étaient de leur argent.

— Le mariage lui manque, affirmait Francet avec un sourire en coin.

Et Catherine se demandait en quoi le mariage pouvait manquer à Félicie.

21

La neige tomba, s'en alla, revint, s'en alla encore. Il y avait trop d'humidité dans la terre, les arbres, les prés, pour qu'elle pût tenir; et ce fut le 1er janvier 1881. Chaque année, ce jour-là, le Parrain avait coutume de donner une piécette d'argent à sa filleule. Elle se leva avant même que la nuit fût tout à fait dissipée tant elle avait hâte d'accueillir le Parrain et ses étrennes. Les premières heures de la matinée passèrent vite. Elle gardait un ton enjoué, prenait des mines pour faire rire Clotilde. La mère restait mélancolique. « Cette année, que va-t-elle nous apporter? » avait-elle murmuré quand le père l'embrassa. Elle avait ajouté : « Ce n'est pas encore qu'on nous verra tous réunis dans une maison, je ne parle pas de cette masure, dans une métairie, comme autrefois... Francet, j'aurais bien voulu te donner des étrennes, et à toi aussi Cathie, et à Aubin, que devient-il le pauvre? Et à Martial. Mais... » Et elle laissa retomber sa main avec lassitude. Quand le soleil toucha la cime nue des frênes, Catherine n'y tint plus. Profitant d'un moment d'inattention, elle prit le chemin et courut jusqu'à la route. Elle remonta à pas pressés le faubourg de La Ganne. Au fur et à mesure qu'elle approchait du centre du bourg, elle croisait ou dépassait des groupes d'enfants affairés qui allaient de porte en porte. Dans l'un de ces groupes, elle aperçut Aurélien et Julie; elle se hâta dans l'espoir qu'ils ne la verraient pas, mais Aurélien courut après elle et voulut l'emmener avec eux.

— Viens donc.

— Je n'ai pas le temps.

Elle s'approcha cependant du groupe où demeurait Julie. Un grand gars s'en détacha, atteignit la sonnette d'une porte. Au bout d'un moment, on entendit un pas traînant et la porte s'ouvrit, une femme en papillotes parut sur le seuil. Les enfants entonnèrent en chœur :

Boun'anado
Bien accoumpagnado
Mes etrennas
Si ô plâ.

La bourgeoise releva sa robe, fouilla d'une main courte dans la poche d'un jupon et lança quelques sous sur les quêteurs. Ce fut une ruée. Enfin la mêlée se défit, on en vit sortir Julie triomphante.

— Vois, dit-elle à Catherine, en ouvrant la main, vois, depuis ce matin, je me suis fait près de dix sous.

« Je vais bien les avoir moi sans m'abaisser », songea Catherine.

— Tu restes avec nous? demanda Aurélien, ensuite on achètera des miettes de gâteaux.

— Je ne peux pas, on m'attend, répondit Catherine et elle laissa là Aurélien consterné.

En passant devant les maisons du Haut, elle se demanda une fois encore quelle pouvait être exactement celle des Desjarrige; elle imagina les bijoux, les fleurs, les pâtisseries que la belle Émilienne devait avoir reçus pour étrennes. Ces images l'attristèrent; pour les chasser, elle s'appliqua à penser à la pièce d'argent que bientôt le

Parrain lui glisserait au creux de la main. Pourquoi n'était-il pas venu? Il était peut-être malade, ou bien n'était-ce pas plutôt son orpheline de femme qui l'en avait empêché? Elle s'arrêta, le cœur battant. Et s'il avait changé de maison! s'il avait quitté le pays sans prévenir! Non, cette idée était trop effrayante, ce n'était pas possible. Il avait dit, lors de son mariage, qu'ils allaient habiter le quartier de La Parade; eh bien, elle savait où se trouvait ce quartier au nord de La Noaille. On disait le quartier de La Parade; en fait ces quelques maisons s'étendaient, fort éloignées les unes des autres, sur près d'un kilomètre. Avec la traversée du bourg et le long trajet qui séparait la maison-des-prés des premières bâtisses de La Ganne, cela ne devait pas faire moins de trois kilomètres que durent parcourir les maigres jambes de Catherine. « Pourvu que je le trouve », se répétait-elle. « Sinon je n'aurai pas la force de revenir chez nous. » Une vieille femme lui indiqua la maison qu'elle cherchait, l'une des dernières de La Parade. On ne pouvait pas s'y tromper : avec les madriers entassés dans la cour, ce ne pouvait qu'être celle d'un charpentier.

Catherine pénétra dans la cuisine. Berthe, la petite femme, la regarda, inquiète.

— Que voulez-vous, mademoiselle? dit-elle en rougissant.

— Eh bien, commença Catherine (puis la timidité de l'autre la gagna...) Le Parrain, finit-elle par articuler.

— Quel Parrain?

Cette question causa à l'enfant une peur panique, elle eut envie de tourner les talons et de s'enfuir. Dans quelle maison irréelle était-elle tombée, où l'épouse même du Parrain semblait ne pas connaître celui-ci?

— Eh bien... recommença Catherine.

A ce moment, de la pièce voisine vint une voix mâle qui dissipa le cauchemar.

— Ma parole, disait cette bonne voix, cette voix solide, sans faille, sans fantasmagorie, ma parole n'est-ce pas Cathie que j'entends? Une minute, ma Cathie, je me fais beau et j'arrive.

— Ah! fit la jeune femme, vous êtes mademoiselle Catherine? Jésus, Vierge Marie, que va penser de moi mon pauvre mari? Je ne vous avais pas reconnue!

Elle cligna plusieurs fois des paupières, regarda longuement Catherine de la tête aux pieds.

— Jésus, Vierge Marie, répéta-t-elle encore.

Le Parrain sortait de la chambre tout en boutonnant sa chemise blanche. Il était rasé de frais, Catherine fut tout heureuse de poser ses lèvres sur la joue qui sentait encore le savon.

— Bonne année, Parrain!

— Bonne année, ma Cathie. Suis-je bête? On travaille tant et plus, comme des bêtes, et hier je n'ai pas pensé qu'aujourd'hui était jour de l'an, je pensais à un dimanche ni plus ni moins. C'est mon sacré petit brin de femme qui m'y a fait penser tout à l'heure. Comment trouves-tu ça, Cathie? Ma femme est si timide qu'elle n'osait pas me dire qu'on était le 1er janvier. Enfin quand elle s'est décidée à m'avertir, il était trop tard pour que je descende à la maison-des-prés.

Il rit, souleva Catherine de terre comme il faisait aux Jaladas.

— Enfin, dit-il, tout est bien qui finit bien puisque tes parents t'ont envoyée.

Qu'allait-il faire si elle lui apprenait qu'elle était venue de son propre chef? Elle ne trouva pas le courage de le détromper.

— Bien entendu, dit-il, tu manges avec nous. Je te reconduirai chez toi à la nuit.

Ce mot « à la nuit » la remplit de crainte; elle pensa pour la première fois à ses parents qui devaient déjà depuis longtemps l'appeler et l'attendre. Cette pièce d'argent que le Parrain lui mit dans la paume lui fit de nouveau oublier ses inquiétudes.

— Tu vas nous faire des dorées, dit le Parrain à sa femme. Ma Cathie les aime.

Des dorées! Comme aux temps heureux! Catherine eut envie de sauter au cou du jeune charpentier, elle ne broncha pas pourtant : elle n'était plus d'âge, songeait-elle, à faire de tels gestes. Comme s'il devinait ses pensées, le Parrain remarqua :

— Comme te voilà devenue grande... et sage.

Il lui fit visiter les deux pièces de la maison. Il n'y avait là que le strict nécessaire : une lingère, un lit, une table, une maie, un seul banc. Les meubles étaient si bien cirés et frottés qu'ils en prenaient une sorte de douceur et l'on oubliait leur pauvreté. Le Parrain semblait fier de la propreté qui régnait ici, il dit à Catherine :

— Elle est vaillante, tu sais, mon sacré petit brin de petite femme.

Ensuite il fit faire à sa filleule le tour de la maison, la conduisit sous un hangar où il rangeait ses outils : des équerres, une scie, des marteaux de plusieurs dimensions, un établi, des gouges, des pointes, un paquet de grosse corde.

— C'est un dur travail la charpente, mais je ne me plains pas.

Catherine se demandait si c'était à elle-même qu'il souriait ou à ses propres outils.

« C'est parce que je suis venue le voir qu'il est content », essaya-t-elle de se dire, mais elle n'était pas sûre qu'il n'eût pas eu le même air heureux si elle n'avait pas été là; et ce doute lui était désagréable. Elle n'eut qu'à plonger la main dans la poche de son tablier et toucher du bout des doigts la pièce d'argent pour retrouver sa joie.

Pendant le repas le Parrain parla de son travail, décrivit les chantiers sur lesquels il lui fallait aller. Sa femme ponctuait ce récit d'exclamations étouffées : « Oh! là... Ciel... Eh bien... Ma foi... Mon Dieu! » Comme si elle était effrayée par l'évocation de ces chantiers si nombreux ou si hauts ou si loin. Puis le Parrain devint moins exubérant, il se mit à parler des Jaladas, des parents, des frères de Catherine, enfin il se tut et parut mélancolique.

— Mange, mange donc, proposait sa femme.

Ils savourèrent longuement, en silence, les châtaignes blanchies et les dorées.

Après le repas, le Parrain demanda :

— Berthe, si tu chantais pour la petite.

Et se tournant vers Catherine :

— Comme un ange, elle chante, tu sais!

Berthe rougissait, baissait la tête, se raclait la gorge.

— Allons, allons, fit le Parrain (et, s'adressant de nouveau à sa filleule :)

— Elle est si modeste qu'elle n'a jamais chanté que pour moi seul... et encore à condition de ne pas me voir.

Il reprit :

— Allons, Berthe, Cathie c'est une enfant, c'est ma fille ou ma sœur, comme tu veux.

Berthe murmura quelque chose, ce devait être, mais on n'en était pas sûr tant la voix était faible, ce devait être : « Je ne pourrai pas. »

— Bien, dit le Parrain, nous allons te laisser, oublie-nous, et chante comme si tu étais seule.

La femme ne répondit pas, le Parrain se leva et entraîna Catherine avec lui dans la chambre. Il poussa la porte mais la laissa entrebâillée. Ils restèrent un long moment silencieux assis l'un en face de l'autre, chacun sur un escabeau. Catherine bâilla; si elle devait attendre encore, immobile et muette, elle allait s'endormir; déjà elle s'assoupissait, ses yeux, malgré elle, se fermaient. Et soudain dans l'autre pièce une voix fine, jeune comme le printemps s'éleva. D'abord hésitante comme celle, semblait-il, d'un oiseau prêt à s'enfuir, elle s'affermit, s'arrondit. Catherine vit le Parrain sourire et elle ne put s'empêcher de sourire elle aussi. Ils souriaient à ce chant qui les rendait heureux.

Rossignolet des bois,

disait la chanson,

Rossignolet sauvage
Apprends-moi ton langage
Rossignol, apprends-moi
Comment il faut aimer.

Et l'oiseau, car sans aucun doute c'était lui qui chantait par la voix de la jeune femme — Catherine reconnaissait bien son trait ténu et pur, ses trilles, l'allégresse royale de son timbre —, l'oiseau disait « comment il faut tendrement aimer ». Quand la jeune femme s'arrêta, Catherine vit briller des larmes dans les yeux du Parrain.

— Hein, dit-il, est-ce beau? Ça doit être comme ça dans le paradis, s'il y en a un.

Ils revinrent dans la cuisine, Berthe baissa les yeux et rougit encore. Catherine lui prit la main qu'elle embrassa.

— Oh! Oh! fit la jeune femme, oh!

Elle était écarlate et ne savait que faire. Le Parrain éclata de rire.

— Je crois que voilà une paire d'amies, dit-il

C'était vrai, depuis qu'elle avait entendu Berthe chanter, Catherine ne se sentait plus du tout jalouse de la jeune femme. Elle eût voulu pouvoir rester avec elle, mais rester? Le jour déclinait vite, justement le Parrain déclara :

— Ah! Cathie, il ne va pas falloir tarder à s'en revenir.

— Déjà, fit la jeune femme.

Comme pris d'une idée subite, le Parrain se pencha vers l'enfant et lui demanda à voix basse :

— Avant de partir, ça te ferait plaisir de les voir?

— Quoi? demanda Catherine.

— Suis-je bête! s'écria le jeune homme, je veux dire les bijoux.

Oui, Catherine voulait bien, d'autant plus que ça retarderait encore le moment du départ. Tous trois rentrèrent dans la chambre; sous des piles de linge le Parrain prit une boîte noire, l'ouvrit, en sortit la croix, le collier, le bracelet d'or. Il passa le collier autour du cou de sa filleule, y attacha la croix.

— Est-elle jolie comme ça! s'exclama-t-il.

Berthe alla chercher dans la cuisine un petit miroir de poche, Catherine put apercevoir sa bouche, son menton, le collier et la croix. « Peut-être, songea-t-elle, Émilienne Desjarrige n'a pas d'aussi riches bijoux. »

Quand il les eut replacés dans la boîte noire et pendant qu'il cachait de nouveau celle-ci sous le linge :

— Que ton père ne s'inquiète pas, dit le Parrain, ses bijoux c'est comme s'il les avait toujours. J'aimerais mieux me vendre moi-même que de m'en séparer.

— Vous êtes venue sans écharpe, remarqua Berthe à l'instant des adieux. Mais malheureuse, vous allez attraper froid.

Elle prit derrière la porte sa propre écharpe de laine brune et la noua sur la gorge de l'enfant.

— Le Parrain vous la rapportera, dit Catherine.

— Non, non, vous la garderez en souvenir, j'en ai une autre aussi chaude... Ne t'attarde pas, conseilla-t-elle à son mari.

Ils n'avaient pas fait dix pas, qu'ils virent surgir sur la route un homme qui marchait à grandes enjambées.

— Mais... C'est le père, dit le Parrain.

Il sentit dans sa main la main de Catherine se glacer.

Jean Charron se mit à crier :

— Elle était là ! Elle était là ! cette petite garce ! Elle ne craint pas de faire mourir sa pauvre mère de peur ! On l'a cherchée partout, partout !

Il leva les mains pour frapper Catherine, mais le Parrain s'interposa :

— Non, Père, je vous en prie, demanda-t-il. C'est mal ce qu'elle a fait mais c'est une gaminerie, c'est de ma faute, elle ne m'a pas vu arriver pour ses étrennes, alors elle est venue.

— Elle ne pouvait pas nous avertir, non ! gronda le père. Elle mériterait !...

— Allez, dit le Parrain, c'est le nouvel an, oublions cela, l'important c'est que vous l'ayez trouvée. Bonne année.

— Bonne année pour toi et ta femme, répondit Jean Charron un peu radouci.

Il entra se reposer dans la maison. Il expliquait : à la fin, c'était Francet qui avait conseillé d'interroger Julie et Aurélien, ils auraient peut-être aperçu Catherine si elle avait traversé le faubourg. Les deux enfants confirmèrent en effet qu'ils avaient vu Cathie, non pas dans le faubourg mais en ville, et qu'elle n'avait pas voulu rester avec eux, qu'elle semblait pressée et qu'elle était partie vers le haut de La Noaille. Ainsi le père s'était douté du lieu où il trouverait Catherine.

Elle appréhendait le moment où elle allait être seule avec lui, il recommencerait à la gronder. Comme s'il avait deviné sa crainte, le Parrain proposa de les accompagner.

Ils partirent dans la nuit qui maintenant tombait, elle entre les deux hommes et leur donnant la main. Il y eut bien, quand elle fut rentrée, les reproches de la mère auxquels Jean Charron joignit de nouveau les siens. Mais la fillette n'y prit pas garde : au lieu de ces voix courroucées, elle entendait en elle-même s'élever le chant pur de Berthe : « Rossignolet du bois... »

— Ma parole, dit le père, cette petite devient innocente, elle sourit quand on la réprimande.

22

La mère reprit quelques forces, recommença à faire des ménages, elle était pourtant pitoyable à voir.

— Que voulez-vous, disait-elle à Félicie qui lui reprochait de ruiner ainsi sa santé, que voulez-vous, Jean gagne si peu, Aubin et Martial ne sont plus à nourrir, c'est vrai, mais voilà cette Toinon à présent et les remèdes de Francet coûtent toujours cher.

On n'avait plus à nourrir Aubin et Martial, et bientôt, de nouveau, on n'eut plus à nourrir Catherine. Une ancienne voisine du faubourg, jeune ouvrière vive et malicieuse, venait d'épouser un veuf, père de deux enfants en bas âge, fermier de Lascaux, dans les environs de La Noaille; la jeune ouvrière conseilla à son mari et à sa belle-mère de prendre une petite servante. Ils firent d'abord la sourde oreille car ils étaient fort avares, enfin ils cédèrent, et l'ancienne porcelainière vint à la maison-des-prés demander Catherine. Clotilde se roula par terre, pleura, pria, elle ne voulait pas qu'on lui prît sa Cathie. Il fallut pourtant se séparer.

— T'en fais pas, Cathie, dit la jeune épousée, je serai ton amie.

Elle avait une frimousse ronde cette Adélaïde, Catherine la suivit sans trop de tristesse.

— Ah ! dit le père, Cathie devient grande, je veux bien la placer chez vous, mais à une condition.

Il s'interrompit, regarda sa femme :

— C'est que vous l'envoyiez au catéchisme.

La mère acquiesça d'un signe de tête.

— Lascaux est loin du presbytère, vous savez, remarqua Adélaïde.

— Mais Cathie a l'âge d'aller au catéchisme, reprit le père.

— Elle ira donc, promit Adélaïde.

Elle partit avec Catherine. Pendant le trajet qui était long, elle fit ses confidences à l'enfant. Elle s'était mariée par ennui. Ses parents connaissaient la mère du veuf ; ils avaient arrangé cette union. Elle en avait assez de l'usine, elle avait dit « oui ». Le veuf, Thomas Parot, avait perdu sa femme voici un an : elle cueillait des cerises dans l'arbre, elle glissa, pouff, la voilà sur le sol, raide morte. Elle laissait à son mari deux garçons d'un et trois ans.

— Je finissais par m'ennuyer à l'usine mais je t'avoue qu'à Lascaux, je ne m'amuse guère non plus. Je n'y arrivais plus avec ces enfants de mon mari, alors j'ai dit : je connais une bonne petite, vaillante et tout, c'était toi.

Elle ajoutait :

— Je suis bien contente que tu sois venue, Cathie.

Quand elles parvinrent à Lascaux, Catherine déclara, en voyant la grande maison carrée à un étage :

— Eh ! vous êtes riche.

— Tu crois ? dit Adélaïde, je ne m'en aperçois guère.

On ne s'en apercevait même pas du tout parce que Thomas Parot et sa mère, la vieille Marceline, étaient deux avares de la plus belle eau. En vérité, le fils ne faisait que suivre, la mère menait le jeu ; lui se trouvait penaud quand son espiègle de nouvelle femme se moquait de leur ladrerie. Une ancienne ouvrière, ça avait la réplique facile et des mots, des mines contre quoi il se sentait désarmé, et puis, elle était si plaisante à contempler, Adélaïde, avec son visage rose, rond et ses petits yeux qui brillaient, qui brillaient. Sans elle, Catherine serait morte de faim : heureusement Adélaïde veillait.

— Tiens, petite, prends cette épingle pour ton col, disait la vieille en plaçant dans une écuelle d'eau chaude deux tranches de pain noir en croix.

Adélaïde faisait un clin d'œil à sa protégée. Dès les premiers jours, elle l'avait conduite dans sa propre chambre, lui avait montré sa commode et dans cette commode le tiroir du bas.

— Tu vois ce tiroir, Cathie, c'est le tien, prends la clef, j'en ai une autre; quand tu auras faim, tu n'auras qu'à y regarder. Et surtout ne dis rien à la vieille ni à Thomas.

En rentrant de garder les moutons, ou après avoir fait la toilette des « drôles », Catherine montait sans bruit au premier étage, écoutait : la vieille allait et venait en bas, dans la cuisine; Thomas était au labour, Adélaïde lavait du linge à la pêcherie. L'enfant poussait la porte de la chambre, allait à la commode, tirait de dessous sa robe la clef légère que lui avait donnée Adélaïde. Elle ouvrait le tiroir, y trouvait quelques bonbons, ou un morceau de pain de sucre, des craquelins parfois, du biscuit. Elle emplissait ses poches et filait au bois afin de savourer ses provisions. Cependant ces gâteries ne suffisaient pas toujours à la rassasier; elle avait faim de pain, de vrai pain blanc, doré, car Dieu sait si le pain de Lascaux méritait peu ce nom. C'était une sorte de pâte noirâtre mal levée; pour pouvoir l'avaler, il fallait que Catherine le fît tremper dans les ruisseaux. Elle n'avait rien mangé d'aussi mauvais depuis les premières semaines où les parents, à bout de ressources, s'étaient installés dans le faubourg. Il était de tradition, lorsqu'on faisait le pain dans une ferme, qu'on fît cuire une petite tourte pour la bergère, celle-ci la partageait ensuite avec les autres gardeuses du voisinage. Quand le tour de Lascaux arrivait, Catherine portait dans le pré à ses compagnes une infâme galette en déclarant : « Voici mon tourteau de bergère. » Les autres riaient.

— Malheureuse, disaient-elles, si c'est pas une honte pour les Parot d'oser te donner ce poison.

Elles se servaient de la tourte comme d'un ballon, y donnant de grands coups de pied.

★

Pour aller de Lascaux au presbytère, il fallait à Catherine plus d'une heure de marche. Elle partait avant le lever du jour chaque jeudi et avançait sur la route, encore tout endormie. La première fois, Adélaïde l'accompagna ; elle la présenta au prêtre nouvellement nommé, le jeune abbé Ladurantie, un grand blond qui portait de grosses lunettes de myope.

— Cette enfant a l'air sage, bien sage, dit-il d'une voix dont la douceur causa à Catherine, sans qu'elle sût pourquoi, une gêne indéfinissable.

— Sais-tu lire? lui demanda-t-il.

Elle rougit et balbutia un « non » imperceptible.

— Ça n'a pas d'importance, continua la voix enveloppante, ce qu'il faut c'est connaître sa religion et que Dieu, lui, puisse lire dans notre cœur.

Catherine était troublée, elle n'avait jamais entendu de telles paroles. Elle regardait de tous côtés. Adélaïde s'était retirée discrètement sans que sa protégée s'en aperçût. Il y avait, dans cette salle haute de plafond et que parcourait le tuyau du poêle, il y avait là une quinzaine d'enfants, filles et garçons. L'âge moyen semblait être de dix à treize ans, mais la porte s'ouvrit en grinçant et Catherine vit entrer deux grandes filles qui lui parurent être bonnes à marier. Elle crut tout d'abord qu'elles accompagnaient quelque autre fillette, mais les deux jeunes filles allèrent prendre place sur un banc près de l'estrade où se tenait le prêtre et celui-ci quand il les vit frappa dans ses mains :

— Mes enfants, dit-il, je crois que nous sommes tous là, je vais pouvoir commencer.

Catherine ne retint pas les premières paroles de la leçon, car elle était trop occupée à dévisager ses camarades. Le claquement d'une baguette la fit sursauter. C'était l'abbé qui du bout d'une badine de noisetier tapait sur la table.

— Eh là-bas, fit-il, la nouvelle, Charron Catherine...

Elle ne comprit pas qu'il s'agissait d'elle.

Sa voisine, une petite blonde boulotte, lui donna un coup de coude.

— Lève-toi, lui glissa-t-elle.

Catherine se mit debout, lançant de tous côtés des regards apeurés.

— Charron Catherine, reprit l'abbé.

Quelle drôle d'idée de l'appeler ainsi ! Ne pouvait-il pas dire « Cathie » comme tout le monde ? « Charron Catherine » et toute trace de douceur avait disparu de la voix ecclésiastique. Il marqua une pause et, cette fois, il avait repris son ton caressant.

— Mon enfant, je dois t'enseigner la vérité : la vérité de Dieu, et toi tu dois ouvrir tout grands, ton cœur, ton âme... (ici la voix changea de nouveau et redevint sévère) et tes *oreilles* (de nouveau un accent suave) à cette Vérité.

— Je disais donc, poursuivit l'abbé : je disais donc que Dieu avait créé le monde.

Catherine restait debout, embarrassée de ses mains. Les autres enfants la regardaient en étouffant leurs rires. L'abbé, une fois encore s'interrompit :

— Eh bien, mon enfant, ordonna-t-il, assieds-toi.

Des rires fusèrent dans la salle. Un coup sec de la

baguette retentit sur la table, les rires cessèrent aussitôt. L'abbé enleva ses lunettes et promena un regard terrible sur la classe.

— Auriez-vous envie d'aller en enfer! gronda-t-il.

Il leva ses grands bras.

— Dans l'huile bouillante brûler éternellement!

Cette perspective fit trembler Catherine. Sa voisine s'en aperçut, elle lui glissa à l'oreille :

— Ma pauvre fille, si tu fais attention à ses histoires...

Le prêtre avait remis ses lunettes et repris son regard noyé.

— Je disais donc, reprit-il, Dieu...

Les deux heures de catéchisme passèrent pour Catherine en un clin d'œil. Elle s'en revint titubant presque, comme si elle avait bu, et c'était vrai qu'elle se sentait un peu ivre; d'immenses images s'éclairaient en elle. « Que la lumière soit! » elle croyait entendre une prodigieuse voix proférer cet ordre, et elle voyait sur une lande noire déferler une vague de lumière.

— A quoi penses-tu, Charron? demandait quelqu'un.

Elle avait du mal à quitter ses visions et à se retrouver sur la route de Lascaux en compagnie de deux filles et d'un garçon.

— Moi, je suis Amélie Danet, déclarait la plus grande des filles, une maigriotte aux cheveux châtains.

— Moi Françoise Dunoyer, disait l'autre, une brunette qui louchait légèrement.

— Et moi Émile Naigret.

Il avait une drôle de voix ce garçon dont le visage chiffonné portait des taches de rousseur, une voix qui commençait dans le grave, filait vers l'aigu, retombait dans le grave.

— Comment tu t'appelles, Charron? redemanda Amélie. On n'a pas compris ton prénom quand l'abbé t'a parlé.

— Cathie, répondit-elle.

— Nous on est du Bas-Lascaux, déclara le garçon.

— Ah! fit Catherine, mais elle était repartie aux premiers jours du monde et Dieu se reposait. C'était beau le repos de Dieu, la lumière, l'eau et la terre toutes neuves à ses pieds.

— Et toi, Cathie? demandait Françoise Dunoyer.

— Elle est dans la lune, remarqua Amélie (elle ajouta :) je la connais, elle est servante chez les Parot au Lascaux du Haut.

— Servante?... Servante?... répétèrent les deux autres enfants étonnés.

Catherine répétait en elle-même : « Servante de Dieu. » Ils la quittèrent à un carrefour, elle n'y prit pas garde.

Dès lors, elle ne vécut plus que dans l'attente du jeudi. Le chemin était pourtant long et pénible pour rejoindre le presbytère, mais elle s'en allait dans le petit matin, impatiente d'être arrivée pour apprendre de nouvelles merveilles sur la vie et les miracles de Dieu, de son fils, de la Vierge et des saints. A une première croisée de chemin, elle criait : *« I foufou! » « I foufou! »* lui répondait-on de loin, et Amélie Danet arrivait en courant; un peu plus loin elle appelait Françoise Dunoyer, enfin, elles retrouvaient au carrefour de Lascaux Émile Naigret qui les attendait assis sur une borne de granit.

L'abbé Ladurantie avait confié le soin à Catherine d'allumer et d'entretenir le feu. Elle n'y parvenait pas toujours car le poêle avait un mauvais tirage.

— Ah! disait l'abbé, mon enfant, on voit bien que tu n'es pas méchante, tu n'arrives pas à faire prendre le feu.

Catherine était, sans doute possible, celle qui répondait le mieux aux questions du prêtre. Il se plaisait à la citer en exemple. Les deux grandes filles bonnes à marier jetaient un regard torve sur Catherine, quand elle récitait en patois, sans hésitations : « Je vous salue Marie, pleine de grâce » ou le *Pater*.

— Vous voyez, prenez exemple sur elle, conseillait l'abbé aux retardataires qui venaient au catéchisme parce qu'elles étaient en effet sur le point de se fiancer et qu'elles voulaient pouvoir se marier à l'église.

Un jour l'abbé prit Catherine à part.

— Je ne te vois jamais à la messe le dimanche, mon enfant, tu offenses ainsi grandement Notre-Seigneur.

Catherine rapporta ces paroles à sa jeune patronne.

— Ah! fit Adélaïde, il parle bien ton curé, mais que vont dire nos avares?

Elle resta perplexe puis s'aperçut que Catherine pleurait silencieusement. Elle prit la petite contre elle.

— Tu ne vas pas te rendre malade pour leur fichue messe.

— C'est que... bredouilla Catherine en avalant ses larmes, c'est que... j'irai en enfer, alors, et je brûlerai sans fin au lieu d'être au paradis à voir la Vierge et à écouter les anges qui chantent comme la femme de mon Parrain.

Adélaïde se mit à rire :

— Si tu tiens tellement à aller au paradis... Mais, ajouta-t-elle, rends-toi compte que si j'obtiens de Thomas et de la vieille de t'envoyer à la messe, ça te fera un matin de plus où tu devras te lever à potron-minet, car tu penses bien qu'ils ne t'accorderont pas la grand-messe où l'on voit les belles dames de La Noaille et leurs messieurs.

Thomas déclara que ce n'était pas la peine de nourrir et de payer une servante si, deux matins par semaine, il fallait s'en séparer. « Sans compter qu'elle revenait de La Noaille épuisée et que de toute la journée ensuite elle n'était bonne à rien. »

Adélaïde insista, embrassa son mari, lui fit des cajoleries. La vieille, qui était superstitieuse, reconnut qu'il ne fallait pas se mettre le curé à dos. Ainsi, le dimanche,

Catherine put aller à la première messe. Elle fut éblouie par l'abbé Ladurantie qu'elle retrouva non plus sous l'aspect quelque peu brouillon et modeste du professeur de catéchisme, mais revêtu des éclatants symboles de la divinité. Elle ne regrettait plus du tout de ne pas aller à l'école : où eût-elle pu apprendre d'aussi surprenantes histoires que celles du catéchisme et participer à une aussi troublante grandeur que celle de la messe? Elle ne prenait plus garde à la mauvaise nourriture de Lascaux, même elle était heureuse parfois de mal manger puisque l'abbé prônait l'esprit de mortification. Elle traînait les deux petits garçons du maître dans les prés et leur montrait le ciel.

— Voyez, leur disait-elle, voyez, la Sainte Vierge qui s'avance dans ce nuage blanc et or, elle tient dans ses bras l'enfant-roi. Et cette éclaboussure de lumière derrière le nuage, eh bien! c'est la lumière de Dieu.

Elle essayait de compter les côtes des garçons et ensuite elle comptait les siennes, mais la plupart du temps, elle s'embrouillait dans ses calculs et ne parvenait pas à savoir si, oui ou non, il manquait une côte aux garçons, celle que Dieu, l'enlevant à Adam, avait changée en femme.

Elle ne pensait plus guère à monter ouvrir le tiroir aux friandises et cette indifférence peinait Adélaïde. Un soir, sous prétexte que la toilette des deux bambins avait été mal faite, la jeune femme, pour la première fois, tança Catherine d'importance. D'abord la petite ne comprit pas, elle avait tellement l'habitude d'être défendue et choyée par la jeune femme qu'elle considéra la colère d'Adélaïde avec stupeur.

Prenant cet étonnement pour du défi, la jeune femme se mit à crier de plus belle, encouragée par son mari qui lui disait : « Enfin, tu vois clair, tu vois cette mauvaise graine. » Elle s'approcha de la petite et, au comble de l'exaspération, la gifla. Il faisait nuit, pourtant Catherine quitta la cuisine. Sanglotant, elle s'enfuit dans la prairie. La lune s'était levée et blanchissait uniformément les prés. Catherine s'agenouilla dans l'herbe mouillée. Elle regarda la lune. Il lui sembla que ce devait être la porte ronde du paradis, et elle se mit à prier en patois à haute voix : « Vierge Marie, vous qui êtes au paradis derrière la porte de la lune, écoutez-moi, vous devez m'entendre puisque tout dort et qu'il n'y a que ma voix qui monte vers vous, écoutez-moi ; tous les soirs je vous salue, mais ce soir il faut que je vous parle : je n'avais pas fait de mal et Adélaïde m'a frappée, je ne peux plus rester ici, à Lascaux, servante des Parot, faites-moi revenir chez ma mère. Oh ! je vous en prie, elle s'appelle comme vous, Marie, faites-moi revenir à la maison. »

Elle prononça encore trois *Ave,* fit le signe de la croix, puis rentra à la ferme.

Thomas Parot ricana quand elle passa près de lui. Adélaïde au contraire lança vers elle un regard tendre et malheureux ; mais l'enfant sembla l'ignorer, se dévêtit rapidement et se coucha. Elle s'endormit rassérénée, elle ne doutait pas que pendant la nuit la Vierge ne la transportât à la maison-des-prés.

Le lendemain matin, elle n'en crut pas ses yeux lorsqu'elle reconnut la cuisine de la ferme. Elle se leva vite, courut au-dehors pour voir si c'était encore la campagne de Lascaux ; hélas ! on ne pouvait s'y tromper ; rien n'avait changé, c'était toujours la même cour, au-delà le même talus broussailleux, puis les mêmes champs. Que s'était-il passé ? Comment la Vierge avait-elle pu ne pas exaucer sa prière ? Toute la journée, Catherine fut désorientée, se demandant si elle reviendrait jamais au catéchisme. Adélaïde la regardait aller et venir ; enfin, comme l'enfant passait près d'elle, elle la prit dans ses bras et lui chuchota à l'oreille :

— Ne boude plus, ma Cathie, tu sais que je t'aime bien.

La petite se pelotonna contre elle.

— Mais, c'est toi peut-être qui ne m'aimes plus.

— Oh si, affirma Catherine.

— Montons voir le tiroir aux provisions, proposa Adélaïde.

Catherine ne refusa pas. A quoi bon se priver puisque là-haut la Vierge faisait la sourde oreille.

23

Elle dut pourtant, une fois encore, avoir recours aux puissances célestes et, cette fois, dans des conditions dramatiques.

L'hiver était revenu. Depuis plusieurs jours la neige était tombée, sa couche épaisse demeurait sur les champs, et dans les chemins, à l'abri du soleil, durcissait en verglas. Il ne devait pas être loin de midi. A Lascaux, tous se tenaient près du maigre feu. Thomas Parot essayait de rafistoler une vieille faucille : sa mère, Adélaïde et Catherine épluchaient des châtaignes : les deux bambins jouaient sous le banc. On frappa à la porte trois coups légers. Le chien se dressa en grognant. Le maître alla ouvrir. Catherine vit à contre-jour un garçon qu'elle ne reconnut pas.

— Pardon, la compagnie, dit-il.

Alors elle se leva, car elle avait entendu la voix d'Aurélien. C'était bien lui : il venait annoncer que la petite Toinon avait les convulsions et que la mère demandait à Catherine de partir immédiatement et d'aller de ferme en ferme afin de recueillir le prix d'une messe destinée à sauver sa sœur.

La Marie-des-Prés, ajouta-t-il, avait conseillé les Charron : elle faisait le tirage des « devoir à part ». On l'avait chargé, lui, Aurélien, d'aller chercher deux baguettes de noisetier. La Marie-des-Prés les croisa et les tendit au-dessus du feu. Au fur et à mesure que le bois se calcinait, elle reculait du foyer; quand les tisons se refroidissaient et devenaient noirâtres, elle les détachait et les jetait dans un bol rempli d'eau; enfin, selon la position qu'y prenaient ces bouts de bois elle déclarait : « C'est saint Guy », ou bien « sainte Barbe » ou encore « saint Loup qu'il faut prier ».

Son examen achevé elle s'était recueillie un long moment; on entendait la mère sangloter dans un coin; puis elle releva la tête et affirma : « Il faut faire dire une messe si vous voulez que votre fille ne meure pas ni ne reste idiote. Seulement le prix de cette messe, il faut qu'une main innocente le reçoive sou après sou. Vous entendez, sou après sou, en allant quêter de ferme en ferme. » Elle avait précisé : « Le mieux serait que Clotilde fît cette quête, à son âge on est forcément innocent. » En entendant cela, Clotilde s'était accrochée aux jupes de sa mère en demandant « ce qu'on voulait lui faire ».

— Vous voyez, elle est trop petite, avait dit Jean Charron.

— Alors, je ne vois que Cathie, conclut la Marie-des-Prés. Il faut la faire prévenir tout de suite.

— J'y vais, proposa Aurélien.

La mère l'avait remercié. Comme il partait, la Marie-des-Prés remarqua :

— Et surtout qu'elle ne dise jamais « merci » quand on lui donnera un sou!

Il était déjà sur le chemin lorsqu'il avait fallu faire demi-tour; on avait oublié de lui indiquer le prix de la messe. « Quarante et un sous! pas un de plus, pas un de moins », décréta la Marie-des-Prés.

— Quarante et un sous, répéta Adélaïde quand Aurélien eut terminé son récit. Ma pauvre Cathie, c'est de la folie, je vais te les donner moi ces quarante et un sous, et tu n'iras pas attraper le mal de la mort sur la neige.

— Hein! s'écria Thomas abasourdi.

Catherine le rassura d'un geste.

— Non, dit-elle, vous êtes bien bonne, madame Adélaïde, mais donnez-moi seulement un sou si vous voulez bien; il faut que je parte, il faut que je fasse ce qu'a dit la Marie-des-Prés, je ne veux pas que ma sœur meure, ni qu'elle devienne idiote.

— Comme tu voudras, ma Cathie, dit Adélaïde.

Elle lui donna un sou.

— Attends-moi un instant, demanda-t-elle.

Elle sortit, on l'entendit monter en courant l'escalier. Quand elle redescendit elle remit un petit paquet à l'enfant.

— Pour te soutenir pendant le voyage.

Elle l'accompagna dans la cour.

— Il y a du sucre, des biscuits dans le paquet, dit-elle.

Catherine s'éloigna, suivie d'Aurélien; il lui proposa de faire la quête avec elle. La fillette refusa, il ne fallait pas, ça ferait peut-être échouer la messe.

— Reviens plutôt chez moi, et dis-leur que je rentrerai dès que j'aurai l'argent.

Au carrefour de Lascaux, ils se séparèrent. Aurélien était triste.

— Ah! Cathie, dit-il, je ne crois pas à ces billevesées moi, et je te plains de devoir faire cette randonnée. C'est sûr, tu ne veux pas que je te suive?

— Non, non, va vite rassurer ma mère.

Elle se sentit pourtant le cœur serré quand elle se retrouva seule dans le chemin qui mène au Bas-Lascaux. La première porte à laquelle elle frappa fut celle de la métairie des Danet. Amélie fut tout étonnée de la voir :

— Ce n'est pas jeudi, lui dit-elle, on ne va pas au catéchisme.

Catherine raconta son histoire, la mère Danet essuya une larme d'un coin de tablier et remit un sou à l'enfant. Elle voulait lui faire chauffer un bol de lait, mais Catherine répondit qu'elle n'avait pas le temps. Elle repartit sur la neige. Chez Françoise Dunoyer, chez Émile Naigret, elle se trouva encore en pays ami, ensuite ce fut l'inconnu. Toutes les portes étaient soigneusement closes contre le froid. Il lui fallait parfois frapper longtemps pour qu'on lui ouvrît; elle avait peur des chiens qui s'avançaient vers elle en montrant les crocs.

— Madame, disait-elle à la fermière, ma sœur a les convulsions, voulez-vous me donner un sou pour payer une messe qui la sauvera?

Personne ne refusait, partout on la pressait de questions : d'où venait-elle? Comment elle s'appelait? Quel âge avait sa sœur? Depuis quand était-elle malade? Elle répondait de son mieux, mais avait hâte de repartir car le temps pressait. On lui offrait à boire, à manger, on l'invitait à se mettre un moment au coin du feu. Souvent elle s'échappait en murmurant qu'elle regrettait, qu'elle regrettait bien, mais qu'elle n'avait encore que cinq ou huit sous et qu'il lui fallait se dépêcher. Parfois cependant elle avait trop froid ou trop faim et elle ne trouvait plus le courage de dire « non ». On lui donnait des conseils : « Va à telle ferme de ma part. Marche jusqu'à une pêcherie et prends garde à ne pas y tomber parce que la neige cache le bord, ensuite tu tourneras à droite. » Il neigeait de nouveau; Catherine avançait lentement, il lui fallait régulièrement s'arrêter, frapper ses sabots contre quelque pierre pour enlever les blocs neigeux qui se formaient sous la semelle. La blancheur de la campagne l'éblouissait, l'obligeait à fermer les yeux à demi. Elle craignait de s'endormir. Alors qu'arriverait-il? Toinon n'aurait pas sa messe, elle ne serait pas sauvée, son âme monterait au paradis, pendant son sommeil dans la neige celle de

Catherine aussi se serait envolée : toutes deux se rencontreraient là-haut. Quelle paix ce devait être de ne plus être qu'une âme, de ne plus avoir à marcher et marcher dans la neige!

Après bien des détours, elle aperçut les premières maisons de La Noaille. Le ciel, de gris qu'il était virait au noir : bientôt ce serait la nuit. Elle s'arrêta sur le bord de la route, compta ses sous, s'y reprit à deux fois : « Vingt-trois » tel était le chiffre. Elle fut désespérée. Jamais elle ne recueillerait le complément d'ici la maison-des-prés. Elle eut envie de rebrousser chemin. Qui sait? elle avait peut-être oublié des fermes sur son trajet, certaines devaient être tapies sous la neige et elle n'avait pas su les distinguer dans la campagne toute blanche. Elle fit un pas, ses jambes flageolaient, elle s'assit, chercha dans le paquet que lui avait remis ce matin Adélaïde quelques morceaux de pain, de sucre, les croqua, se sentit mieux et repartit vers La Noaille.

Elle frappa en vain aux premières maisons. Dans l'une ne restait qu'une infirme qui regarda Catherine sans comprendre; une autre était gardée par deux enfants qui n'avaient pas d'argent sur eux; une troisième était vide, les gens devaient être encore au travail. Catherine arriva à la place du Haut. Elle hésita devant la porte sculptée d'une grande maison. Enfin elle tira la sonnette, une servante vint ouvrir, écouta la supplique de l'enfant, puis lui ferma la porte au nez en lui lançant :

— Je n'ai pas de temps à perdre.

Parmi ces riches demeures, laquelle était celle d'Émilienne Desjarrige? La belle des belles refuserait-elle de donner un sou pour sauver Toinon? Mais qui répondra d'abord? Une servante? et ce sera ainsi pour toutes les maisons du Haut. Catherine découragée traversa la ville, arriva au faubourg de La Ganne. La première personne de connaissance qu'elle aperçut fut Amélie Anglard, la fille du cantonnier. Elle lui fit signe, la fillette timide l'attendit.

— Me donnerez-vous un sou pour sauver ma sœur?

— Bien sûr, Catherine. Vous permettez que je vous appelle Catherine?

Elle rentra chez elle, revint bientôt et tendit plusieurs pièces à la quêteuse.

— Non, je ne peux accepter qu'un sou et je ne dois pas remercier.

Elle alla frapper ensuite à son ancienne maison, la Marie-des-Prés la complimenta et remit son obole.

— T'en fais pas, Cathie, d'ici demain ta sœur n'est pas en danger, et demain matin tu auras vite fait de compléter le prix de la messe.

La Cul Béni donna un sou et même Iandou que Catherine s'enhardit assez pour appeler. Il quitta ses cochons, vint en grognant et tira une pièce de sa poche d'arlequin. Il y eut encore le sou du père d'Aurélien et de Julie, celui de la Bon Dielle, Catherine entra épuisée à la maison, posa vingt-neuf sous sur la table et s'endormit. La mère dut la déshabiller et la coucher comme lorsqu'elle était toute petite. Le lendemain elle eut de la peine à sortir du lit, ses jambes et ses reins étaient endoloris. A demi somnolente, elle repartit, longea les deux faubourgs ouest de La Noaille. Trois heures plus tard elle entrait au presbytère et remettait au curé Ladurantie ses quarante et un sous. Il la regarda un long moment sans rien dire, enfin, sur un ton de reproche, il marmonna :

— J'ai su que ta sœur était malade et j'ai prié pour elle. Tu n'avais pas besoin de cet argent pour que je dise une messe.

Catherine rentra à la maison et dormit encore tout l'après-midi; elle ne se réveilla même pas lorsque le médecin vint examiner Toinon. Celle-ci ne mourut pas, ne resta pas idiote. On la voua au bleu pour remercier la Sainte Vierge. Catherine repartit à Lascaux.

Au printemps, le curé déclara que cette fois elle pouvait communier. Amélie Danet qui avait été communiante l'an passé lui prêta sa robe blanche. Il fallut faire un ourlet car la robe traînait sur le sol, les épaules aussi étaient trop larges. Cependant, en s'apercevant dans la vitrine des magasins, Catherine se trouva d'une grande beauté; peut-être était-elle aussi élégante, songea-t-elle, qu'Émilienne Desjarrige. L'église bourdonnait de prières et d'hymnes. Catherine crut s'évanouir lorsqu'elle s'avança avec ses compagnes vers l'autel; elle allait manger Dieu, n'était-ce pas terrible d'avaler qui vous aimez et qui vous aime? Elle se souvint du sein dénudé de sa mère et du désir violent qu'elle avait eu de mordre dans cette chair aimée. C'était peut-être ainsi la communion, on se nourrissait de son amour. « Mangez, ceci est ma chair, buvez, ceci est mon sang. » L'hostie n'allait-elle pas la brûler comme un trait de feu en descendant dans son corps? Non c'était tout simplement difficile à avaler. Un goût fade. Elle passa l'après-midi à la maison-des-prés; les habitants de La Ganne vinrent admirer sa robe. Le soir elle reprit ses vieux habits et regagna Lascaux.

Les jours lui semblèrent monotones. Elle n'allait plus au catéchisme que de loin en loin, même pas chaque mois : peu à peu elle espaça ses visites à la messe. Elle finit par ne plus guère penser à la Vierge, à Dieu ni aux saints.

24

Quelque temps après la communion de Catherine, la mère avait insisté pour qu'un dimanche tous les enfants pussent se retrouver à la maison. Ce n'était pas là projet facile à réaliser, remarqua Jean Charron : les maîtres ne voudraient peut-être pas se passer de leurs petits domestiques ce jour-là, et puis, comment faire un repas pour la famille au complet? L'argent était toujours aussi rare. Mais sa femme ne céda pas. « Il faut », répétait-elle avec une sorte de fièvre dans les yeux. « Il faut. » Le lendemain, elle le savait, le chagrin la minerait, du moins pendant un jour aurait-elle eu tous les siens autour d'elle « comme au temps des métairies ». Le père se laissa fléchir. On profita de voyages de voisins dans les environs pour adresser des messages à Lascaux, à Ambroisse où demeuraient Mariette et Aubin, au mas du Treuil où travaillait Martial. Et un dimanche de juin, après les fenaisons, tous se retrouvèrent à midi dans la maison-des-prés. On avait bien invité Robert, l'époux de Mariette, mais sans trop insister, et lui avait paru enchanté de voir partir, pour une journée, sa femme et son beau-frère; Mariette avait pu confier ses premiers-nés à une voisine. La mère avait eu envie d'inviter le Parrain. « C'est mon fils, disait-elle, comme les autres. »

Mais on ne pouvait lui demander de venir sans sa femme, et déjà, sans le compter ils seraient neuf à table; on aurait beau se contenter de peu pour manger, les frais seraient grands; finalement, il fallut se résoudre à laisser le Parrain chez lui.

D'abord, il y eut une sorte de gêne. On s'embrassa cérémonieusement, Toinon assise sur son lit battait des mains. Mariette, la mère, Catherine, Clotilde s'étaient placées du côté de la cheminée; en face d'elles, le père avait à sa droite Martial, à sa gauche Aubin. Francet, la jambe allongée sur deux chaises, garda sa place habituelle au bout de la table. Ils mangèrent en silence leur soupe. La mère, elle, ne mangeait pas, elle les regardait. Toute menue, pâle, la tête durement serrée sous le foulard — car de nouveau elle avait dû vendre ses cheveux — on ne voyait plus d'elle que ses mains — leur maigreur les faisait paraître d'une étrange longueur — et ses yeux noirs qui rayonnaient. Sur ses lèvres grises errait un sourire hésitant. Les enfants sentaient sur eux son regard inquiet, les yeux baissés vers leur écuelle ils s'appliquaient à avaler sans bruit leurs cuillerées de potage.

Mariette avait apporté un pâté de viande et plusieurs bouteilles de cidre. Quand ils eurent bu, ils se mirent à parler. Catherine de Mme Adélaïde et des deux avares. Martial de ses maîtres, qui, disait-il, étaient de braves gens. Mariette de son mari, « il me donne bien du souci, remarquait-elle en riant, il est bourru, il est violent, mais dans le fond ce n'est pas un méchant homme. N'est-ce pas, Aubin? » demandait-elle. Aubin répondait par de vagues grognements. Il ajoutait que Robert était fort comme un Turc. Lui se sentait chaque jour devenir plus vigoureux, d'ici un an ou deux, eh bien il serait peut-être aussi musclé que son beau-frère. En effet, il donnait une impression de force vive ce jeune garçon bien planté, aux épaules basses mais larges, au cou droit, rond et ferme, aux cheveux drus coupés en brosse, au teint bruni, aux mains carrées. Il avait gardé ses yeux gris rêveurs, leur regard enfantin étonnait dans le visage ombré déjà d'un blond duvet sur les lèvres et aux joues. Aubin atteignait presque la taille du père, on lui aurait donné seize ou dix-sept ans d'âge, il n'en avait pas quatorze. Catherine se sentait fière d'avoir pour frère ce grand et beau garçon. Elle eût voulu pouvoir se promener à son bras, dans les rues de La Noaille. Seul Francet parlait peu. Il prenait moins conscience de son infirmité quand ses frères n'étaient pas là ; aujourd'hui il n'arrivait pas à partager la joie qui régnait dans la maison. Martial évoquait des souvenirs des Jaladas et du Mézy.

— *Bêtio, bêtio,* s'écriait-il, tu te souviens Francet quand tu jouais de l'accordéon au fond du pré !

Francet ne répondait pas, comme s'il n'était pas question de lui, mais de quelque autre garçon qui eût porté son prénom et qui aurait disparu.

— Et le geai, disait Aubin, était-il assez beau, dire que cette sacrée Mariette lui avait cousu le cul.

Mariette rougissait, cela lui redonnait pour un instant cet éclat de la jeunesse qui la rendait si gracieuse avant son mariage. Elle craignait que Francet ne lui lançât quelque pointe pour venger de nouveau l'oiseau sacrifié. Non, il continuait à manger sa tarte comme s'il avait totalement oublié ce geai qui lui avait été si cher et la colère qu'il avait eue contre sa sœur.

Tous éclataient de rire, et, de les voir rire, la petite Clotilde riait à son tour, cependant que Toinon, assise sur son lit, pour exprimer sa joie empoignait une branche de fagot laissée à sa portée et tapait sur le flanc de la commode. C'était un beau tintamarre.

A la fin du repas, on se leva péniblement de table, non pas que la nourriture ni la boisson aient été abondantes, mais on avait tellement parlé et ri qu'on se sentait un peu ivre. La mère s'appuya contre Aubin; elle dit avec un sourire d'orgueil.

— Il m'a dépassée, mon fils, pour son âge, c'est le plus grand, le plus fort, le plus beau garçon de La Noaille.

Aubin rougit jusqu'aux oreilles. Derrière eux s'éleva un bruit de machine, ils se retournèrent : Francet s'était mis à son tour qu'il actionnait à coups de pédales rapides. Avec une lame, il faisait voler des copeaux de bois.

— Francet, dit la mère, tu n'y penses plus, travailler un jour pareil. Tu auras bien assez de temps lorsqu'ils seront partis.

Sans interrompre son travail, Francet répondit qu'il avait une commande urgente de fuseaux à exécuter. La mère haussa les épaules comme si elle voulait dire par là : « Il est comme ça, que voulez-vous ! » Elle avait lâché le bras de son fils; maintenant Mariette s'était approchée d'elle et lui parlait. Elles se mirent à laver la vaisselle. Catherine voulut les aider, mais la mère la remercia et lui dit :

— Va, ma Cathie, tu n'as pas trop souvent l'occasion de te reposer, va jouer avec tes sœurs.

Toinon avait quitté son lit — elle enjambait le bord et se laissait glisser jusqu'à terre. Catherine chercha les petites; déjà elles étaient dans le pré, Clotilde traînant sa cadette sur une planche selon leur jeu favori.

— Elles ne s'en font pas, remarqua Aubin.

— Non, répondit Catherine.

Elle ne savait que dire, son frère l'intimidait. Il allait sans doute la trouver sotte et la quitter pour rejoindre Martial et le père qui discutaient et faisaient les cent pas dans le chemin. Pourtant Aubin se pencha, ramassa quelques brins d'herbe qu'il froissa dans sa paume.

— C'est un beau pays, Ambroisse, dit-il.

— C'est comme aux Jaladas? demanda Catherine.

— C'est mieux qu'aux Jaladas.

— Oh! fit-elle incrédule.

— Si, si, insista son frère, si, il y a des bois, non pas des bois, une forêt, on n'en voit pas la fin.

— Alors il doit y avoir des loups, se récria Catherine.

— Peut-être, et après? On les chasse.

Il se tut un moment, il semblait sourire à quelque vision intérieure.

— Dans la forêt, il y a aussi des sangliers.

— Je n'aimerais pas ça, assura Catherine, aux Jaladas il n'y avait pas toutes ces bêtes.

— Oui, mais il n'y avait pas de chasses à courre non plus.

— Des chasses à courre?

— Des chasses avec des équipages, des chevaux, des piqueux en costume rouge, des amazones, des meutes, des cors. On dirait je ne sais quoi, une fête, un bal, une course, la guerre.

— Tu les as vus?

— Si je les ai vus, plusieurs fois, comme je te vois.

— Et tu n'as pas eu peur?

— Peur? s'exclama Aubin, et il éclata de rire.

Il redevint grave et reprit :

— Plus d'une fois ils sont passés près de moi quand je me promenais dans la forêt, ils filaient sur leurs chevaux comme des diables et des diablesses rouges et noirs.

Il regarda au loin comme s'il apercevait ce défilé dont il parlait. Il baissa la voix pour ajouter :

— Un matin, je ramassais du bois dans une clairière, j'ai entendu un froissement des branches et des broussailles tout près de moi; je me suis relevé, il y avait un grand cheval brun, mince, qui se dressait à me toucher presque. Il était en sueur. Je ne voyais que la silhouette du cavalier, car j'avais le soleil en plein dans les yeux. A la voix — elle ne parlait pas patois, elle parlait français, une belle voix comme doivent en avoir les dames de Paris — je compris bien que c'était une amazone. Elle avait perdu la chasse, elle me demandait son chemin pour rejoindre le pavillon de Puy-Rodas.

— Oh! fit Catherine, elle retenait sa respiration pour mieux écouter le récit de son frère.

— Mais je t'ennuie avec cette histoire? demanda-t-il avec une pointe d'inquiétude dans la voix.

— Continue, pria Catherine.

— Elle me dit : « Maintenant que j'ai perdu la chasse, je suis pas si pressée, je vais laisser souffler Dragon. » C'était le cheval, Dragon. « Voulez-vous m'aider à descendre? » Je lui tends la main, elle appuie dessus sa main, une main...

Il hésita comme s'il cherchait en vain à décrire ces doigts, cette paume, ce poignet pour lui admirables; il y renonça.

— J'ai pu voir l'amazone, bien la voir quand elle a été par terre. J'étais plus grand qu'elle. Tu sais, Cathie, je n'ai rien vu d'aussi beau que cette demoiselle, rien.

Il étendit le bras, cracha sur l'herbe.

— Si je mens je vais en enfer... Le teint mat, comme la mère avant qu'on vienne à La Noaille, des yeux noirs, longs et des cils. Ah! je peux pas te dire, et des cheveux comme du velours, des cheveux en anglaises qui se secouaient quand elle riait, car elle riait en me regardant.

— Elle se moquait de toi? demanda Catherine avec une sorte d'effroi.

Aubin sourit :

— Non, elle disait que je la regardais comme une bête curieuse et ça la faisait rire. J'aimais bien quand elle riait parce que dès qu'elle devenait calme je n'osais plus respirer tant je lui trouvais l'air fier. Au bout d'un moment, elle a dit — je répète ce qu'elle a dit — elle a dit en me lorgant avec ces yeux tout allongés... Oh! ça n'a pas de sens ce qu'elle a dit.

Il s'interrompit, poussa un caillou du pied.

— Qu'est-ce qu'elle a dit? demanda Catherine en portant les mains à sa poitrine.

Aubin hésita, il se mit à rire.

— Elle a dit : « Sais-tu que tu es beau? » A ce moment, je n'ai pas compris ce qu'il se passait, elle a dû se tordre un pied, elle a glissé.

— Elle a glissé! s'inquiéta Catherine.

Aubin se mit à parler très vite comme s'il avait hâte d'en finir avec cette histoire.

— Elle a glissé et s'est retrouvé contre moi, tout contre moi. Je ne bougeais pas, je me tenais raide comme un arbre, j'ai senti sa bouche sur la mienne. J'ai fermé les yeux; quand je les ai rouverts, elle bondissait sur son cheval. Je ne savais pas si j'avais envie de chanter ou de pleurer. Quand elle a été à l'orée du bois, elle se retourne et crie : je m'appelle...

— Émilienne, affirma Catherine.

Aubin l'observa stupéfait.

— Par exemple, dit-il. Tu sais la suite?

— Non, elle t'a encore parlé?

— Elle a crié, en s'éloignant : « Et toi? » J'ai répondu : « Aubin », mais ma gorge était comme ça.

Il montra son poing serré.

— Je ne crois pas qu'elle ait pu m'entendre.

Cette pensée sembla le rendre mélancolique.

— Ça ne fait rien, dit-il, chaque fois que j'ai un moment, je retourne à la clairière, elle viendra bien un jour. Plus tard nous nous marierons.

Catherine le contemplait avec vénération. Ainsi Émilienne l'avait embrassé et l'épouserait! Était-ce vraiment son frère? N'était-ce pas plutôt quelque prince abandonné par ses parents et que la mère et le père avaient recueilli? Bientôt la vérité éclaterait, Aubin revêtirait ses habits brodés d'or et s'en irait sur un cheval blanc emportant dans ses bras la belle Émilienne.

Quelqu'un appela de la maison. C'était Mariette. Il était temps de repartir, disait-elle, car ils feraient un long crochet pour ramener Catherine à Lascaux.

Catherine eut envie de protester. Pourtant elle se tut, car, à ce moment, elle remarqua la pâleur de la mère et ces deux taches rosâtres aux pommettes qui faisaient paraître encore plus blafard le reste du visage. La petite femme se haussait sur la pointe des pieds pour poser un baiser sur la joue d'Aubin, celui-ci penchait la tête; Martial vint à son tour embrasser la mère, Catherine fit de même.

« Pourquoi nous regarde-t-elle comme ça? se demandait-elle, avec ces yeux agrandis comme si elle avait peur de ne pas assez nous voir. »

Les trois jeunes gens montèrent dans la carriole avec Mariette et l'on dit adieu à la maison-des-prés et à ses habitants : le père et la mère sur le seuil, près d'eux Clotilde accrochée d'une main aux jupes de la mère et de l'autre tenant Toinon assise sur le sol, enfin, appuyé à la fenêtre, Francet qui devait se soulever à demi sur sa chaise. Après avoir traversé la ville, à un carrefour on laissa Martial qui s'en alla vers le mas du Treuil à grandes enjambées. Sur le banc, entre Mariette et Aubin, Catherine somnolait. Son frère sifflait gaiement. Elle songeait qu'il devait lui tarder d'être de retour à Ambroisse et de pouvoir revenir à la clairière. Lorsque la voiture s'arrêta en bas du chemin qui rejoignait la ferme des Parot, et qu'il lui fallut dire adieu aux deux voyageurs, elle se sentit désemparée : elle aurait voulu poursuivre la route avec eux et se trouver auprès d'Aubin le jour où la belle Émilienne viendrait le chercher.

25

A Lascaux, elle pensa bien souvent à la chance de son frère, puis vinrent les moissons et leurs lourdes journées de travail, elle oublia peu à peu ce que lui avait conté Aubin, elle finit même par se demander si elle ne l'avait pas rêvé : un rêve incertain, où la belle Émilienne sur son cheval s'était approchée d'elle et l'avait embrassée sur le front.

A la Toussaint, elle quitta Lascaux. Adélaïde s'était disputée avec son mari et, par représailles, il avait décidé que, dorénavant, elle devrait se passer de servante.

Adélaïde pleura lorsqu'elle fit ses adieux à Catherine.

— Si quelque jour t'es ouvrière, conseilla-t-elle à l'enfant, comme moi je l'étais, ne te marie pas, crois-moi, ne te marie pas avec un paysan, épouse un ouvrier si tu veux ou reste fille mais de toute façon garde ton travail à l'usine.

Catherine aurait bien voulu trouver quelque chose à dire pour réconforter la jeune femme mais tout ce qu'elle put balbutier, ce fut :

— J'ai vu la manufacture, c'est grand.

— Oui, c'est grand, reprit Adélaïde.

Les deux avares feignaient de s'affairer dans la cuisine.

— Adélaïde, cria Thomas Parot d'une voix sévère.

— Voilà, dit la jeune femme.

Elle sourit à Catherine, un sourire mouillé de larmes, puis rentra dans le couloir.

Catherine ne resta pas longtemps libre à la maison-des-prés. On la plaça chez la Fressange qui habitait l'un des faubourgs de La Noaille. Ce n'était pas très loin, et le soir Catherine pouvait rentrer chez elle. Si les Parot étaient avares, du moins laissaient-ils en paix leur jeune servante, et Adélaïde était là pour apporter quelque tendresse à l'enfant, aussi Catherine ne tarda-t-elle pas à regretter Lascaux car la Fressange était bien la plus mauvaise femme qu'elle eût connue. Grande, sèche, le cheveu rare, l'œil rond et petit, elle était l'épouse d'un serrurier, et de ce mariage paraissait tirer une fierté démesurée. Elle affectait de traiter autour d'elle tout le monde comme une vile espèce, à l'exception de son mari et des deux garçons qu'il lui avait donnés : l'aîné qui devait aller sur ses cinq ans tenait de sa mère sa maigreur et sa mauvaise humeur chronique, l'autre qui n'avait pas trois ans était un gros pataud, il ne voulait presque jamais marcher, il fallait à Catherine le traîner ou le porter, ce qui vite épuisait la fillette.

— Regardez-moi cette « emplâtre », marmonnait la Fressange lorsque Catherine, à bout de souffle, déposait le lourdaud sur le sol.

D'ailleurs, soit qu'elle servît à table, soit qu'elle fît la vaisselle ou qu'elle balayât, il n'était pas un acte de Catherine qui ne lui valût quelque réprimande.

Vint un jour où elle ne put plus supporter l'aigreur ni la mauvaise foi de la Fressange. Elle revint à la maison-des-prés, bien décidée à ne plus jamais revoir sa patronne.

Quand elle entra chez elle, la mère s'apprêtait à aller faire une lessive en ville.

— Est-il arrivé quelque malheur? demanda-t-elle.

— La Fressange est trop mauvaise et trop menteuse, jamais plus je ne reviendrai la servir.

— Mais ma pauvre enfant, tu sais bien que ton père et moi n'arrivons pas à vous nourrir.

— J'irai ailleurs, à la fabrique.

— T'as pas l'âge.

— J'irai dans une autre place, mais je ne veux plus voir la Fressange.

— Le père t'y ramènera.

— S'il m'y ramène, j'irai me noyer.

— Cathie, veux-tu te taire.

— Sûr que j'aime mieux mourir que de travailler encore pour cette vipère.

La mère regarda longuement Catherine.

— Elle est donc si méchante?

— Le diable ne peut pas l'être autant.

Et Catherine éclata en sanglots.

— Je n'en peux plus, je n'en peux plus, répétait-elle.

Elle sentait la main maternelle sur sa tête. Elle continuait à pleurer, mais c'était bon de laisser ainsi couler ses larmes et de s'appuyer contre la mère comme au temps des Jaladas ou du Mézy.

— Ah, dit la voix douce, j'ai bien peur que le père ne veuille pas t'entendre.

— Écoutez, Mère, proposa Catherine, je vais chercher les pissenlits, c'est la saison, je me ferai des sous avant que vous m'ayez trouvé une autre place.

Quand la mère fut partie à sa lessive, Francet demanda sévèrement.

— Pourquoi tu lui as dit que tu te noierais?

Pendant la scène entre sa sœur et la mère, il n'avait pas ouvert la bouche, continuant à graver les initiales sur un fuseau comme s'il ne prenait pas garde à la discussion.

— Parce que c'est vrai, affirma Catherine.

— Il faut se trouver bien malheureux pour vouloir se ficher à l'eau.

Il observa d'un œil connaisseur les initiales qu'il venait d'entrelacer sur le bois.

— Est-ce que je m'y fiche, moi? dit-il entre ses dents.

— Tu n'as pas de Fressange, toi, remarqua, étonnée, Catherine.

— Et ça, fit-il en montrant du doigt sa jambe allongée, c'en est pas une belle?

Catherine eut honte, elle ne sut que répondre. Elle alla prendre un panier d'osier dans une resserre et demanda à Clotilde si elle voulait l'accompagner aux pissenlits. La petite se mit à sauter de joie, et Toinon à crier quand elle les vit partir sans elle. Francet tendit à la gamine, toujours vêtue en blanc et bleu aux couleurs de la Vierge, un nabot qu'il avait sculpté dans un rondin; consolée, Toinon se tut.

— Moi, je peux pas la quitter ma Fressange, dit Francet, cependant que Catherine et Clotilde sortaient.

Au pré, elles remplirent le panier de salade.

Le soir, le père ne voulut rien entendre.

— Il ferait beau voir que tu n'y reviennes pas chez ta patronne; que penserait-on de nous?

La mère lui chuchota quelque chose à l'oreille.

— Penses-tu, répondit-il en faisant un large geste de la main comme pour balayer une image saugrenue. (Il reprit :) Demain matin, Cathie, tu me feras le plaisir de me suivre, je te ramènerai moi-même à Mme Fressange. La femme d'un serrurier, te rends-tu compte de ta conduite?

Catherine eut envie de demander en quoi cela importait que la Fressange fût l'épouse d'un serrurier, mais elle jugea plus sage de ne point poser cette question et elle dit :

— Tout mon grand panier de pissenlits qui va être perdu.

La mère saisit l'occasion.

— C'est vrai, Jean, vous allez nous faire perdre de l'argent, les pissenlits se vendent bien au marché de La Noaille.

Jean Charron parut un instant déconcerté par cette remarque, cependant il s'entêta. Alors la mère lui chuchota quelque chose à l'oreille. Il pâlit et ne dit plus rien.

On ne parla plus de la Fressange. Catherine chaque jour portait en ville un panier de pissenlits. Des ménagères la hélaient au passage, ou bien quelques marchands de primeurs lui achetaient à bon compte sa salade. Le soir, son frère lui disait : « Aligne tes sous, je vais aligner les miens. » Il était rare que sa cueillette lui rapportât autant qu'à son frère la vente des fuseaux. Ils appelaient la mère, lui offraient leur gain.

— Vous voyez, Mère, disait Francet, on s'en tirera et bientôt vous pourrez laisser les ménages.

— Vous êtes gentils.

A peine si on comprenait la mère, tant sa voix était enrouée.

— Ça fait des mois que je n'ai plus mal à la jambe, reprenait Francet, bientôt je pourrai marcher et alors j'irai à l'usine, le vieux Baptiste m'a promis de me prendre avec lui, on sera riche.

— Pense pas à ça, demandait la mère, repose-toi.

— Pourquoi vous voulez pas que je pense à plus tard, vous ne croyez pas que je vais guérir?

— Bien sûr que si, bien sûr, mais je veux dire ne te préoccupe pas de ton travail, de ce que tu feras, tu as tout le temps.

Quand la mère n'était plus là, Francet protestait.

— J'ai le temps, j'ai le temps! c'est pas vrai, elle voit pas qu'elle est si maigre qu'on pourrait la faire tomber rien qu'en soufflant dessus.

— Que dit-il, Cathie? demandait Clotilde effrayée. Je veux pas qu'on souffle sur notre mère pour la faire tomber.

— C'est-y bête les filles, faisait Francet.

Puis il se reprenait :

— Je dis ça pour toi, Cathie, toi tu n'es pas comme les autres, mais entends-moi cette Clotilde, et celle-là tu trouves qu'elle a l'air fine à traîner son cul sur la terre, cette Toinon, à la voir on jurerait qu'elle ne sait pas marcher... Pouvoir marcher et se traîner comme un crapaud, tout de même si c'est pas honteux.

Toinon savait bien retrouver ses jambes quand elle voyait Catherine et Clotilde partir vers le pré. Elle s'élançait derrière elles; souvent elle trébuchait, parfois s'affalait. Ses sœurs la relevaient en la tenant chacune par la main. Elles allaient cueillir des jacinthes sauvages dans un pré où l'herbe était épaisse et sombre. Quand elles revenaient de leur promenade, toutes fleuries, il leur arrivait souvent de trouver Julie en compagnie de Francet. Lorsqu'ils apercevaient les trois fillettes, Francet et Julie se mettaient à parler fort, à rire, à plaisanter. Catherine n'osait pas leur dire combien ils paraissaient étranges avec leur visage en feu, leurs yeux brillants, leurs lèvres sèches et cette fièvre dans leurs paroles et dans leurs gestes. Elle n'aurait su dire pourquoi, mais il lui était désagréable de voir ensemble Julie et Francet. « Ma parole, pensait-elle, c'est à croire que Julie nous guette, il suffit que je m'absente avec Clotilde et Toinon pour qu'au retour je la retrouve là. »

Julie n'était que de quelques mois l'aînée de Catherine, pourtant celle-ci, depuis qu'elle avait quitté Lascaux, avait l'impression que son ancienne compagne de jeux avait soudain vieilli, pris de l'avance sur elle. Non pas que Julie fût plus grande mais quelque chose en elle, dans son allure, sur son visage, changeait : était-ce sa façon nouvelle de se coiffer, non plus avec des nattes, mais comme une femme déjà, avec un chignon, ou bien cette manière qu'elle avait maintenant de sourire ou de rire en montrant les dents? ou encore cette façon de serrer très fort sa ceinture — on eût dit que sa taille allait se briser tellement elle était mince? Catherine se promettait d'en parler avec Aurélien lorsqu'elle le rencontrerait, mais on ne le voyait plus à la maison-des-prés.

— Il travaille à la fabrique, disait Julie.

26

Parfois Catherine accompagnait sa mère chez les bourgeois qui l'employaient. La petite aidait à plier les draps, à éplucher des légumes, à frotter des meubles. Elle prenait grand plaisir à pénétrer ainsi dans ces riches et ombreuses maisons du Haut. Elle n'en visitait guère que les communs, cependant, il arrivait que par une porte entrebâillée elle pût jeter un coup d'œil sur une chambre où luisait quelque grand miroir, sur un salon endormi sous ses housses mais que dominait le portrait d'un officier garni d'or et de rubans. Un après-midi, la mère demanda ainsi à Catherine de l'accompagner en ville.

Elle prépara d'abord le repas du soir en précisant qu'elles rentreraient tard : elle recommanda à Clotilde, à Toinon d'être sages et ne ne pas obliger Francet à crier après elles. Le mère et Catherine partirent donc pour La Noaille. Souvent elles s'arrêtaient pour permettre à la jeune femme de reprendre haleine car la marche l'essoufflait. Quand elles arrivèrent sur la place du Haut, elles marquèrent de nouveau une halte.

— On n'est pas près de rentrer, dit la mère, parce que ces gens-là donnent un bal, alors jusqu'à ce que les premiers invités arrivent le travail ne manquera pas.

— Un bal! fit Catherine émerveillée.

Mais la mère crut deviner une désapprobation dans cet étonnement.

— Eh bien, quoi, dit-elle, le père et moi, nous en donnions bien des bals aux Jaladas. Tu te rappelles pas? C'était peut-être pas aussi bien que dans les salons de ces messieurs du Haut, pourtant on s'amusait bien.

Elle commença à fredonner une chanson :

Les filles de la montagne font lou pellelée.

Une quinte de toux l'interrompit qui la fit se ployer en deux.

Quand elle put enfin se redresser elle murmura :

— Ce n'est plus le temps des bals.

Elles traversèrent le mail. En passant près d'un ormeau, la mère se reposa de nouveau quelques instants en s'appuyant d'une main contre l'arbre. Puis elle se dirigea vers une grille rouillée, tira le pied de biche de la sonnette. Au bout d'un moment des sabots firent craquer le gravier derrière le portail, celui-ci s'ouvrit et une fille rougeaude, mal peignée, mais portant sur sa jupe noire un tablier blanc qu'on devinait fraîchement repassé, demanda à la mère ce qu'elle voulait.

— C'est Félicie Meunier qui nous envoie, dit la mère, moi et mon aînée, Catherine, pour aider.

— Ah! c'est vous, dit la rougeaude en se frottant le nez. On vous attendait... Avec ce bal on ne sait déjà plus où donner de la tête.

Elle les précéda.

Une large allée longeait la maison qui, sur ce côté, s'ornait d'une immense vigne vierge que la brise faisait trembler. Elles contournèrent sur la gauche la grande demeure de granit : derrière s'étendait un parc touffu que dominait un cèdre bleu. Sur la droite de la maison, et séparées d'elle par une autre allée, s'élevaient les écuries.

On entendait piaffer les chevaux. Au portail à double battant étaient clouées plus de cent pattes grises, beiges ou brunes, et sous chacune d'elles luisait une plaque de cuivre. Catherine ne put s'empêcher de questionner la rougeaude à ce sujet.

— Oh, c'est les pattes de biches, de cerfs, de chevreuils, de sangliers ou de loups qu'a tués Monsieur.

— Et les plaques?

— Il paraît qu'on a gravé dessus le lieu et la date de la chasse et le nom des gros bonnets maîtres de l'équipage... je dis : « il paraît », parce que la dame de compagnie de Madame l'a raconté; moi je ne sais pas lire.

Catherine était effrayée par les vestiges de ce massacre ainsi exposés. « Des loups, se répétait-elle intérieurement, et des sangliers et des cerfs. » Instinctivement elle s'était rapprochée de sa mère. Le maître, le chasseur n'allait-il pas surgir de l'écurie, campé sur un cheval noir? Elle avait peur, cependant pour rien au monde elle n'eût voulu être en ce moment ailleurs qu'ici même.

— Attention aux marches, cria la rougeaude.

Catherine ne s'était même pas aperçue qu'elles devaient maintenant descendre un escalier de pierre qui menait au sous-sol. Elle faillit tomber, la fille la retint d'une poigne solide.

Elles entrèrent dans une cuisine au carrelage grenat et noir. Le long fourneau rougeoyait dans la pénombre, sur un mur des chaudrons luisaient. Catherine ne vit d'abord que ce rougeoiement du feu et ces lueurs. Puis, lorsque ses yeux se furent habitués à l'obscurité, elle distingua une table massive qui partageait la pièce en deux, et, derrière cette table, des silhouettes féminines.

— En voici deux autres pour nous aider, déclara la fille qui leur avait ouvert la grille...

Derrière la table, les silhouettes firent des signes avec leurs têtes. Catherine s'approcha encore : elle vit deux femmes assises, une autre debout, mais si boulotte qu'elle dépassait à peine le chignon des ménagères penchées sur la table. Celles-ci épluchaient, puis coupaient en lamelles des pommes qu'elles jetaient ensuite dans une bassine. Sans aucun doute, la boulotte commandait ici car elle ordonna :

— Vous autres, dépêchez-vous de me remplir votre bassine. Toi, dit-elle à la rougeaude, rejoins la dame de compagnie.

Il faisait trop chaud dans la cuisine, mais Catherine s'y plaisait à respirer les parfums de fruits coupés, de sirops, de gâteaux qui cuisaient à feu doux dans le four. A côté de sa mère elle s'appliquait à peler les pommes ou à aligner leurs tranches minces sur la pâte à tarte. Un haut chat noir se promenait à pas majestueux; parfois il s'arrêtait, fixait son regard jaune sur les mains affairées des femmes. Quand Catherine surprenait le regard de la bête sur ses doigts elle ne pouvait réprimer un frisson et s'arrêtait un instant de travailler.

— Allons, petite, maugréait la boulotte, tu rêvasses.

Elle s'adressait sèchement à la mère :

— Elle est pourtant bien jeune pour penser déjà aux amoureux votre fille.

La mère avait un pâle sourire, les autres femmes riaient. Catherine les aurait giflées. Comment leur dire que ce chat noir était pour elle le maître de céans, celui qui avait coupé les pattes de loups, de chevreuils et de cerfs, clouées aux portes des écuries.

— Tu as peut-être faim, reprenait la boulotte, goûte-moi cette cuillerée de crème, tu m'en diras des nouvelles.

Les femmes riaient de nouveau en voyant la bouche de Catherine barbouillée de Chantilly.

Le jour déclinait lentement. La cuisinière ne cessait de sortir de ses fourneaux des quiches, des biscuits, des flans, des tartes. On déposait ces pâtisseries chaudes et dorées sur la table, et l'on remplissait à nouveau le four de pâtes fades et pâles.

Par la fenêtre grillagée, ouverte au ras du sol, avec les premières ombres du soir, pénétraient les odeurs du parc : de résine, de feuillage frais, de roses et d'herbes.

— Tout de même, grogna la boulotte, la dame de compagnie exagère, elle pourrait penser à me renvoyer Mathilde. Je ne peux pourtant pas quitter mon feu pour aller la chercher, cette empotée...

« Écoute, petite, ça te dégourdira les jambes. Tu vas monter au premier, tu entends : au premier, tu vas dire à la dame de compagnie que Mme Pourpaille a besoin de Mathilde. Tu entends, Mme Pourpaille, c'est moi.

Catherine quitta son banc, à la fois heureuse, fière et inquiète d'avoir à accomplir cette mission.

— Ouvre cette porte-là, au fond, dit la boulotte. Monte l'escalier de pierre, il te conduira dans le hall, là tu prends un autre escalier, celui de droite, tu arrives à un couloir, tu frappes à la troisième porte à gauche, c'est là.

L'enfant aurait bien voulu que la boulotte répétât ces indications, mais elle n'osa pas le lui demander. Cependant, comme si elle eût deviné son inquiétude, Mme Pourpaille ajouta :

— D'ailleurs, c'est simple, dès que tu vas ouvrir la porte, Farou va filer avec toi, tu n'auras qu'à le suivre, c'est l'heure où il a l'habitude de monter boire le lait que cette taupe de dame de compagnie lui offre dans sa chambre.

Elle disait vrai : à peine Catherine eut-elle poussé la porte, le grand chat noir lui fila entre les jambes et se mit à grimper l'escalier de pierre devant elle. Elle courait pour ne pas perdre la bête de vue, et dans sa course elle oubliait déjà les paroles de Mme Pourpaille. Du hall, dont les murs étaient tapissés de plantes vertes, partaient deux larges escaliers de bois ciré ; l'un à gauche, l'autre à droite, ce fut celui-là que choisit Farou. On entendait dans les hauteurs résonner une musique. Catherine aurait voulu s'arrêter, écouter ces notes qui chantaient étrangement pour elle dans la pénombre de cette vaste demeure inconnue, mais le chat ne l'attendrait point. Elle eut beau hâter le pas autant que le lui permettaient les marches glissantes, elle perdit la trace de l'animal. Sur le palier, elle s'appuya au mur que couvrait une tapisserie à demi effacée. La musique s'était tue, le silence était aussi dense que l'ombre qui de toute part envahissait la maison. Il fallait pourtant continuer à chercher la dame de compagnie. Elle s'avança vers le milieu du palier. Vue de là, cette tapisserie contre laquelle elle s'était appuyée laissait deviner des personnages anciens, des chevaux, une bête fantastique trouée de flèches. De nouveau Catherine songea aux trophées de chasse exposés sur le portail de l'écurie. Que faire si le chasseur impitoyable surgissait de l'ombre? Il lui sembla entendre un léger bruit, elle eut envie de fuir, mais comment oser reparaître devant la boulotte et les femmes moqueuses? Le bruit semblait venir de ce couloir : une sorte de frottement. Elle se tapit de nouveau contre le mur; mais se souvint alors des chevaux, des personnages, de la bête fantastique derrière son dos, elle fit un pas en avant, perdue. Le bruit, un instant, cessa, puis reprit, et cette fois un miaulement l'accompagnait. Catherine rit doucement, les maléfices étaient dissipés. Elle se dirigea à tâtons dans le couloir : le chat grattait au bas d'une porte. La fillette frappa trois coups timides. Nul ne répondit. Elle frappa encore, et encore. Rien. Elle s'enhardit assez pour tourner la poignée, passa la tête par l'entrebâillement de la porte : la chambre était déserte, au pied du lit le chat poussait du nez une soucoupe blanche vide. Dans les préparatifs du bal, la dame de compagnie devait avoir oublié son favori. Le chat bomba le dos, il paraissait immense comme cela.

Catherine recula quand elle le vit, menaçant, avancer vers elle.

Dans l'obscurité, les yeux de la bête étaient devenus deux courtes flammes vertes. Je n'ai plus qu'à redescendre, songeait Catherine, je dirai : « Madame Pourpaille, la dame de compagnie n'était pas dans la chambre. » Le chat la frôla, elle sauta en arrière. Un peu plus loin dans le couloir elle vit luire les deux yeux verts. Pourquoi le chat se retournait-il comme s'il lui faisait signe ? Elle le suivit. Elle n'entendait rien, n'y voyait goutte, sauf, parfois, ces yeux phosphorescents qui la regardaient. Que lui voulait la bête ? Le couloir lui paraissait interminable. Enfin, là-bas, sur la gauche, s'ouvrit une longue raie verticale de lumière en même temps que Farou miaulait. Sitôt après ce miaulement, la fente lumineuse se réduisit à un fil d'or. Catherine se dirigea sur ce rayon. Il longeait sans doute quelque porte que Farou avait dû pousser, la dame de compagnie se trouvait peut-être derrière. Catherine, elle n'aurait pu dire pourquoi, était sûre du contraire, mais elle tenait à se donner de sages raisons pour suivre le chat. Lentement, à son tour elle poussa la porte, demeura figée d'admiration.

Jamais elle n'avait vu salle si vaste, ni si brillante. Le parquet blond dessinait des losanges ; au long des murs, derrière des vitrines, couraient jusqu'à un mètre du plafond fort élevé des rangées de reliures sombres et dorées. En face de la porte où elle se tenait, le mur n'avait pas ce revêtement de livres ; il était percé par trois hautes fenêtres : l'une d'elles était entrouverte et la brise agitait les rideaux de tulle. Sur la pointe des pieds, Catherine traversa la pièce, alla à cette fenêtre : elle donnait sur le parc ; on voyait le cèdre profiler sa masse géante et noire devant le ciel où l'horizon gardait une traînée de jour. La petite fit le tour du salon. Au faîte des bibliothèques étaient posés, à intervalles réguliers, des bustes de plâtre. Elle se demandait quelles étaient ces têtes coupées, des têtes énergiques ou rêveuses aux yeux blancs. Elle trembla : le maître tuait-il également des hommes? Était-ce là leur tête tranchée puis recouverte d'une pellicule de porcelaine? Dans chaque intervalle, entre les bustes, brillaient les flammes de dix chandelles et, au milieu du plafond, un lourd lustre de cristal étincelait, chargé lui aussi de flammes vacillantes. Catherine errait dans cette salle où peu de meubles demeuraient : quelques fauteuils, des tabourets, relégués, semblait-il, dans les coins. Qui pouvait lire tant de livres? Cela donnait le vertige d'imaginer un être capable de lire ces milliers d'ouvrages. Ce ne pouvait être qu'un monstre, le monstre qui exposait ses trophées de chasse, les têtes de ses victimes et son amoncellement de lectures.

Une musique retentit derrière elle qui la fit tressaillir. Se retournant, elle comprit l'origine de ce son qui venait de la bouleverser. Elle avait dû heurter l'un de ces instruments bizarres assemblés au bord d'une légère estrade. Il y avait là une sorte de métier à tisser, debout, tout doré et d'une grâce extrême : d'un doigt elle en frôla les cordes, elles résonnèrent comme un tintement très lointain de cloches dispersées dans le vent. Elle s'enhardit, monta sur l'estrade, alla jusqu'à un meuble de bois sombre : table triangulaire posée sur trois pieds. Ce meuble avait une longue bouche ouverte garnie de dents horizontales, les unes blanches, les autres noires; Catherine promena ses mains sur les dents : elles s'enfonçaient, cela faisait de la musique encore, elle reconnaissait le son qu'elle avait entendu à travers les murs lorsqu'elle gravissait l'escalier à la suite du chat. Au fait où était-il passé l'étrange animal? Il l'avait attirée jusqu'à cette salle et maintenant où se cachait-il? Une autre question s'imposa à l'enfant : combien de temps s'était écoulé depuis son départ de la cuisine? Elle n'aurait su le dire. Il lui semblait que cela devait faire des heures. Et même, depuis qu'elle se trouvait dans cette salle illuminée et déserte, elle avait l'impression d'avoir pénétré dans un univers absolument étranger au monde familier des jours et des nuits. Ici le temps ne pouvait être le même que dans le sous-sol où régnait la cuisinière boulotte ou bien à la maison-des-prés. Elle essayait en vain d'imaginer l'inquiétude que son absence devait donner à la mère ou le courroux de la boulotte. Redescendrait-elle jamais auprès d'elles? Dans cette salle les heures ne devaient point s'écouler, ni s'éteindre les lumières ni se clore les yeux des têtes tranchées. De nouveau elle fit courir sa main sur les dents du meuble. La musique s'éleva plus forte : elle vibrait encore lorsqu'une voix jeune, belle mais pleine d'autorité, figea Catherine aussi sûrement que les bustes sur les rayons.

— Eh bien, disait la voix, quelle audace!

Catherine ne se retournait pas, elle restait debout, raide, la main droite posée sur le meuble à musique. Quel visage devait avoir le monstre à voix d'ange? Car elle ne doutait pas un instant d'avoir affaire à l'être redoutable dont cette salle fabuleuse devait être le sanctuaire.

— Mademoiselle, je vous parle, reprit la voix qui cette fois se faisait plus dure. Cela vous ennuierait de vous retourner?

Catherine ne se rendit même pas compte qu'elle pivotait lentement sur les talons de ses sabots. Elle ne put voiler la surprise qui succédait à sa terreur : le monstre n'était autre qu'une jeune fille élancée, dont la longue robe de taffetas vert d'eau marquait la taille mince et bouffait sur les hanches : les bras restaient nus, ils étaient d'une blancheur chaude, le visage était encadré d'anglaises aux reflets châtains, les yeux noirs s'allongeaient sous des cils épais et de grandes paupières. A côté de la jeune fille se tenait un garçon aussi grand qu'elle mais plus jeune semblait-il; comme elle il avait un teint mat, des cheveux sombres, des yeux voilés de cils drus, pourtant il paraissait être le reflet fade et vaguement ridicule de la souveraine qu'il suivait.

— Voulez-vous me dire ce que vous faites ici? demanda la beauté d'une voix qui se voulait plus sévère.

La petite essaya de répondre, n'y parvint pas, baissa la tête, la releva et s'entendit avec angoisse murmurer :

— Aubin.

— Quoi? fit la jeune fille en fronçant les sourcils. Cela lui donna un air cruel qui la rendait plus admirable encore.

— Qu'est-ce qu'elle raconte? gronda le garçon.

Cette grosse voix molle suffit à rompre le charme, Catherine se sentit tout d'un coup délivrée. Moitié courant, moitié glissant elle traversa le salon en diagonale; quand elle eut atteint la porte elle se retourna.

— Je suis la sœur d'Aubin! cria-t-elle.

Il lui sembla que la jeune fille esquissait de la main un geste pour la retenir, pour implorer. Mais Catherine referma la porte derrière elle et, tâtonnant dans la nuit, regagna l'escalier.

27

Depuis qu'elle avait découvert, dans cette salle à ses yeux si étrange, Émilienne Desjarrige, Catherine vivait un rêve éveillé ; des paroles échangées autour d'elle, ne retenant que celles qui, par quelque biais, pouvaient rejoindre son conte secret : les mots de mariage par exemple, ou de danse, ou de musique, ou encore de chasse à courre. Elle passait son temps à se remémorer les circonstances, selon elle magiques, de sa rencontre avec la jeune reine de La Noaille — et pas seulement de La Noaille, se disait-elle, mais du monde entier, de ce monde de plaines, de vallées et de montagnes qu'elle avait aperçu jadis de la colline de Saint-Exupère. Tantôt sa rêverie était dorée comme la lumière qui brillait dans la salle de bal, tantôt elle devenait aussi opaque que les ténèbres qu'il lui avait fallu traverser dans l'escalier et les corridors de la riche demeure : cette ombre l'envahissait lorsqu'elle se souvenait que ces préparatifs de la fête auxquels elle avait pris part annonçaient quelques fiançailles en perspective. Elle croyait voir le fiancé, un homme trapu, velu et fort comme Robert, son beau-frère, surgir dans le salon : la musique cessait net, tous les danseurs s'immobilisaient, on les eût dits changés en statues, au milieu d'eux Émilienne, pâle, un bras levé —

c'était le geste même qu'elle avait esquissé vers Catherine comme si elle eût voulu la retenir — et l'homme carré s'approchait, posait ses lourdes mains sur les épaules de la jeune fille ; enfin, sans que personne n'osât l'en empêcher, il l'emportait on ne savait où, jamais plus on ne reverrait le ravisseur ni sa belle proie... « Jamais plus. » Catherine éclatait en sanglots. Ses parents, ou Clotilde, ou Toinon ou Francet la regardaient ébahis.

— T'es-tu fait mal ? demandaient-ils.

— C'est peut-être les fièvres, supposait la mère.

— Non, non, je n'ai rien, affirmait la rêveuse, et elle continuait à essuyer la vaisselle ou à balayer, en avalant ses larmes.

Aurélien vint un jour la voir à la maison-des-prés.

— Tiens, dit-il, je t'ai apporté des œufs, je les ai trouvés dans les bois.

Catherine était en train de faire la toilette de ses sœurs : elle les peignait rapidement sans prendre garde aux cris des petites. Aurélien restait près d'elle, gauche, taciturne. Francet prenait le soleil devant la porte ; un vieux chapeau sur les yeux, il somnolait.

En vain le jeune visiteur toussa-t-il plusieurs fois afin de rappeler sa présence.

Il répéta :

— Cathie, je t'ai porté des œufs.

Elle se retourna en sursautant.

— Tu es là ? dit-elle.

— Tu vois, c'est des œufs pour toi.

— Pour moi, que veux-tu que j'en fasse ?

— Tu les mangeras.

— Ah ! bien merci, si tu crois que j'ai faim.

— Justement, murmura Aurélien en baissant la tête.

— Justement quoi ?

— Ma sœur... commença-t-il à dire, mais il s'arrêta ne pouvant se décider à aller plus avant.

Il soupira.

— Ta sœur? que fait-elle ta sœur?

Il voulait dire : « Julie m'a raconté que tu pleures sans qu'on sache pourquoi, on craint que tu ne sois malade; il ne faut pas, je t'ai porté des œufs pour que tu ne sois plus malade. » Au lieu de cela il dit sans même s'en rendre compte :

— Ma sœur et Francet, s'ils continuent, je me demande s'ils ne finiront pas par se marier.

— Que dis-tu? s'écria Catherine, elle avançait son visage contre le sien, mais il s'apercevait bien qu'elle ne le voyait pas.

— Tu dis : « Marier »? cria-t-elle encore.

Mon Dieu qu'avait-il fait, quel crime avait-il commis? Voilà que les larmes brillaient sur les paupières de son amie, ces larmes incompréhensibles dont lui avait parlé Julie.

— Je te demande pardon, bredouilla-t-il, je ne savais pas.

Mais Catherine ne l'écoutait pas : elle renvoya les petites jouer dans le pré, jeta un coup d'œil vers la cour afin de vérifier si Francet somnolait toujours, puis elle fit asseoir Aurélien près d'elle au bout du banc, loin de la porte. Elle lui raconta son entrevue avec Émilienne. C'était bon de parler de ce royaume qu'elle portait jusqu'alors dissimulé en elle-même. Dans son récit, la demeure bourgeoise devenait palais, et presque irréelle la jeune fille à force de beauté : même le compagnon falot qui se tenait près d'Émilienne se paraît de charmes. Jusqu'à la description de ce garçon, Aurélien s'était tu, ensorcelé à son tour, mais là, il interrompit Catherine.

— Celui-là, je le connais, protesta-t-il, c'est son frère, et je t'assure qu'il n'est pas beau, une figure de rave.

Elle se fâcha, elle n'admettait pas qu'on critiquât un

être qui avait l'inimaginable chance de vivre près d'Émilienne.

Aurélien jugea prudent de ne pas insister. Catherine sembla oublier leur différend; elle reprit son récit pour narrer sa fuite. Émilienne, disait-elle, agenouillée tendait vers elle ses bras. Elle se tut. Elle paraissait voir au-delà des murs et des prés cet immense salon où la reine à genoux la suppliait. Aurélien n'osait ni parler ni risquer le moindre geste. Tout en continuant à regarder l'invisible, Catherine prononça lentement :

— Quand je pense qu'on va la marier...

Aurélien jugea qu'il pouvait de nouveau entrer en scène.

— Qu'est-ce que ça peut te faire? demanda-t-il.

Il crut qu'elle allait le frapper. Elle s'était levée, avait fait un pas en arrière, puis était revenue vers lui, menaçante :

— Comment! Comment! (Elle bégayait d'indignation.) Ce que ça peut me faire?

Aurélien était atterré de provoquer en elle cette fureur. Pourtant, il crut devoir tenir bon. Cathie n'était-elle pas envoûtée, songeait-il. Il pouvait lui porter secours en lui faisant remarquer ses erreurs.

La gorge nouée, il reprit, s'arrêtant à chaque mot :

— Mais... oui... ça ne... peut... rien... te faire...

Et il termina d'un trait :

— ... Que cette fille se marie.

Catherine ouvrit la bouche comme si elle allait crier encore, mais elle resta ainsi, muette. Elle ne savait que répondre, elle avait beau chercher en elle, elle ne voyait pas en effet pourquoi l'idée du mariage d'Émilienne Desjarrige lui était intolérable.

— C'est vrai, reprit Aurélien, ça n'a pas d'importance.

Elle l'aurait giflé. Elle se redressa et déclara :

— Bien sûr, ce n'est pas pour moi que je trouve ça

terrible, c'est pour Aubin, parce qu'il pensait se marier avec elle.

— Aubin? répéta le jeune garçon stupéfait.

— Oui.

Elle lui parla de l'amazone, du baiser donné dans la clairière.

Aurélien baissa la tête.

— Tu as raison, dit-il, ce doit être mauvais de ne pas pouvoir se marier avec celle qu'on voudrait.

Elle eut honte de cette victoire, et pour ne plus avoir honte essaya de se persuader que c'était bien pour son frère qu'elle souffrait en imaginant le départ d'Émilienne.

— Et toi? demandait le garçon, avec qui tu voudrais te marier?

— Moi, reprit Catherine, je ne me marierai pas.

Elle ne remarqua pas la rougeur soudaine d'Aurélien.

Elle prit la main qu'il lui tendait.

— N'oublie pas, dit-il, mange bien les œufs que je t'ai portés.

Sans répondre elle l'accompagna jusqu'au seuil.

28

Les jours passaient, cependant elle ne parvenait pas à oublier cette gêne qu'elle avait eue lorsque Aurélien lui avait dit : « Mais ça ne peut rien te faire que cette fille se marie. » Il a raison, se répétait-elle, tout en continuant à rêver à la demeure des Desjarrige, aux pattes clouées sur les portes des écuries, aux têtes coupées posées au-dessus des rayonnages dans la bibliothèque, aux reflets des reliures rouges et or, à ces étranges instruments de musique qui avaient trahi sa présence, et toujours à la robe de taffetas vert d'eau de la jeune fille, à ses bras nus, à leur blancheur, à sa chevelure châtain, aux grandes paupières qui s'abaissaient parfois sur ses yeux. Ah ! elle n'aurait pas dû fuir, mais revenir sur ses pas lorsque Émilienne avait fait ce geste vers elle. Mais quel geste ? Avait-elle bien vu ? Elle était si bouleversée : peut-être la jeune fille voulait-elle au contraire la chasser, lui montrer ainsi avec insolence la porte. Non, c'était bien un appel, il fallait y répondre, s'avancer et attendre. La jeune fille lui aurait demandé son nom, se serait intéressé à son sort. « Mademoiselle, si vous saviez, il y a longtemps que je vous cherchais. Je vous avais vue une fois, vous veniez d'acheter des craquelins. Les filles et les garçons qui étaient avec moi ont dit des horreurs sur vous et qu'ils vous feraient du mal. J'ai voulu vous avertir. Personne n'a pu m'indiquer votre maison, et ce soir me voici, je ne savais pas être chez vous. Pardonnez-moi d'avoir touché à vos meubles à musique. » Émilienne l'aurait prise par le cou. « Nous ne nous quitterons plus, Catherine. Viens je vais te donner une de mes robes et ce soir tu danseras avec moi. Ma mère a une dame de compagnie, toi, tu seras ma petite demoiselle de compagnie. Je t'apprendrai à lire ces milliers de livres sur les rayons, à taper sur les dents de ce meuble à musique, à monter à cheval, à chasser les cerfs et les loups. » « Moi, je vous conduirai à la colline de saint Exupère, le mauvais saint qui a blessé mon frère Francet ; sur nos chevaux nous partirons vers ces plaines, ces vallées, ces villages, ces forêts, ces montagnes qu'on voit de là-haut. Avec vous j'irai jusqu'en Chine, nous traverserons le monde... »

Prise par ces fables, Catherine demeurait totalement indifférente à ce qui l'entourait. Quand elle avait un moment de libre, elle allait contempler ses yeux dans un morceau de miroir que la mère rangeait dans la commode : comme elle eût voulu que ses prunelles s'assombrissent et que ses paupières devinssent larges et bombées comme celles d'Émilienne. Le soir, quand elle se déshabillait, d'un geste rapide, elle portait ses mains à sa poitrine plate dans l'espoir, toujours déçu, de sentir sa gorge doucement se renfler comme celle, opulente, de l'amazone.

A peine remarqua-t-elle la joie, qui, un matin, donna une surprenante jeunesse aux visages des parents. Ce jour-là, le docteur, après avoir examiné une fois encore la jambe de Francet, s'était penché vers la mère et l'avait embrassée.

— Sacré brin de femme, avait-il dit. Je peux bien vous l'avouer maintenant, plus d'une fois, en moi-même, je vous ai traitée de tous les noms : elle sera cause de la mort de son fils, je me disais, la têtue, elle aura voulu sauver sa jambe mais elle l'aura tué. Eh bien...

Il sortit sa tabatière et logeait une prise dans une narine, à petits coups de pouce, puis dans l'autre.

— Eh bien, reprit-il, cette jambe, je la crois pour ainsi dire guérie. Mon vieux Francet — et il tapa sur l'épaule du garçonnet —, tu vas pouvoir marcher.

A cette nouvelle, des larmes inondèrent le visage émacié de la mère. Jean Charron se mit à tirer nerveusement sur sa moustache, Francet prit un air rogue pour cacher la peur, à lui-même incompréhensible, qui le prenait à l'idée qu'il était enfin sauvé, qu'il allait pouvoir redevenir semblable aux autres.

— Comment, dit le docteur, vous pleurez, la Mère?

— C'est de joie, monsieur, c'est de joie.

— A la bonne heure, dit le vieil homme.

Il la prit par les épaules, la regarda, réprima une légère grimace.

— Pas fameuse, vous, remarqua-t-il. Je vous avais pourtant bien ordonné de vous reposer.

La mère hocha la tête. Elle avait un sourire d'enfant, et une larme demeurait accrochée à sa joue creuse.

— Ce n'est pas possible, dit-elle.

— Enfin, remarqua le médecin en désignant du doigt Catherine puis Clotilde et Toinon, enfin votre aînée vous aide, j'espère, et les deux autres n'ont qu'à se dépêcher de grandir pour en faire autant.

— Oui, dit la mère, Catherine est vaillante.

— Eh bien, remarqua le père, ces temps-ci, on se demande ce qu'elle a, elle n'est guère à son travail.

Le docteur se mit à rire.

— Le fait est qu'elle a plutôt l'air dans la lune. Quel âge a-t-elle?

— Elle va sur ses treize ans, répondit le père.

— Hum, fit le vieillard, c'est peut-être ce que je pensais qui vous la change, quoiqu'elle soit encore un peu jeune. Allez, au revoir toi, Francet, il te faudra des béquilles au début.

Il crut lire une expression de détresse sur le visage du garçon.

— Au début, reprit-il, au début seulement.

Et prenant un ton jovial.

— Eh bien quoi, tu apprendras à marcher un peu plus tard que ta sœur Toinon. Il n'y a pas de quoi avoir honte.

★

Le père Baptiste qui, au sortir de la manufacture, venait de temps à autre à la maison-des-prés, déclara que ce n'était pas la peine d'acheter des béquilles à La Noaille, que ça coûterait une petite fortune, alors que lui et Francet seraient bien capables de fabriquer eux-mêmes ces instruments.

L'ouvrier tint promesse. Pendant une semaine, il vint chaque jour chez les Charron ; il restait souper et travaillait avec le fils jusqu'à la nuit tombée. Francet poussa la coquetterie jusqu'à sculpter les branches de ses béquilles. Le père Baptiste se plaisait à le regarder faire.

— Pour être adroit, il est adroit ce gars, je vous le dis, c'est lui, lui, pas un autre qui me succédera à la manufacture. Vous verrez quelles belles porcelaines il saura tourner un jour... Qu'en penses-tu, Cathie? Est-ce assez joli ces feuillages qu'il a creusés sur ses bâtons?

Mais Catherine n'entendait ni ne répondait. Les premières fois qu'elle vit son frère sautiller sur ses béquilles, elle ne put s'empêcher de ressentir une secrète horreur. Il paraissait extrêmement large et court. Elle trouvait qu'il avait l'air d'un gros oiseau dont on aurait coupé les ailes. Il passait son temps à faire le tour de la maison, à peine s'il se reposait ou s'occupait de son travail : les filles venaient en vain à la maison-des-prés réclamer leurs fuseaux.

— Laissez-moi m'habituer, leur disait-il. Après je me remettrai au travail.

Aux plus jolies il retenait une danse pour le prochain bal de La Noaille.

Elles avaient un rire contraint, ne pouvant imaginer que cet infirme quelque jour les ferait valser ou serait leur cavalier de bourrée. Parfois, il priait l'une d'elles de lui donner le bras et de l'aider à marcher dans le chemin. Il s'appuyait alors de l'autre côté sur une seule béquille.

Quand Julie Lartigues le surprenait ainsi un bras passé sur les épaules de ses jeunes clientes, elle pinçait les lèvres, redressait sa petite tête, et, une fois seule avec lui, se plaignait amèrement de ses façons ridicules.

— Tu ne vois pas qu'elles se moquent de toi. Tu n'es qu'un boiteux pour elles. Mais toi, tu veux courir. Quand t'étais cloué à ta chaise, j'étais bonne pour te faire passer le temps, maintenant, il faut que les autres te prêtent leurs épaules pour t'aider à marcher, les épaules et ensuite...

Francet ne se fâchait pas, il riait, et son rire portait à son comble le courroux de Julie; elle ne tardait pas à éclater en pleurs, alors pour la consoler il l'embrassait.

Ces querelles et ces réconciliations irritaient Catherine. Elle prenait Clotilde et Toinon par la main et s'en allait avec elles cueillir des fraises dans les bois.

— Je connais une princesse, disait-elle aux petites, elle habite un palais, une pièce où brillent mille bougies. Elle m'y invite la nuit, et nous dansons en robe de taffetas.

29

En fait de palais, il fallut redevenir servante chez les autres, mais Catherine n'y prit pas garde. Elle continuait à ne reconnaître que ses images intérieures, comme il en avait été avant sa communion : mais, à la place occupée par la Vierge ou les anges, se dressait maintenant, aussi céleste, l'effigie rayonnante d'Émilienne.

Catherine avait pour patronnes les dames Jacquemont. Elles habitaient, au-delà de la sous-préfecture, une maison carrée, à un étage, située au sommet d'un long jardin en pente. La mère était une haute femme maigre toujours vêtue de noir; quoi qu'elle fît, elle ne lâchait jamais un lourd chapelet aux grains bruns et luisants; la fille, qui pouvait avoir la trentaine, semblait minée par quelque langueur : ses tempes étaient déjà garnies de cheveux blancs. On disait en parlant des deux femmes : « Les dames Jacquemont. » Pourtant la fille était mariée, mais son époux, Gaston Bienvenu, un beau brun qui portait avec coquetterie une moustache aux pointes retroussées, ne faisait que de brefs séjours à la maison : juste le temps, après maints serments, prières, menaces ou disputes, d'obtenir de sa belle-mère, par l'entremise de sa femme amoureuse et désespérée, quelque nouvel argent qu'il s'empressait d'aller dépenser à La Noaille ou au chef-lieu. On racontait dans le voisinage qu'il ne tarderait pas à mettre les dames Jacquemont sur la paille.

Catherine ne se souciait guère de cela. Elle appréciait le calme qui régnait dans la maison quand l'époux volage était reparti. La jeune femme s'asseyait devant l'une des fenêtres qui donnaient sur le jardin; silencieuse elle travaillait à un ouvrage de tapisserie sur lequel plus d'une fois tombaient ses larmes. Sa mère allait d'une pièce à l'autre sans bruit, tout en égrenant son chapelet. Catherine poursuivait ainsi dans une paix absolue sa vie imaginaire pleine de beauté, de danse, de musique et de luxe.

Et soudain, elle fut arrachée à ses nuées, rejetée sur la terre.

C'était le matin. Il ferait une journée lourde, déjà on respirait avec peine, les oiseaux se tenaient cois sur les arbres du jardin. Catherine avait terminé le ménage dans la chambre de la jeune dame. Elle secouait un chiffon par la fenêtre lorsqu'elle aperçut un garçon qui gravissait l'allée centrale. Il avait les cheveux châtains coupés en brosse, il était mince, ses pantalons rapiécés s'arrêtaient à mi-mollet. Catherine voyait mal le visage du visiteur car elle avait le soleil dans les yeux. Le garçon se planta sur le perron. Elle descendit ouvrir la porte, s'arrêta à deux pas de lui. Il baissa la tête comme s'il n'osait la regarder.

— Aurélien, dit-elle étonnée.

Il ne répondit pas. Sans lever les yeux, il marmonna d'une voix à peine perceptible :

— Ton frère...

— Francet! cria-t-elle. Sa jambe?

— Non, Aubin.

— Eh bien?

Aurélien baissa encore la tête.

— Il s'est tué.

Elle avala sa salive.

— Ça n'est pas possible.

— Robert l'avait envoyé quérir le foin dans la barge. Il est monté, le plancher avait des lames pourries, une a cédé, ton frère est passé à travers, on l'a retrouvé sur le sol, sa tête avait heurté le pied de l'échelle.

— Mais... murmura Catherine.

— Il était mort, dit Aurélien.

Elle regardait fixement le messager comme si elle ne comprenait pas.

— Chez toi ils sont partis à Ambroisse. Cette nuit, ta marraine Félicie a gardé les petites, puis ce matin elle a repris son travail. Elle te fait dire de rentrer à la maison-des-prés.

Aux dames Jacquemont qui s'étaient approchées, Aurélien répéta la tragique nouvelle. Elles donnèrent ses gages à Catherine, l'embrassèrent.

— Que Dieu te garde, dit la jeune femme, toi et ta mère.

— Nous prierons pour l'âme de ton frère, assura la vieille.

Aurélien et Catherine descendirent l'allée en pente, traversèrent La Noaille. Quand ils arrivèrent au chemin qui menait à la maison-des-prés, Catherine saisit le bras de son camarade. Aurélien la regarda avec un faible sourire : devinait-il qu'elle avait peur, peur de cette mort qui avait terrassé Aubin, peur de ce nouveau monde inconnu qui allait être le sien et celui de sa famille maintenant qu'était survenu l'irrévocable?

Elle essayait d'imaginer son frère étendu au pied de l'échelle dans la grange. Elle le voyait toujours bien vivant en elle comme il était voici quelques mois, ce dimanche où il lui contait sa rencontre avec l'amazone. Elle pouvait sans difficulté voir cette scène à laquelle elle n'était pourtant pas présente : la clairière, le garçon qui ramasse du bois, et, tout à coup, écartant les broussailles, le haut cheval brun et sa cavalière; tandis que pour le cadavre étendu sur le sol de la grange, non, il n'y avait pas place en elle. Comment se représenter Aubin sans gestes, sans voix, sans rires, sans couleurs, sans cette odeur qu'elle se plaisait jadis à respirer lorsque, aux Jaladas, le matin, elle se glissait dans le lit de son frère? Ce n'était pas lui qui était mort, mais quelque chose — quoi? Elle n'aurait su le dire — quelque chose dans sa propre vie. Elle eut honte d'avoir passé ces dernières semaines à rêver autour de l'image d'Émilienne. Il lui semblait que la jeune fille était responsable de l'accident, elle s'était promise à un autre après avoir embrassé Aubin, elle avait oublié Aubin et c'était comme si elle avait oublié de le faire vivre, de le soutenir : aussi s'était-il écrasé sur le sol. Catherine dut s'arrêter au milieu du chemin, il lui semblait que son cœur allait cesser de battre, elle se pressa contre Aurélien.

— Cathie, dit-il doucement.

— Comment peut-on mourir? demanda-t-elle. Tu crois que tu pourrais toi aussi?... Et moi?

Elle le regarda, lui toucha le cou, les épaules, les mains.

— Tu es... sûr que?

Elle allait dire : « Tu es sûr que nous ne sommes pas morts? »

Cette question lui fit à la fois trop honte et trop peur, elle se tut. Ce fut Aurélien qui parla.

— Tu te rappelles Cathie, quand je t'accompagnais, les soirs, de l'auberge à la maison-des-prés, parce que tu voyais des fantômes?

Catherine contempla le pré avec étonnement. C'était pourtant vrai, elle avait craint les revenants lorsqu'elle le traversait, une fois terminée sa journée de travail chez la Marie-des-Prés. Elle revit tout à coup la tombe de Mme Maneuf et de son fils l'officier dans la garenne du Mézy, et la poupée de maïs qu'elle avait déposée en offrande devant le tombeau. Elle avait donc déjà eu peur des morts, mais comme ils lui semblaient maintenant inoffensifs, et attendrissante son ancienne frayeur à côté de ce trouble innommable, de cette tare qu'elle devinait en elle et dans tout ce qui l'entourait depuis qu'Aurélien lui avait annoncé le malheur.

Elle trouva Clotilde et Toinon à se chamailler dans un coin de la cuisine, cependant que Julie Lartigues prenait le soleil assise à même la terre et adossée au mur de la maison.

— Ah! il me tardait que vous veniez, dit Julie, car j'ai affaire en ville... Quand je pense, ajouta-t-elle, que tes parents ont voulu emmener Francet avec eux; pourvu qu'il ne revienne pas malade de là-bas.

Elle se leva, s'étira en bâillant.

— Allez viens, ordonna-t-elle à son frère, on aura besoin de toi à la maison.

— Il faut que je reste auprès de Cathie, affirma Aurélien.

— Oh, je ferai bien seule, va, protesta faiblement Catherine.

— Mais non, je ne te quitte pas.

Il rougit en s'entendant dire cela et il rougit plus encore lorsqu'il surprit le regard de gratitude de son amie.

— C'est bon, je vous laisse, dit sèchement Julie.

Elle s'en alla : armée d'une baguette, elle fauchait d'un geste rageur les hautes ombelles qui bordaient l'entrée du chemin.

Catherine prépara le repas. Les petites se plaignirent de la soupe. « Pas aussi bonne, disaient-elles, que celle trempée par la mère. »

La journée passa vite. Était-ce le départ des parents? Le bouleversement que le drame avait apporté? Clotilde et Toinon paraissaient en proie au démon : toujours à se disputer, à se battre, à renverser ce qui se trouvait sur leur passage. Et Catherine ne se sentait pas le courage de les gronder. Elle restait dans l'ombre d'Aurélien, silencieuse, et lui ne savait que dire pour essayer de dissiper le malaise ou la menace tapis dans ce silence. Il parlait de la vie du faubourg, des querelles du Iandou et de la Cul Béni, des larcins que continuaient à commettre les Jalinaud, et parfois il s'arrêtait au milieu d'une phrase, sur le point d'évoquer, à propos de ces personnages longtemps familiers à Catherine et à ses frères, le souvenir d'Aubin.

Le soleil descendit derrière les bois.

— Quand sont-ils partis? demanda Catherine.

— Hier après-midi...

Elle se replongea dans il ne savait quelle absence.

— Oh! ils ne vont pas tarder à rentrer.

Il dit cela très vite pour essayer de cacher ses craintes.

La petite tourna la tête vers lui, mais ne répondit pas.

Le ciel demeurait très clair mais la fraîcheur tombait, et les grenouilles commençaient à faire entendre dans les marais le prélude à leur concert nocturne.

— J'ai faim, cria Clotilde.

— Faim, répéta Toinon.

Catherine dut servir de nouveau la table, Aurélien eut un air timide pour dire que, maintenant, il lui fallait s'en aller.

— Oh! non, supplia-t-elle, tu vois, j'ai sorti une écuelle pour toi, tu vas rester manger, après tu partiras.

Quand ils eurent dîné, ce fut Catherine elle-même qui lui proposa : « Eh bien, va-t'en maintenant, et merci pour... merci pour aujourd'hui. » Il lui serra la main, embrassa les deux petites. Quand il arriva sur le seuil, il se retourna, il vit Catherine se mordre les lèvres.

— Cathie, dit-il.

Elle éclata en sanglots. Il ne savait que faire; planté gauchement devant la porte ouverte, il regardait son amie essayer en vain de retenir ses pleurs. Toinon s'était endormie à même le sol, et Clotilde somnolait, la tête sur la table.

— Que veux-tu que je fasse? demanda Aurélien à voix basse.

Catherine écarta les bras de son corps, les laissa retomber en un geste d'impuissance. Il eût préféré qu'elle criât, qu'elle se plaignît plutôt que de la voir ainsi accablée, sans défense, perdue devant la nuit qui s'avançait au long des arbres.

— Veux-tu?...

Il s'arrêta, incertain, puis :

— Veux-tu que je reste? finit-il par souffler d'un trait.

Elle courut vers lui.

— Oui, Aurélien, oui, ne me laisse pas, tu coucheras dans le lit de Francet.

Vive de nouveau, elle revint vers les petites, les déshabilla, coucha Toinon, porta Clotilde dans son propre lit. Elle se mit ensuite à desservir la table et à balayer; soudain elle s'arrêta, le balai à la main, et, demanda :

— Mais, je n'y pensais plus, que va-t-on dire chez toi, mon pauvre Aurélien? On va te chercher.

Il y avait longtemps que cette pensée l'inquiétait, il imaginait non sans crainte l'accueil qui lui serait réservé le lendemain. Pourtant il n'hésita pas.

— Ça ne risque rien, j'avais averti mon père que je resterais ici pour t'aider.

Ce mensonge rasséréna la fillette.

— Voilà, dit-elle, on va dormir.

Puis comme elle s'apprêtait à entrer dans la chambre, elle ajouta :

— Ça te fait pas drôle?

— Quoi?

— D'être dans cette maison et qu'il n'y ait pas de parents?

— Je ne sais pas.

— Moi, il me semble que c'est toi et moi, les parents, qu'il n'y a plus de grandes personnes et que tu es le père, que je suis la mère, et que les petites sont nos petites.

— Oui, ça fait drôle.

La pièce était maintenant envahie par l'ombre, et les deux enfants distinguaient à peine leurs visages. Dans les bois une chouette hulula.

Catherine se signa et fit un pas vers Aurélien.

— T'as entendu? demanda-t-elle d'une voix blanche.

— Ce n'est rien, c'est la chouette.

— Tu sais bien ce qu'on dit : « La chouette annonce la mort. »

— C'est des histoires va, une chouette, c'est une chouette.

— Si, la mort d'Aubin! Quand on meurt on devient peut-être une chouette. Si c'était Aubin qui venait me chercher.

Elle s'accrocha au bras de son camarade.

— Mais je ne veux pas mourir moi, je ne veux pas m'en aller avec lui.

— Bien sûr que non, affirma-t-il d'un ton qu'il voulait énergique.

Il se répétait : « Tu es un garçon; un garçon ça n'a pas des idées de filles. » Pourvu qu'elle ne sentît pas qu'il tremblait. Heureusement, elle était trop occupée pour pouvoir le remarquer.

— Allons, dit-il, tu es fatiguée, tu vas bien dormir et demain tu iras mieux.

— Tu crois que je vais pouvoir dormir?

Elle se sentait redevenue petite, toute petite; elle gardait au contraire l'impression qu'Aurélien était non pas un jeune garçon mais un père.

— Pendant mon sommeil, Aubin ne va pas venir me chercher?

Si elle continuait à parler de cette façon, ç'allait être

pour lui aussi la panique. Il assembla le peu de force qui lui restait pour feindre la colère, il y allait de leur salut commun.

— Oh! s'écria-t-il, tu es sotte avec tes questions! Une fois pour toutes, tu ne risques rien, moi je vais me coucher, bonsoir.

Vexée, Catherine passa dans la chambre sans lui répondre.

Il entendit bientôt le lit craquer sous le poids de la fillette. Il était malheureux; il avait dû se fâcher avec son amie pour la secourir, et maintenant c'était à lui d'avoir peur dans le noir, de lutter contre ces idées que Catherine lui avait transmises, de penser aussi à la semonce et aux coups qui sans doute l'attendraient à la maison. Il restait debout dans l'obscurité, n'osant faire un geste. Sans doute dormait-elle dans sa chambre, aussi calme à présent que ses sœurs.

— Bonsoir Cathie, dit-il, et sa voix lui sembla résonner étrangement dans la nuit.

Ensuite le silence lui parut encore plus redoutable. Mais enfin, là-bas, il entendit un froissement de draps, et une voix paisible, une voix amicale tout engourdie par le sommeil lui souhaita à son tour : « Bonne nuit. »

Alors, il se sentit délivré de sa frayeur, de sa tristesse, la nuit redevint pour lui bienveillante, il chercha à tâtons le lit de Francet et s'y étendit tout habillé.

★

A la belle saison, à peine le soleil se levait-il qu'autour de la maison-des-prés les oiseaux du pays semblaient se donner rendez-vous pour lancer trilles, airs, chants, piaillements ou mélodies. Merles, pies, geais et pinsons, bouvreuils et bergeronnettes, piverts et chardonnerets, rouges-gorges et roitelets, moineaux, cailles et grives trouvaient en effet dans les bois du voisinage les sortes d'arbres qui convenaient le mieux à leur nourriture : du chêne au bouleau, du frêne au pin, du châtaignier au merisier. Il y avait même dans la sylve quelques ormeaux, des platanes, des sycomores, des acacias comme si jadis le vent se fût amusé à porter sur ces terres des graines de chaque espèce forestière. Les marais, pêcheries et ruisseaux qui coupaient çà et là les prés et se bordaient de joncs, de roseaux, de peupliers attiraient en outre quelques martins-pêcheurs, des bécasses et des poules d'eau. Ce fut donc un léger et vif prélude de roulades, de sifflets et de pépiements qui éveilla Catherine auprès de Clotilde encore endormie. Catherine sortit de la nuit, oublieuse et étonnée. Où était-elle? Quelle était cette enfant à ses côtés? Et d'où venait cet enchevêtrement de chants d'oiseaux? Elle sourit en reconnaissant le rappel à tire-d'aile d'un merle. Mais soudain, elle porta les mains à sa gorge : Aubin était mort. Comment avait-elle pu sourire à l'instant? Comment les oiseaux pouvaient-ils chanter? Elle se souvint du cri de la chouette qui l'avait effrayée la veille, et ce souvenir lui fit de nouveau savoir gré aux oiseaux du jour d'effacer un peu par leur allégresse le néfaste signal de leur sœur nocturne. Elle se leva sans bruit, s'habilla, vint dans la cuisine, s'avança vers le lit de Francet.

Aurélien y dormait encore. Il avait les traits tirés dans la lumière grise du petit matin; il respirait mal, bouche ouverte. Ainsi allongé sur la courtepointe rouge, il paraissait à Catherine plus grand que d'habitude, plus grand mais plus fragile aussi. Elle se sentait apitoyée et protectrice devant ce garçon qui, pourtant, était venu veiller sur elle. Elle se pencha : il avait la peau du visage très fine, à sa tempe on voyait une veine : la vie affleurait là si frêle, si précaire, si nue; ce trait bleu était une mince frontière entre la vie et la mort, peut-être était-ce là qu'Aubin dans sa chute s'était heurté contre le pied de l'échelle, et la veine avait cessé de battre son menu tic-tac. Catherine se pencha encore et, sans en prendre d'abord conscience, posa ses lèvres sur la tempe de son ami.

Aurélien ne bougea pas.

Elle alluma le feu, se mit à tailler une soupe. Par la fenêtre, le soleil glissait maintenant ses premiers rayons : ils vinrent jouer sur la tête du dormeur qu'ils éveillèrent. Il se dressa sur son lit, regarda de tous côtés, cherchant visiblement où il pouvait bien être.

— Ça m'a fait la même chose, dit Catherine, j'étais perdue.

La voix le rassura, il sourit.

D'un bond il fut sur pied, brassant des deux mains ses cheveux emmêlés. Il bâilla de nouveau.

— C'est pas tout ça, marmonna-t-il, mais il va falloir penser à rentrer à la maison, le pater va faire du joli.

— Le pater?

— Le père quoi; tu sais bien, à la messe *pater noster*, moi je n'y vais pas à la messe, c'est Francet qui m'a raconté.

— Tu m'avais dit qu'on t'avait permis de rester...

— Eh bien!... Euh!... Tu comprends, j'avais dit ou plutôt non...

Il s'embrouillait dans ses explications, Catherine déclara avec indifférence.

— Et puis, tu verras bien; mange en attendant.

Quand il eut avalé sa soupe, il tendit la main à Catherine.

— T'en fais pas, dit-il, et si tu as besoin de moi...

Et sur ces paroles d'homme, il s'en alla. Debout, il avait repris aux yeux de la fillette sa taille habituelle.

Aubin en faisait bien deux comme lui, songeait-elle, cependant qu'il s'éloignait sur le chemin en continuant de se peigner avec les doigts.

Les petites ne tardèrent pas à s'éveiller à leur tour. Il fallut faire leur toilette, les habiller, les faire manger.

— Pourquoi c'est toi qui t'occupes de nous? demandait Clotilde. Le père et la mère ne reviendront pas? Et ton mari?

— Mon mari?

— Oui, celui qui était avec toi, hier soir, le frère de Julie.

— Tais-toi, tu dis des bêtises.

— Pourquoi elle criait la mère et elle pleurait quand on est venu la chercher? Va-t-elle continuer à crier et à pleurer?

L'enfant ne cessait de poser des questions et l'aînée ne savait comment y répondre.

Toinon semblait se complaire à un jeu bizarre, elle plaçait des bâtons sous ses aisselles et sautillait sur un pied.

— A quoi joues-tu? lui demanda Catherine.

Ce fut Clotilde qui répondit :

— Eh bien, tu ne vois pas? Elle joue à Francet.

— Petite malheureuse, s'il te voyait.

— Il la voit bien,reprit Clotilde, alors il fait comme ça.

Et elle haussait les épaules.

— Mais celle qu'est pas contente quand elle nous voit jouer au boiteux, c'est Julie. Ah! la la! Il faut l'entendre...

Décidément, ces petites étaient des diables. Pourtant Toinon, depuis ses convulsions, restait toujours en bleu et blanc, aux couleurs de la Vierge. Où était-elle la Vierge? Avait-*Elle* vraiment sauvé Toinon grâce à la quête faite dans la neige et la bise? Et, dans ce cas, pourquoi n'avait-*Elle* pas protégé Aubin? Ne pouvait-*Elle* s'occuper que d'un seul enfant dans une famille? Jadis, *Elle* s'était bien gardée d'exaucer la prière de Catherine qui rêvait de se retrouver à son réveil transportée de la ferme des Thomas à la maison-des-prés. Et Dieu et son

Fils, et les saints que faisaient-ils donc dans leur paradis pour laisser mourir ainsi les beaux jeunes garçons? A moins que... non, ce serait trop affreux, et alors quel but perfide poursuivait-on à l'église ou au catéchisme? — à moins que Dieu et les saints fissent comme le méchant saint Exupère qui avait, selon une voisine du Mézy, donné le mal à la jambe de Francet. Non, ce grand ciel limpide où volaient les hirondelles ne pouvait cacher tant d'horreur. Pourtant, songeait de nouveau Catherine, pourtant il fallait bien qu'ils fussent ou cruels ou indifférents les seigneurs célestes pour donner carte blanche à la mort. Et si la première crainte était justifiée, n'allaient-ils pas se venger de ce qu'elle osât les juger? Malgré elle ses yeux scrutaient le léger ciel matinal où, très haut, s'effilochaient des nuages; elle aurait été à peine surprise de voir un archange flamboyant jaillir de l'une de ces nuées et fondre sur elle, comme un épervier sur les poussins.

Elle se souvenait des affirmations d'Aurélien lorsqu'il disait naguère : « Le Diable, le Bon Dieu! des histoires! » Elle s'était alors pour ces audaces brouillée avec lui. Elle continuait à penser qu'il avait tort sans doute, mais Aubin, ce jeune mort, la poussait à interroger avec âpreté les mystérieuses figures qu'on lui avait appris à vénérer.

Puis de la mort, ce fut à la vie que s'étendit son tribunal intérieur. Elle avait entendu bien des fois ses parents évoquer la vilenie de M. Maneuf et de ses domestiques, mais il avait fallu cette injustice impensable des dieux : la mort d'Aubin, pour que ce matin elle prît conscience, avec stupeur, de cette autre injustice des hommes qui avait provoqué le malheur des siens. Et là encore, tout le royaume céleste avait laissé faire : un homme parce qu'honnête, jeté avec sa femme et ses enfants à la misère, à la famine, voilà ce que ces maîtres avaient fait et nulle vengeance, nul secours n'étaient venus de l'invisible. Catherine sentait monter en elle un étrange sentiment, ou n'était-ce pas plutôt une sensation? Quelque chose comme un feu, comme un orage muet, quelque chose d'illimité, que contenaient pourtant ses petits poings serrés, ses pieds crispés dans ses sabots, son cœur qui s'était mis à battre fort mais lentement, sa bouche sèche; elle ne savait quoi d'immobile et de violent qui rendait à ses yeux la campagne, l'air, la lumière ennemis. Elle avait une furieuse envie de se battre contre tout ce qui se révélait soudain pour elle puissances imbéciles et cruelles; et bien sûr, dans ce combat, elle serait terrassée, mais non vaincue. Elle fut surprise de s'entendre appeler par Clotilde : ainsi on pouvait encore la reconnaître? Elle ne paraissait pas changée? Elle était toujours une enfant aux yeux des autres? Il est vrai que nul cri, nul geste, nul trépignement ne venait trahir cette force inconnue qui s'était emparée d'elle et la dressait, révoltée.

— Cathie, répétait sa sœur en pleurnichant, Cathie, je me suis fait mal.

Elle lui montrait son genou, où, sous des traces de terre, se devinait une écorchure.

Catherine alla mouiller un linge à l'évier, nettoya la plaie de la petite qui se mit à geindre. L'aînée la secoua :

— Tu n'as pas honte de pleurer pour rien! Est-ce que je pleure moi? On ne se plaint pas quand son frère est mort; tu vas me faire le plaisir de te taire; quand la mère va rentrer, ne va pas la fatiguer avec tes criailleries, elle est assez malheureuse comme ça.

La petite, éberluée par cette rebuffade, se tut, ouvrant de grands yeux.

Catherine eut honte de son mouvement d'humeur, elle prit Clotilde dans ses bras, se mit à la cajoler puis elle alla chercher Toinon et l'embrassa à son tour.

Il faisait bon, un vent léger animait les arbres; de temps à autre quelque oiseau venait se percher sur les branches au-dessus des trois enfants et chantait son allégresse. Catherine jouait avec les petites, elle avait tout à fait oublié cette indignation qui brûlait ses nerfs avant que Clotilde ne vînt se plaindre ; la nature était douce : les feuilles, les herbes, les rigoles et leurs reflets à travers les tiges, le vol d'un loriot, la course d'un insecte mordoré sur les brindilles qui jonchaient le sol, tout cela était juste, paisible. Les fillettes se laissaient engourdir par le soleil qui filtrait à travers la ramure.

★

Un grincement les tira de leur torpeur. Elles se levèrent. Une voiture avançait péniblement dans le chemin qui rejoignait le faubourg de La Ganne. Catherine reconnut la carriole de Mariette, celle qui avait mené ici, voici quelques mois, sa demi-sœur et Aubin se rendant à l'invitation de la mère. Clotilde et Toinon, au bout de quelques pas, se refusèrent à aller plus loin. Catherine dut continuer seule. Le père sauta lourdement de la voiture, il paraissait gauche dans ses vêtements noirs ; à Mariette il tendit la main pour l'aider à descendre puis il fit le tour de la carriole et dut prendre Francet sous les bras pour le déposer sur le sol. Mariette attrapa les béquilles qu'elle donna au jeune garçon. Il restait sur la banquette de l'attelage une sorte de paquet noir, tassé sur lui-même, Jean Charron s'approcha, murmura quelques mots que Catherine ne put comprendre, la chose sombre sur la banquette bougea, se redressa légèrement et Catherine faillit crier en découvrant sous la capuche de drap le visage de la mère.

Il fallut que Mariette remontât dans la voiture et qu'elle poussât la mère par les épaules pour l'amener jusqu'au bord du plancher. Là, le père qui s'était hissé sur le marche-pied prit sa femme dans ses bras, descendit et l'emporta vers la maison. Il ne paraissait plus bien fort avec ses épaules lasses, ses cheveux blancs, ses traits creusés, son teint pâli par l'insomnie, et pourtant il soulevait sa femme comme si elle n'eût pas eu d'autre poids que celui de la grande cape de deuil dans laquelle elle disparaissait. Francet suivit en boitillant sur ses béquilles, Catherine et les petites fermèrent la marche.

— Il faut la coucher, proposa Mariette quand ils furent entrés dans la cuisine.

Sous les voiles, une voix à peine perceptible essaya de protester. Le père hésita puis déposa son triste fardeau sur un banc; mais une quinte de toux ploya la mère en deux, Mariette n'eut que le temps de se précipiter pour l'empêcher de tomber.

— Vous voyez bien, Mère, il faut aller au lit, murmura la jeune femme.

Mariette fit signe au père qui de nouveau, avec précaution, prit dans ses bras la malheureuse et vint l'étendre sur son lit. Mariette appela Catherine. Toutes deux déshabillèrent la mère : une fois enlevée la cape, puis le corsage et la jupe, le corps parut extraordinairement frêle, misérable avec ses os saillants, sa peau terne, sa poitrine plate. Était-ce donc là le même corps qui, au temps pas si lointain des métairies, avait tant de jeunesse? Était-ce lui qui avait porté ces seins glorieux dont Catherine gardait la nostalgie? Et le visage, comment le reconnaître dans cette face exangue que trouaient les yeux fiévreux, brûlés par les pleurs? Comme la mère portait la main à son front avec une grimace douloureuse, Mariette crut bien faire de lui ôter sa coiffe; les cheveux retombèrent autour de sa figure et la firent paraître un peu plus émaciée. Une fois encore, quelques semaines auparavant sans doute, la mère avait dû vendre sa chevelure car celle-ci ne faisait que repousser et parvenait seulement à hauteur de la nuque et des joues. La malade ferma les yeux. Catherine se rapprocha de

Mariette dans un mouvement de frayeur. Paupières closes, le visage paraissait non plus humain mais masque, comme ces têtes que Catherine avait vues dans le salon d'Émilienne. On entendait dans la cuisine les allées et venues du père, de Francet et des petites; dans la chambre, seul brisait le silence le sifflement rauque qui s'échappait des lèvres entrouvertes de la mère.

— Elle dort, souffla Mariette, viens.

Elle sortit avec Catherine; dès qu'elle fut dans la cuisine, elle parut impatiente de partir.

— Ne t'en va pas encore, implorait le père.

— Si, si, il le faut.

Elle semblait ne plus tenir en place, regardait de tous côtés, prêtant l'oreille.

— Ton mari est donc si méchant? demanda Jean Charron d'une voix sourde.

— Oh! non, pas du tout.

Et elle s'agitait.

— Il la bat, chuchota Francet à l'oreille de Catherine.

Mariette jeta sur lui un regard soupçonneux. Elle soupira, parut hésiter et finit par dire :

— Il vaut mieux que je parte tant qu'elle dort, la pauvre, elle me demanderait de lui raconter encore et encore comment l'accident est arrivé. Depuis l'enterrement, je crois bien qu'elle m'a obligée à lui faire ce récit plus de dix fois; elle se torture.

Des larmes se mirent à couler sur le visage du père, elles s'accrochaient à ses moustaches, comme des perles.

Mariette vint l'embrasser. Elle lui parlait lentement, comme à un enfant.

— A quoi ça sert, vous savez bien.

Elle sortit un petit mouchoir de son tablier, essuya les yeux du père, puis ses moustaches. Elle l'embrassa encore, puis elle demanda à Catherine de l'accompagner jusqu'à la voiture.

— Non, Père, ne bougez pas, si elle appelait, allez vite dans la chambre.

Quand elles furent dehors, elle se planta, prit Catherine par les épaules, la regarda et, comme si elle s'adressait à elle-même, remarqua :

— Pas bien grande, non, pas bien vieille, non, et pourtant...

Elle lâcha sa sœur et reprit, tout en se dirigeant vers la voiture :

— Moi, c'est pas possible, je ne peux pas rester, alors Catherine, toi, tu vas prendre la place de la mère.

— Prendre la place!... fit la petite indignée.

— Je veux dire : la mère est fatiguée, bien fatiguée. Félicie me le disait un jour, depuis que vous êtes partis du Mézy, elle n'a fait que dépérir, se ronger les sangs pour vous tous, pour le père qu'on paye mal, pour la jambe de Francet... Et faire plus de ménages qu'on ne peut, ça vous use une femme. Elle n'était pas déjà brillante la mère, j'ai peur que la...

Elle s'arrêta, gênée, fronça ses fins sourcils.

— Bref, j'ai peur que l'accident ne l'ait achevée. En la déshabillant, je l'ai trouvée plus maigre qu'un chat perdu, et puis, elle tousse... Tu veilleras sur elle, Cathie.

Elles étaient arrivées à la voiture, Mariette y grimpa lestement, commença à tourner la manivelle du frein.

Quand le cheval démarra, elle le retint en tirant sur les guides et en poussant un « oh! » sonore. Elle se pencha sur son siège, désigna de la main la masure.

— Maintenant, Cathie, dit-elle, il va falloir...

Là, elle s'arrêta, interdite, détourna les yeux pour éviter le regard interrogateur de la fillette.

— Je voudrais essayer de rentrer avant la nuit, cria-t-elle, comme si elle eût voulu couvrir le bruit de la lourde carriole qui s'ébranlait en grinçant.

Catherine regarda s'éloigner la voiture puis revint

lentement vers la maison : « Maintenant, Cathie, il va falloir... » Quel devoir voulait-elle lui indiquer? Et pourquoi ensuite n'avait-elle plus osé? Triste, sévère devoir, sans aucun doute. Il faisait si beau dans les arbres, dans le ciel. Chaque pas lui coûtait qui la rapprochait du seuil. L'envie de fuir loin, bien loin de cette maison de douleur, rejoindre ces pays aperçus jadis de la colline de saint Exupère, où le désespoir, la mort sont inconnus. « Maintenant, Cathie, il va falloir... » Elle entra dans la cuisine, le père demeurait affalé sur le banc, Francet, épuisé sans doute par ces journées de deuil, s'était étendu sur son lit, les petites avaient renversé sur le sol une écuelle de lait dans lequel elles se roulaient avec application. Sur la table, dans la commode, dans l'âtre, devant la fenêtre, partout le désordre, l'abandon. Catherine regarda un instant ces signes de défaite, puis elle se dirigea vers les petites, envoya à chacune une paire de gifles, les conduisit dehors, revint, essuya le sol, balaya, ralluma le feu, épousseta les meubles, fit briller la commode, rangea les sabots de Francet. Quand enfin elle put jeter sur la pièce rendue à la vie et à l'ordre un regard apaisé, elle se dirigea vers la porte de la chambre. Elle crut entendre la mère gémir dans le lit, s'arrêta le cœur battant. Comme ils étaient beaux, comme ils étaient heureux les horizons lointains qui formaient leur ronde bleue autour de saint Exupère! « Maintenant, Cathie, il va falloir... » Elle avala sa salive, ferma à demi les yeux, entra dans la chambre.

30

« Je n'aurais pas dû, je n'aurais pas dû... »

Combien de fois ils entendirent la mère s'accuser ainsi à propos de la mort d'Aubin. Parfois, Francet, sautillant sur ses béquilles, s'approchait du lit, il essayait de la raisonner.

— Vous savez bien que vous ne pouviez pas faire autrement, c'était pour qu'il ait à manger.

Le père suppliait :

— Marie, je t'en prie, Marie, à quoi ça sert de te retourner les sangs. Il dit que tu ne guériras pas, le médecin, si tu continues à penser, à penser... enfin...

Il se grattait le sommet du crâne, cependant que la mère reprenait :

— Je n'aurais pas dû...

Comment aurait-elle pu guérir, ne mangeant pas, hantée nuit et jour, et déchirée par une toux aux saccades brèves mais violentes? Elle avait voulu se relever le lendemain de son retour à la maison-des-prés. A peine debout, elle avait chancelé; Catherine avait dû seule l'aider à regagner le lit, le père étant parti dès l'aube à son travail et Francet ne pouvant que boitiller çà et là.

Félicie qui venait presque chaque semaine, le Parrain, Baptiste le porcelainier, et une fois ou deux Martial,

Mariette aussi quand elle avait pu s'échapper d'Ambroisse, faisaient une visite à la mère, l'adjuraient de ne plus penser à son chagrin, et de guérir, non seulement pour elle, mais pour les siens. Assise sur sa couche, elle les recevait poliment, s'efforçait même de sourire lorsqu'ils plaisantaient, les remerciait de leur gentillesse, mais après leur départ, elle retombait sur son lit plus lasse encore.

— Votre mère, elle a les traînaisons, déclarait la marraine Félicie.

Un jour Catherine demanda à Francet ce que pouvaient bien être ces traînaisons. Il hocha la tête.

— Quelque chose de pas fameux, je me souviens qu'on disait cela de la femme d'un cordonnier qui habitait près de l'École des Frères.

— Et alors? s'inquiétait Catherine.

Francet ne répondit pas, de nouveau il hocha la tête, puis, comme s'il voulait éviter que sa sœur lui posât de nouvelles questions, il se hâta de s'installer devant son tour.

Quelquefois le père Baptiste le félicitait.

— Tu es bien le meilleur tourneur sur bois que je connaisse, affirmait-il.

Il ajoutait.

— Dépêche-toi de guérir tout à fait et tu entreras en apprentissage à la manufacture.

— Fera-t-il d'aussi jolies tasses, des tasses aussi fines que celle que vous m'aviez donnée?

— Bien sûr, Cathie. Et puis...

Le vieil ouvrier s'interrompait, les regardait attentivement.

— Et puis, reprenait-il, toi aussi, Cathie, je pourrai te faire embaucher.

Il jetait un coup d'œil vers le père assis tristement au bout de la table.

— Comme cela, Charron, vous comprenez, ces enfants seraient casés, si jamais...

Le père levait la tête, ses yeux bleus avaient perdu leur éclat, des filets rouges zigzaguaient autour de leurs prunelles.

— Vous ne voulez pas dire... soufflait-il d'une voix étranglée.

— Oh ! ce que j'en dis, vous savez, grommelait le vieil ouvrier en poussant sa casquette pour se gratter le sommet du crâne.

Catherine ne voulait pas penser à ces lendemains qu'annonçait le porcelainier, elle ne comprenait pas à quoi pouvaient faire allusion ces phrases inachevées, mais elle y voyait d'obscures menaces. D'ailleurs, depuis la mort d'Aubin, existait-il autre chose que des menaces toujours présentes jusque dans les objets ou les êtres les plus familiers ? Non, elle ne voulait pas penser, et pour cela il lui suffisait de se vouer entièrement aux travaux que, chaque jour, fidèlement, ramenaient la toilette, la nourriture de Clotilde et de Toinon, les tisanes à préparer pour la mère, le ménage à tenir, les repas, les lessives. Catherine ne trouvait pas assez d'heures pour venir à bout de ces tâches, pourtant elle se levait avec le jour et se couchait à nuit noire. Aurélien lui avait proposé de faire pour elle, à la ville, toutes les courses nécessaires. Elle avait accepté, jugeant de surcroît que des promenades à La Noaille auraient pu la distraire, or il lui semblait qu'elle ne pouvait éviter aux siens quelque nouveau malheur qu'en ne se départissant jamais d'une vaillance et d'une austérité qui, en quelques semaines, avaient enlevé à son visage la grâce de l'enfance.

— C'est une vraie petite mère, affirmait Félicie en la contemplant d'un œil vague.

Et de fait, Clotilde et Toinon parfois se trompaient, et, au lieu de dire : « Cathie », l'appelaient « Mère ». Elle se reprochait alors sévèrement la joie secrète, l'orgueil qu'elle éprouvait malgré elle.

— Oui, répétait Félicie, vous pouvez être tranquille, Marie. Catherine, c'est comme si c'était vous.

La mère esquissait un sourire à l'adresse de sa fillette puis elle retombait dans sa mélancolie.

— Ah, je suis bien coupable — on entendait à peine sa voix rauque —, je reste dans ce lit, inutile, quand il y a tant de travail. Ma pauvre Cathie, c'est vrai que c'est toi la mère maintenant.

Elle restait un moment, les yeux fixes, comme absente, puis, de nouveau, elle essayait de sourire mais seule une grimace tordait un peu ses lèvres pâles.

— Je fais comme ces dames du Haut : ma délicate, ma feignante.

— Allons, grondait Félicie, et croisées sur son ventre ses mains courtes tressautaient, allons, Marie, ne vous mettez pas martel en tête. Si ce beau temps continue vous serez bientôt sur pied.

Le beau temps continua, les derniers jours de septembre avaient une douceur légère, les feuilles prenaient lentement leurs ors et semblaient ne devoir jamais tomber. Au début de l'après-midi, la mère quittait son lit pour une heure ou deux et venait s'asseoir au soleil devant la maison. Elle reprit quelques forces, parvint à mener de nouveau une vie plus normale. Dès que la mère allait mieux, Catherine retrouvait, toute proche en elle, l'enfant qu'elle était encore voici quelques semaines, avant la mort d'Aubin : elle devait se raidir, se tenir sur le qui-vive pour ne pas céder à quelque envie qui tournait en elle de rire ou de rêver ou de jouer à cloche-pied ou de se jeter dans l'herbe avec les petites. Non, il fallait demeurer grave, attentive à l'ordre du ménage, soigner et réprimander ses sœurs; ainsi les mauvais jours, peu à peu, s'éloigneraient de la maison, ainsi pourrait-elle remettre enfin ses pouvoirs et ses devoirs trop lourds aux mains de la mère.

Octobre vint, et le soleil se fit plus chaud, plus épais semblait-il. Il enveloppait de sa caresse pesante la malade assoupie sur le seuil. Les enfants la regardaient.

— Le soleil lui donne des couleurs, chuchotait Francet.

C'était vrai, si ses joues demeuraient creuses, elles perdaient leur pâleur, se tachaient de feu.

Un après-midi, la mère quitta sa chaise, le visage plus enfiévré que de coutume. Elle porta la main à sa gorge comme si une poigne invisible cherchait à l'étrangler et se dirigea en titubant vers la chambre.

— Cathie, aide-moi, je crois que je vais tomber.

Catherine se précipita. Un moment plus tard, lorsqu'elle déshabilla la mère, elle sentit aux épaules, aux poignets, aux chevilles de la malade la peau brûlante, et pourtant la mère s'était mise à claquer des dents : elle prononçait des syllabes inintelligibles, agrippait entre ses doigts maigres les plis de la couverture. Dans un coin de la chambre, les deux petites regardaient, étonnées, leur mère secouée par la fièvre. Catherine essaya de lui faire avaler un peu d'eau mais elle eut peur que le verre ne se brisât entre les dents tremblantes. Appuyé sur ses béquilles, Francet sautillait dans la chambre comme un gros oiseau captif. Enfin il n'y tint plus.

— Tant pis, dit-il, je vais aller jusque chez les Lartigues et je demanderai à Aurélien d'avertir le médecin.

— C'est bien trop loin pour tes jambes. Il vaut mieux que j'y aille.

— Non, non, protesta-t-il, si jamais la mère m'appelait, me demandait de l'aider, je ne serais bon à rien. Je m'en vais.

Il partit en boitant. Les petites quittèrent leur coin et vinrent s'accrocher aux jupes de leur sœur. La mère gémissait maintenant. Une plainte basse, régulière, semblait tourner dans sa poitrine. Le visage restait enflammé aux joues, mais le front, les tempes, le nez avaient pris une teinte cireuse; les yeux clos, cernés de mauve, s'enfonçaient profondément dans les orbites. Catherine ne reconnaissait plus la mère : où donc avait-elle déjà vu ce masque tourmenté? Mais oui, c'était à l'église, cette tête du Christ reposant sur les genoux de la Vierge. La mère allait-elle devenir le Christ? Allait-on la crucifier? Comment la Vierge avait-elle pu laisser martyriser son fils? Alors, même si on la priait jour et nuit, ne laisserait-*Elle* pas crucifier la mère? Vite que Francet, que le père arrivent.

La malade se dressa sur son lit, ouvrit les yeux.

— Cathie! cria-t-elle.

— Que voulez-vous? essaya de prononcer Catherine.

— Où est Cathie?

— Je suis là, vous voyez bien.

La mère la regardait et pourtant continuait :

— Allez chercher Cathie, je vous en prie.

— Je suis là, je suis là, soufflait la petite.

Que se passait-il d'impensable? Il y avait un moment, elle avait cru voir le Christ à la place de la malade, maintenant était-ce à son tour de changer de visage au point que sa mère ne pouvait la reconnaître? Un étrange sourire passa sur la bouche grise, dans les yeux hagards.

— Si Cathie ne vient pas, tant pis, je vais partir avec Aubin. Il va venir me chercher avec le tilbury du Mézy.

Elle fit un geste de la main, parut tendre l'oreille.

— Écoutez!... Vous entendez ce galop, ces roues, ces sonnettes! C'est lui, c'est Aubin, il arrive...

Elle gardait les yeux fixés vers le fond de la chambre et Catherine ne pouvait s'empêcher de guetter dans cette direction, prête à voir surgir de l'ombre elle ne savait quoi d'insoutenable. Un cri inhumain l'arracha à cette fascination. La mère, bouche tordue, bras tendus en avant, paumes ouvertes, lançait cet appel. Sa voix se brisa et elle supplia, mais à peine comprenait-on ses mots :

— Non, non, Aubin ! Arrête ! Arrête ! Arrête-toi ! Ce n'est plus lui. Ah ! la voiture de Maneuf ! Arrêtez ! Vous m'écrase...

Elle retomba sur le dos, se remit à geindre. Catherine s'approcha du lit, se risquant à vérifier d'un coup d'œil si ce pauvre corps n'avait pas été broyé par un attelage infernal. Les petites agrippées à leur sœur criaient. Catherine s'enfonçait les ongles dans la chair et se répétait : « Il ne faut pas que je crie, il ne faut pas que je pleure, il ne faut pas. »

31

Malgré les soins du docteur le délire dura plusieurs jours et plusieurs nuits. C'était souvent au déclin du soleil que la mère luttait contre ses fantômes. Elle parlait encore d'Aubin, elle devait se promener avec lui aux Jaladas ou au Mézy, ou le conduire à l'école, ou préparer son repas, et toujours le rêve se changeait brutalement en cauchemar : un être cruel se substituait au jeune garçon, tantôt Robert, l'époux de Mariette, tantôt Mlle Léonie, tantôt le gitan que la malade voyait foncer sur elle avec ses ciseaux. Enfin, lentement, elle sortit de ce monde ensorcelé, mais elle laissa dans ce voyage ses dernières forces. Un matin, elle appela Catherine. La fillette s'approcha, prête comme d'habitude à ce que la possédée ne la reconnût pas, pourtant la mère ne répéta pas son prénom.

— Bonjour petite, souffla-t-elle d'une voix si mince qu'on eût dit celle d'un enfant.

— Voulez-vous quelque chose? demanda Catherine. De la tisane?

Elle s'attendait à ce que la mère repartît dans ses divagations.

— Je ne veux rien, je voulais seulement te voir.

Elle demeura quelques instants silencieuse. Catherine

pensa qu'elle s'était endormie et fit un pas pour s'en aller, mais la voix frêle :

— Attends un peu, Cathie.

La fillette revint vers le lit.

— Comment vas-tu petite?

— Ça va.

— Et le père?

— Aussi.

— Francet?

— Il se promène avec Toinon et Clotilde dans le pré.

De nouveau la mère se tut, elle gardait les yeux fermés et Catherine ne savait toujours pas si elle dormait ou non.

— Cathie?

— Oui.

— J'ai été bien malade?

— Oh! vous...

— Tu peux me dire, je sais que j'ai été malade, mais je ne sais plus combien de temps, je ne sais plus ce qui s'est passé.

« Avait-elle oublié la mort d'Aubin? se demandait Catherine. Ou bien allait-elle d'un coup s'en souvenir et retomber parmi ses monstres? »

Ce jour-là, la mère ne prononça pas le nom du disparu et par la suite lorsqu'il lui arrivait d'en parler, sa voix si faible ne trahissait nul sursaut de douleur ou de panique, peut-être se faisait-elle seulement plus douce encore.

— Sa voix est douce, prétendait Francet, je crois que j'aimais mieux encore lorsqu'elle criait et se débattait, j'ai peur de cette douceur.

Pour causer, s'il se pouvait, quelque réconfort à la malade, le jeune garçon eut l'idée de paraître désormais devant elle sans l'aide de ses béquilles. Il les posait à la porte de la chambre, puis entrait en se raidissant pour dissimuler sa boiterie.

— Vous voyez, Mère, disait-il, je suis guéri. Faut faire de même.

Il s'asseyait vite au pied du lit, épuisé par son effort.

La mère lui souriait, avec ce sourire malheureux qui donnait à Catherine et à Francet l'envie de se jeter sur elle, de la prendre dans leurs bras, de l'emporter loin, très loin d'ici, sur une terre inconnue où elle retrouverait les forces, les couleurs de la vie.

— Du moins, j'aurai fait ça, murmurait-elle, je peux bien te le dire, maintenant, Francet, du moins j'aurai empêché qu'on te coupe la jambe.

Elle regardait longtemps son fils.

— Ta maladie, reprenait-elle, n'est plus qu'un mauvais souvenir.

Elle répétait : « Un souvenir... un souvenir... » et ses yeux semblaient contempler on ne savait quoi au-delà des murs, de tendre et de douloureux.

— Julie m'a porté un almanach ce matin, s'écriait Francet pour tenter d'arracher la mère à sa hantise, c'est la Cul Béni qui le lui avait donné. Je l'ai là.

Il sortait de sa poche une brochure à demi déchirée et dont bien des pages manquaient.

— Si vous voulez, Mère, je vais vous lire l'histoire de « Napoléon et du vieux grognard », ou non, plutôt celle d' « Augustin la Justice, compagnon du tour de France ».

Et sans attendre de réponse il se mettait à lire, jetant de temps à autre un coup d'œil sur la mère pour voir si le récit parvenait à l'enlever à ses ombres. Quand il s'arrêtait, la gorge sèche :

— Tu lis bien, mon Francet, disait-elle, je crois que ça te servira.

Elle tendait son maigre bras vers Catherine, prenait la main de l'enfant.

— J'aurais bien voulu, Cathie, que toi aussi tu puisses apprendre. Au lieu de ça, j'ai dû te placer chez les autres.

Elle soulevait un peu la tête pour mieux voir son fils.

— Francet, tu crois pas que tu pourrais apprendre à Cathie?

Le garçon fronçait les sourcils.

— Je vois pas comment il faudrait faire.

La mère lâchait la main de Catherine, paraissait se parler à elle-même.

— Si Jean avait su lire et écrire et compter et parler comme il faudrait parler, peut-être serions-nous encore au Mézy, peut-être les autres n'auraient pas pu le prendre à leur piège, nous serions au Mézy ou dans quelque métairie, tous ensemble, tous.

Elle fermait les yeux, les enfants n'osaient plus bouger. Dormait-elle? On entendait le sifflement de son souffle.

Elle parlait encore à voix basse, on comprenait mal.

— Un jour... des gens comme nous, les Lartigues, les Iandou, les Michelot, tous les gens comme nous, s'ils savaient lire, écrire, les Mariette, les Félicie, lire dans les almanachs, dans les gazettes, ce qui se passe ici et ailleurs, écrire leurs peines, leurs misères, dire ce qu'ils aimeraient, ce qui serait bien... Un jour... peut-être alors, il y aurait moins de... moins de...

La toux rapide, aiguë, la secouait.

— Mère, reprochait Catherine, vous savez bien, le médecin il a dit que parler vous faisait mal.

La mère portait un mouchoir à ses lèvres, l'examinait avant de le replacer sous l'oreiller.

Quand elle lavait le linge, Catherine regardait à son tour avec crainte ces mouchoirs tachés de sang.

L'hiver devenait de plus en plus froid, on avait beau laisser ouverte la porte de la chambre, la cheminée de la cuisine ne parvenait pas à dégourdir l'air glacé qui faisait frissonner la malade, et la toux était de plus en plus fréquente et dure, et les taches sombres s'élargissaient dans les mouchoirs.

Le père travaillait sur un chantier lointain, il ne pouvait rentrer que le soir à la maison-des-prés. A peine avait-il passé la porte qu'il jetait un regard anxieux vers Catherine ou Francet. Clotilde et Toinon se jetaient dans ses jambes, levaient leurs petits bras vers lui, il se penchait, posait un baiser distrait sur leurs cheveux.

— Et alors? demandait-il.

Les enfants se contentaient de hocher la tête. Il passait dans la chambre. Il fallait que Catherine allât lui porter l'écuelle de soupe, sans quoi il n'eût pas pensé à manger. La plupart du temps, à cette heure, la malade somnolait, lui la regardait dans l'ombre, silencieux, immobile, fasciné semblait-il par ce visage si menu que noyait la chevelure de nouveau épaisse et longue.

Un soir, la mère ne dormait pas; elle l'accueillit avec une voix dont elle s'efforçait en vain de masquer la blessure. Il parla de son chantier, de la neige qui n'avait cessé de tomber depuis la veille, de Félicie qu'il avait rencontrée sur le mail, puis il poussa la porte de la chambre, les enfants n'entendirent plus qu'une sorte de rumeur. Catherine avait couché les petites; elle et Francet se taisaient, inquiets et curieux. Le bruit d'une chute les fit sursauter.

— Approche-toi, souffla Francet, essaye de voir.

Catherine colla un œil à une fente de la porte. D'abord elle ne put rien percevoir dans l'obscurité qui régnait de l'autre côté; cependant, par une fenêtre sans volets la neige jetait une vague lueur, et la fillette crut enfin deviner une forme agenouillée près du lit. Elle appuya une oreille à l'interstice, cependant elle ne comprenait à peu près rien. Elle entendait la voix grave du père, mais cette voix était changée, trouble, étouffée. Que disait-il? Un mot semblait revenir souvent sur ses lèvres : « Pardon... pardonne-moi. » Que pouvait-il avoir à se faire pardonner, le père? Il n'était plus le maître de la joie comme au temps des métairies, mais ne demeurait-il pas la bonté même, la droiture? La voix de la mère s'éleva à son tour, et quoique aussi désincarnée, semblait-il, que le malheureux corps qui lui donnait naissance, cette voix paraissait soudain — par quelle magie ou quelle passion secrète? — distincte, vaillante et jeune.

— Mais non Jean, rien n'est de votre faute, assurait la voix prête à se briser et pourtant paisible. Rien. Les autres au Mézy ont été plus forts, voilà, plus forts que vous.

Elle sembla hésiter et reprit :

— Plus forts que nous, ils nous ont écrasés comme ils ont écrasé le pauvre Michelot.

Catherine crut entendre des sanglots étouffés. La voix se fit plus tendre encore et murmura :

— Mon vieux, mon petit, allons, ce n'est pas de ta faute si tu es honnête et le monde... le monde...

Catherine se tourna vers Francet.

— Je ne sais pas, dit-elle, la mère parle de Mézy, du monde... je ne sais pas.

32

Depuis quelques jours, la mère vomissait le sang. Le médecin appelé prescrivit en sa présence quelques remèdes, mais une fois revenu dans la cuisine, il haussa les épaules, déclarant que ses drogues ne lui feraient ni chaud ni froid.

Catherine tenait la cuvette quand la malade avait ses vomissements. Elle devenait aussi pâle que sa mère, des gouttelettes de sueur perlaient sur son front à la racine des cheveux. Ensuite, elle s'attendait à chaque pas à défaillir pendant qu'elle portait la bassine jusqu'à la pêcherie où elle la vidait d'une main tremblante. Clotilde et Toinon la suivaient à petits pas, intéressées, intriguées par ces gestes nouveaux.

Ce matin, Catherine dut les gronder car elles étaient tombées dans la boue et la neige fondue en voulant la suivre à la pêcherie. Elle n'eut pas le courage de les laver ; elles geignaient en vain, montrant leurs mains, leurs tabliers, leurs genoux souillés.

— Elles sont dégoûtantes, remarqua Francet qui s'interrompit d'actionner la pédale du tour.

— Cette fois, souffla Catherine, je me demande comment il peut rester du sang dans la mère.

— Tais-toi, supplia Francet.

Il sembla tendre l'oreille. Un bruit bizarre venait de la chambre. Ils s'approchèrent du lit. La mère, les yeux clos, la tête enfoncée dans l'oreiller, paraissait étouffer, sa poitrine se soulevait et s'abaissait très vite, l'air qu'elle exhalait causait ce sifflement court qui les avait alarmés.

— Il faut que j'aille encore quérir le médecin, dit Francet à voix basse.

Mais Catherine s'accrocha à lui. Elle ne voulait pas rester seule, et puis arriverait-il jusqu'en haut de La Noaille où habitait le docteur? Avec ses béquilles il glisserait dans la fange et la neige; enfin que pourrait faire le médecin, il avait dit lui-même que ses drogues étaient inutiles.

Ils restèrent debout devant le lit. Les petites passèrent devant eux, elles allèrent se tapir dans un coin de la chambre. Le sifflement se faisait plus bref encore, plus rauque. Les mains de la mère s'agrippèrent au drap puis s'élevèrent comme pour s'accrocher à quelque chose d'invisible au-dessus du lit; elles retombèrent inertes. En même temps, Catherine et Francet tressaillirent : les mains se mirent à griffer le drap, le bruit des ongles sur l'étoffe et le sifflement continuel devenaient insoutenables. Catherine aurait voulu se boucher les oreilles.

« Non, non », se répétait-elle intérieurement; elle n'aurait su dire si ce « non » s'adressait à ces bruits, à son désir de fuite ou à cette heure cruelle. Quel animal s'était logé dans le corps décharné et geignait par son haleine et griffait par ses mains?

— Si Aurélien pouvait venir, murmura Catherine.

— Et que diable ferait-il? murmura Francet.

Elle ne put répondre. Il lui semblait qu'Aurélien aurait chassé ce cauchemar comme jadis il écartait les fantômes, la nuit, en la ramenant à la maison-des-prés. Les yeux gris et graves d'Aurélien, ses cheveux en brosse, son crâne rond, le pli malicieux de ses lèvres, elle s'étonnait de ressentir soudain un tel besoin de les voir, de les toucher, de leur demander secours. Mais Aurélien n'était pas là, il ne viendrait pas, et il n'y avait dans la chambre, dans l'air, en elle, que ce sifflement inhumain qui marquait chaque seconde.

Elle se laissa aller contre le mur, baissa les yeux.

Elle eut l'impression que derrière le visage d'Aurélien auquel elle pensait, une autre figure se poussait obstinément, tentait de parvenir jusqu'à sa conscience : cette fois, c'était un fin visage de fille blonde, un visage incertain, timide, la bouche souriait, mais les yeux s'inquiétaient. Que lui voulait ce visage? Elle le reconnaissait sans pouvoir le nommer.

— Mais, prononça-t-elle à haute voix.

— Tu dis? questionna son frère.

Elle ne répondit pas, se répéta intérieurement :

« Mais c'est la figure d'Amélie Anglard. »

Elle se demandait comment, en cet instant, elle avait pu songer à la fille du cantonnier, toujours cloîtrée sans doute derrière sa fenêtre dans le faubourg de La Ganne; à cet être gentil, avec qui, souvent, elle avait eu envie de jouer, et que depuis fort longtemps elle n'avait plus l'occasion de voir. Avait-elle deviné, obscurément, que c'était là un visage bienveillant comme celui d'Aurélien, un de ces rares visages où pour elle la vie se faisait enfin tendre, attentive promesse, comme jadis en celui de la mère?

« Le visage de la mère », Catherine malgré elle dut de nouveau contempler la face torturée de la malade, cette peau collée comme un mince papier sur les os, et le contraste de cette pauvre chose souffrante avec la grande chevelure sombre embroussaillée. Et toujours le halètement. Catherine aurait voulu crier grâce. Elle n'y tint plus, ferma les yeux, repartit en elle-même à la recherche d'autres secours. Non, elle ne devait pas : c'était abandonner la mère, l'abandonner à ce monstre qui sifflait à travers sa poitrine. Mais d'autres sons se mêlaient à présent à la plainte gutturale, Catherine les reconnaissait : ces notes avaient résonné comme des appels secrets dans une riche demeure du Haut. Elle suivait en elle-même ces signes musicaux, bientôt n'entendait plus qu'eux; puis ils cessaient, elle se trouvait dans l'immense salon illuminé, faisait à son tour tinter les instruments de musique, elle se retournait : Émilienne Desjarrige se tenait devant elle, les bras nus, mille étincelles s'éparpillaient dans la nuit de son regard; « Catherine », disait la jeune fille et sa voix rendait ce nom aussi beau qu'elle-même et que cette lumière autour d'elle.

— Cathie! Cathie!

Qui l'appelait ainsi, âprement? Qui la tirait par la manche? Elle ouvrit les yeux. Quelle tête bizarre avait Francet! Pourquoi tordait-il sa bouche? et pourquoi l'appelait-il à voix basse? Il se tut quand elle le regarda. Elle étouffa un cri : le silence, un silence démesuré pesait sur la chambre. Elle tendit en vain l'oreille : pas un bruit, pas le moindre sifflement. Elle n'osait pas regarder le lit, craignant, lui semblait-il, de le découvrir vide.

Enfin elle se risqua à lever les yeux. La mère était toujours là, calme à présent : ses mains ne bougeaient plus sur le drap, sa gorge n'avait plus de halètement; elle paraissait dormir, la bouche entrouverte. Mais dormait-elle vraiment? Ses yeux n'étaient qu'à demi-clos. Sans doute devait-elle suivre quelque rêverie, une rêverie heureuse, car, sinon sur sa bouche, du moins sur ses traits détendus, on pouvait déceler un sourire, oh! à peine perceptible, un sourire cependant, pour la première fois depuis si longtemps. Et même, était-ce croyable? Voilà qu'elle avait rajeuni : son visage blême était plus jeune et juste que son visage épanoui, coloré, du temps des métairies.

— A quoi pense-t-elle? chuchota Catherine.

Francet tourna vers sa sœur des yeux effrayés.

— A quoi? commença-t-il.

Il s'arrêta, jeta un regard sur la mère, se retourna vers Catherine.

— Mais elle est morte, dit-il et sa voix avait une sourde colère.

Catherine recula, se cogna contre le mur. C'était donc ça la mort? Ce silence après tant de plaintes, cette paix après tant d'angoisse, ce bonheur et cette justice des mains et des traits après tant de misères? « Par ma faute », s'accusait-elle, « je l'ai quittée pour rejoindre Émilienne et la mort l'a prise. » Elle avait honte en même temps qu'un sentiment de stupeur et d'admiration mêlées l'envahissait devant l'imprévisible et solennelle douceur de la morte.

Les yeux entrouverts des disparus découvraient-ils quelque chose qui leur donnait cette apparence de quiétude? Que voyait la mère? le temps des métairies : ses enfants autour d'elle? Voyait-elle Aubin? Et lui, le garçon foudroyé, n'était-ce pas l'image orgueilleuse d'Émilienne qu'il avait rencontrée au-delà de la vie? Ah! toujours cette inconnue, cette belle maudite, toujours liée à la mort des siens! De nouveau Catherine ressentit sa honte. « Je devrais pleurer », se dit-elle, « on pleure quand la mère vient de mourir ». Mais il y avait en elle tant de fatigue accumulée, de révolte aussi, que pleurer lui était impossible. Elle songea : la mère m'abandonne comme lorsqu'elle m'avait placée chez les autres, cette fois pour toujours elle m'abandonne.

Cette pensée ne trouva en elle nul écho, comme si

quelqu'un d'autre de très lointain, d'indifférent eût pensé à sa place. Francet sortit de la chambre en sautillant sur un pied. Il revint muni de ses béquilles que depuis plusieurs jours il se forçait à ne plus utiliser devant la mère : son visage à présent était noyé de larmes. Alors, devant la peine de son frère, Catherine fut prise de panique, elle sentit soudain l'étendue de sa propre détresse, un sanglot la secoua tout entière. Vite elle tourna le dos à Francet, serra les dents, se raidit. Les pleurs silencieux du garçon avaient provoqué les gémissements et les cris des deux petites qui, depuis des heures, souillées de boue, se tenaient pétrifiées, dans un coin de la chambre. Catherine marcha vers elles, leur enjoignit à voix basse mais sévère de se taire : « Au nom de notre pauvre mère, soyez sages ! » répétait-elle.

L'étonnement que leur causa cette phrase, l'air mystérieux et décidé de leur aînée suffirent à replonger les petites dans leur torpeur. Catherine les conduisit dans la cuisine, leur donna une tartine à grignoter. Ces gestes familiers lui avaient permis de se ressaisir. Elle se souvenait des paroles de Mariette, en guise d'adieu, lorsque après avoir ramené la mère à la maison-des-prés, la jeune femme était repartie pour Ambroisse où l'on venait d'ensevelir Aubin.

« Maintenant, il va falloir... » avait dit Mariette. « Il va falloir », se répétait Catherine.

Elle prit dans un tiroir de la commode le grand peigne d'écaille, rentra dans la chambre, demanda à Francet appuyé contre le lit de se déplacer.

Son frère lui jeta un regard épouvanté.

— Je n'ai pas besoin de toi, ajouta-t-elle tendrement.

« Il va falloir... » Elle s'approcha de l'oreiller. Qu'allait-elle ressentir en touchant cette tête ? Par le seul contact de cette chevelure, de cette chair sans vie n'allait-elle pas être entraînée de l'autre côté du monde. Non, pas en Chine comme elle se plaisait à l'imaginer autrefois avec Francet, mais dans la Chine des morts? « Il va falloir... » Elle leva le bras, retint son souffle, prit enfin une poignée de cheveux et commença à peigner la lourde, la tiède chevelure emmêlée.

Les personnages de ce roman se retrouveront dans La Fabrique du roi, Les drapeaux de la ville *et* La dernière saison, *tous parus aux* Editions J'ai Lu.

TABLE DES MATIÈRES

Cinéma et TV

A bout de souffle/made in USA (1478★★)

Annie (1397★★★, *inédit, illustré)*
par Leonore Fleischer

Au delà du réel (1232★★★, *illustré)*
par Paddy Chayefsky

La Banquière (1154★★★, *illustré*)
par Conchon, Noli et Chanel.

Beau père (1333★★)
par Bertrand Blier

Blow out (1244★★★)
par Williams et de Palma

La Boum (1504★★)
par Besson et Thompson

Carrie (835★★★)
par Stephen King

Chaleur et poussière (1515★★★)
par Ruth Prawer Jhabvala

Chanel solitaire (1342★★★★, *illustré)*
par Claude Delay

Le Choc des Titans (1210★★★★,*inédit illustré)*
par Alan Dean Foster

Conan le barbare (1449★★★)
par Sprague de Camp et Carter

Cujo (1590★★★★)
par Stephen King

Dallas
par L. Raintree et B. Hirschfeld

- **Dallas** (1324★★★★)
- **Les maîtres de Dallas** (1387★★★★)
- **Les femmes de Dallas** (1465★★★★)
- **Les hommes de Dallas** (1550★★★★)

Damien, (la malédiction – 2) (992★★★)
par Joseph Howard

Dans les grands fonds (833★★★)
par Peter Benchley

Les Dents de la mer 2e partie (963★★★)
par Hank Searls

Des gens comme les autres (909★★★)
par Judith Guest

2001 – l'odyssée de l'espace (349★★)
par Arthur C. Clarke

Dynasty (1697★★)
par Eileen Lottman

E.T. l'extra-terrestre (1378★★★)
par William Kotzwinkle

Edith et Marcel (1568★★★)
par Claude Lelouch

Elephant man (1406★★★)
par Michael Howell et Peter Ford

Fanny Hill (711★★★)
par John Cleland

Flash Gordon (1195★★★, *inédit, illustré)*
par Cover, Semple Jr et Allin

La Forteresse noire (1664★★★★)
par F. Paul Wilson

Georgia (1395★★★)
par Robert Grossbach

Jésus de Nazareth (1002★★★, *illustré)*
par W. Barclay & Zeffirelli

Jonathan Livingston le goéland (1562★, *illustré)*
par Richard Bach

Joy (1467★★)
par Joy Laurey

Kramer contre Kramer (1044★★★)
par Avery Corman

Krull (1600★★★,*inédit, illustré)*
par Alan Dean Foster

Laura (1561★★★)
par Vera Caspary

Love Story (412★)
par Erich Segal

Mad Max 2 (1533★★, *inédit, illustré*)
par Hayes, Miller et Hannant

Le Magicien d'Oz (The Wiz) (1652★★, *illustré)*
par Frank L. Baum

Marco Polo (1547★★★)
Véridiques Mémoires

Marianne (2t. 601★★★★et 602★★★★)
par Juliette Benzoni

Massada (1303★★★★)
par Ernest K. Gann

La Mort aux enchères (1461★★)
par Robert Alley

La Nuit du chasseur (1431★★★)
par Davis Grubb

L'Œil du tigre (1636★★★)
par Sylvester Stallone

Officier et gentleman (1407★★)
par Steven Phillip Smith

Outland (1220★★, *inédit, illustré)*
par Alan Dean Foster

Les Prédateurs (1419★★★★, *inédit)*
par Whitney Strieber

La Quatrième dimension (1530★★, *inédit)*
par Robert Bloch

Racines (2t. 968★★★★ et 969★★★★)
par Alex Haley

Ragtime (825★★★)
par E.L. Doctorow

Rencontres du troisième type (947★★)
par Steven Spielberg

Riches et célèbres (1330★★★, *illustré*)
par Eileen Lottman

Rosemary's baby (342★★★)
par Ira Levin

Scarface (1615★★★)
par Paul Monette

Shining (1197★★★★★)
par Stephen King

Star Trek II : la colère de Khan (1396★★★, *inédit)*
par Vonda McIntyre

Staying Alive (1494★★★)
par Leonore Fleischer

Sudden Impact (1676★★★, *inédit*)
par Joseph C. Stinson

The Thing (1366★★★, *inédit)*

Le Trou noir (1129★★★)
par Alan Dean Foster

Vas-y maman (1031★★)
par Nicole de Buron

Verdict (1477★★★)
par Barry Reed.

Vidéodrome (1648★★★, *inédit, illustré*)
par Jack Martin

Wolfen (1315★★★★, *inédit, illustré)*
par Whitney Strieber

Achevé d'imprimer sur les presses de l'imprimerie Brodard et Taupin
58, rue Jean Bleuzen, Vanves. Usine de La Flèche,
le 15 octobre 1984
1133-5 Dépôt légal octobre 1984. ISBN : 2 - 277 - 11651 - 3
1er dépôt légal dans la collection : janvier 1976
Imprimé en France

651
★★★

Editions J'ai Lu
27, rue Cassette, 75006 Paris
diffusion France et étranger : Flammarion